공학박사의 음택풍수 기행

저자 **소찬 이석정(韶燦 李碩梃)**

1954년 경북 고령에서 출생하다. 1976년 서울대학교 전자공학과를 졸업하고, 1978년과 1981년에 KAIST에서 석사학위와 박사학위를 받았다. 1981년부터 현재까지 영남대학교 공과대학 교수로 재직하고 있으며, 대학원 학감, 생체의용전자연구소장 등을 역임하고 현재 대학원 응용전자학과 주임교수와 평생교육원장에 재직 중이다. (주)엠이시오 회장을 역임하고, 대구시 심의위원, 과학기술부 신소재 위원장, 대구지방환경청 평가심의위원 등을 역임했다. 마르퀴즈 후즈후를 비롯한 5개의 세계인명사전에 등재되어 있다. 저서로는 '공학박사가 말하는 풍수과학 이야기(청양, 2001)', '한국역사를 뒤흔들었던 여성들(도원미디어, 2002)', '펭슈이 사이언스(도원미디어, 2003)', '환경을 바꾸면 명문대가 보인다(도원미디어, 2004)', '좋은 집이 우리를 건강하게 만든다(영남대출판부, 2005)' 등이 있다. 본명은 이문호(李文鎬)이다.

풀어쓰는 과학
공학박사의 음택풍수 기행

지은이 / 이석정
펴낸이 / 우동기
초판발행 / 2006년 2월 5일

펴낸곳 / 영남대학교 출판부
출판등록 / 1975년 9월 5일 경산 제16-1호
주소 / 경북 경산시 대동 214-1번지
전화 / (053)810-1801~3 팩스 / (053)810-4722

값 12,000원

ISBN 89-7581-298-7 03450

풀어쓰는 과학

공학박사의 음택풍수 기행

소찬 이석정 (韶燦 李碩樫) 지음

영남대학교출판부

머리말

풍수는 사람이 사는
공간에 대한 이야기다.
집은 사람이 사는
공간이다. 우리 선조들은
양과 음으로 이 우주를
설파하였다. 살아있는
사람이 사는 집이
양택이면,
죽은 사람이 있는 곳은
음택이다.

풍수는 우리가 사는 환경에 대한 이야기이며 자연을 대상으로 하는 것이다. 자연을 바라보는 눈은 사람마다 다를 수 있다. 국문학자의 눈에는 우리문학의 한 부분으로, 철학자의 눈에는 동양철학의 한 부분으로, 과학사 전공자의 눈에는 한국과학의 일부로, 공학자의 눈에는 공학의 한 분야로 보일 수 있다. 그러나 풍수는 과학이 아닌 미신으로 보인다. 왜 그렇게 보이는가.

대상이 과학적이지 못하기 때문은 아니다. 대상은 자연 그 자체이므로 당연히 과학의 관심사가 되지만, 논리의 전개과정이 학문적이지 못하기 때문에 미신으로 인식되고 있다. 풍수를 논하는 사람들은 논리의 비약이 심하다. 누구나 믿을 수 있는 방법으로 논리전개를 하지 않는다. 어떤 이는 풍수가 신비스러워야 제 맛이 있다고도 한다.

학문이 신비로울 수는 있지만, 신비 자체는 논리적으로 차근차근히 설명되어야 한다.

무엇이 풍수를 논리적으로 전개하지 못하게 하는가.

무엇이 풍수를 차근차근하게 설명하지 못하게 하는가.

그것은 풍수에 대한 이해의 첫 단추가 잘못 끼워져 있기 때문이다.

풍수는 사람이 사는 공간에 대한 이야기다. 집은 사람이 사는 공간이다. 우리 선조들은 양과 음으로 이 우주를 설파하였다. 양이 있으면 음이 있고, 암놈이 있으면 수놈이 있다. 살아있는 사람이 사는 집이 양택이면, 죽은 사람이 있는 곳은 음택이다. 무척 간단하다.

살아있는 사람이 사는 집에 대한 풍수는 양택풍수이다. 죽은 사람의 집인 음택에 대한 풍수는 음택풍수이다. 저자는 용기 있게 양택을 장론과 유체역학으로 풀어썼다.

음택에 대한 관심은 없었다. 용기도 없었고, 그 내용도 몰랐다. 음택에서 중요한 것은 혈穴이다. 혈은 사자死者가 있을 만한 자리를 말한다. 사자가 있을 수 없는 자리를 비혈非穴이라 한다. 자리가 아니라는 뜻이다.

살아 있는 사람은 땅 위에서 생활한다. 그래서 땅 위의 환경이 중요하다. 땅 위 환경의 상태를 조사하고, 분석하여 최고로 살기 좋은 공간인 집을 설계하고 평가하는 것이 양택풍수다.

사자死者는 땅 속에 있다. 땅속의 환경은 사자가 자연으로 돌아가는 과정에 영향을 준다. 땅 속에 있는 혈은 사자가 위치한 자리이기에 사자에게는 매우 중요한 곳이다. 이 땅속을 조사하고, 분석하여 사자가 있기에 최고로 좋은 자리인 혈을 설계하고 평가하는 것이 음택풍수다.

땅속에는 흙이 있고 그 아래에는 암반이 있다. 암반이 풍화되어 흙으로 변한다. 암반은 흙의 상태를 좌우한다. 암반의 상태는 땅속의 상태를 결정한다.

지금까지 우리 음택풍수는 지상의 용(산과 산줄기), 혈(자리), 사(둘러싸인 주위 환경), 수(물, 주위의 물)로부터 혈을 판정했다. 또한 땅 속을 볼 수 없으므로 지상의 상태로 지하를 판단했다.

땅속을 관찰하고, 조사하고, 분석하는 것은 과학이다. 그래서 혈은 과학적인 방법으로 결정해야 한다. 당연히 땅속의 상태와 환경을 조사하여 평가해야 한다.

저자는 과학기계를 사용하여, 과학적인 방법으로, 땅속이라는 자연을 관찰하고, 조사하고, 분석하여 사자死者의 자리인 혈을 분석하고 평가하는 방법과 그 선정기준을 마련하였다.

이를 기본으로, 지금의 음택풍수에서 논란이 되고 있는 문제를 말끔히 해결하기 위해 저자는 뼈를 깎는 고통을 감내하며, 죽을 용기를 내어 이 책을 저술하였다.

관심을 가진 모든 이들의 충정어린 충고와 지대한 관심이 우리 풍수가 바른 길로 가도록 인도할 것이며, 더 이상 신비한 것이 아닌 당당하게 학문의 한 분야로 자리매김하도록 할 것이다.

2006년 초 池山에서

韶燦 李碩櫷

차 례

프롤로그

풍수, 과학인가 미신인가?

풍수는 무엇인가?

장풍득수. 그저 바람을 가두고 물을 얻는 것인가.

풍수는 관념일까?

그래서 미신으로 치부하면 되는 것인가.

자연을 대상으로 하니 과학일까?

과학?

풍수風水의 뜻을 국어사전에서 찾아보자.

여러 종류의 국어사전에서는 풍수 또는 풍수지리를 '음양오행설에 바탕을 둔 집·무덤의 방위 · 지형 따위의 좋고 나쁨이 사람의 화복에 절대적 관계를 갖는다는 학설', '음양오행설에 기초하여 민속으로 지켜 내려오는 지술地術', '지형 · 지세 · 방위 따위를 인간의 길흉화복에 연결시켜 설명하는 학설', '땅의 형세나 방위를 인간의 길흉화복에 관련시켜 설명하는 학설'.

도대체 풍수를 어떻게 생각하기에 "따위를"이라는 단어로 설명하고 있을까?

어쩌면 이런 의문이 쉽게 해결될지도 모른다. 제도권의 대학교수로서 풍수학자로 유명했던 어떤 분이 기고한 풍수에 대한 논문의 일부를 인용해보자.

"풍수는 어떻게 시작되었나. 그것은 안온한 삶 즉 근심, 걱정 없는 안정을 희구하는 데에서 출발했다고 볼 수 있다. 터를 잘 잡는다는 것이다. 잘 잡힌 터에 뿌리를 내린 생명들은 보기에도 조화로운 감정과 안정을 선사한다. 그런 곳에서 느끼는 평안한 심적 상태, 이것은 모든 사람들이 바라는 마음의 지향성이다.

특히 현대 도시 생활의 비인간적인 잡답 속에서 사람들은 언제나 그런 평안을 추구한다. 바로 그런 곳. 산, 나무, 개울, 옛집, 돌, 사람까지도 서로가 제자리를 잡고 제 구실을 하는 곳. 풍수는 그런 곳을 찾아 나선다. 그곳은 바로 어머니의 품안과 같은 땅이다. 어머니의 품안에서 우리는 모든 근심, 걱정을 잊고 평안을 되찾게 되기 때문이다. 이것이 자생풍수에서의 터 잡기의 기초이다.

그래서 땅을 혹은 산을 마음으로 받아들일 수 있는 눈을 가진 사람은 어머님의 품안과 같은 명당을 찾아낼 수 있다. 구태여 풍수의 논리나 이론이 개입할 필요가 없다. 지금까지의 자생풍수 연구가 드러내준 우리 풍수의 방법론적 본질은 본능과 직관과 사랑, 바로 이 세 가지로 요약할 수 있다.

순수한 인간적 본능에 의지하여 땅을 바라본다. 거기에 어머님의 품속 같은 따뜻함을 추구하는 마음이 스며들어 있지 않을 수가 없다.

그를 좇으면 된다.

직관은 순수함을 좇는 일이다. 이성과 지식과 따짐과 헤아림 따위가 직관의 순수함을 마비시키는 것인데 지금 우리들은 오히려 그런 것들을 따르고 있다. 하지만 풍수에서 땅을 보는 눈은 다르다. 결코 이성理性에 의지해서는 안 된다. 본능의 부름에 따라 직관의 판단을 좇는 것이 절대로 필요하다. 이 직관은 결코 무엇엔가 물들지 않은 직관이어야만 한다는 점이다.

사랑. 이는 땅에 대해서 뿐만이 아니라 그에 의지해서 살아가야 할 사람들에 대한 것까지 포함한다. 도선국사가 찾아 나섰던 땅들이 모두 병든 터였다는 점을 상기할 필요가 있다. 괴로운 어머니에 대한 효성이 참된 사랑이 될 수 있는 것처럼 땅도 좋은 것을 찾을 일이 아니다. 그저 어머니이기만 하면 된다. 특히 이제 늙어 병늘고 기운 없어 자식에게는 줄 것이 하나도 남아 있지 않은 어머니 품을 찾는 것이 풍수라는 뜻이다. 대가를 바라지 않는 절대의 내어줌이다. 하지만 병들어 힘들어하는 어머니를 그냥 방치해도 된다는 뜻은 아니다. 그런 어머니를 고쳐드리고 달래드리기 위한 비보책裨補策이란 것이 있다. 마치 병든 이에게 침이나 뜸을 시술하는 것과 마찬가지 이치를 땅에 적용한 것이 자생풍수의 비보책이다."

우리 풍수의 방법론적 본질이 본능과 직관과 사랑이라니, 이게 어찌 과학적인 논리전개의 방법론이며, 학문전개의 방법론인가? 일개 감상문이나 기행문을 다루는 문학의 장르에서나 찾아볼 수 있는 방법론을 감히 학문에서 언급을 하다니 대단한 용기의 표출이다. 그보다도 이는 학문에 대한 오만함의 표출이며, 겸손함이 결여된 학자류의 토설일 것이다. 그러니 '따위를 다루는 학설'이 될 수밖에 없다. 그래도 사전을 편찬한 분들은 관대하다. 학설이라고 하였으니. 본능이나 직관이나 사랑은 객관성이 결여된 표현들이다. 이는 자연을 대상으로 하지만 객관성이 결여된 기술을 의미한다. 객관성이 결여된 것은 학문의 반열에 들 수가 없다. 객관성과 보편성과 타당성은 학문전개의 방법론에서 가장 중요시 하는 것이므로, 비록 이 책에서 학문을 논하지 않을지라도 자연과학을 전공하는 저자의 입장에서는 도저히 그러한 전개나 방법론은 수용할 수가 없다. 이것이 저자로 하여금 풍수에 관한 새로운 담론을 펼치도록 만든 직접적인 계기이다.

풍수가 과학이든 미신이든 관념이든 간에 우리 선조들의 생각과 경험에 근거한 것임은 확실하며, 중국의 풍수는 중국인들의 생각과 경험에 근거한 것이다. 경험에 근거한 학문분야 중에서 가장 대표적인 것은 열역학熱力學, thermodynamics)이다. 경험에 근거하였기 때문에 현상을 관찰하는 입장에 따라 묘사되는 것이 다르게 나타난다. 그래서 시대가 바뀜에 따라 관심의 대상이 되는 현상이 변하며, 그에 따라 새로운 법칙들이 발견된다. 그것이 마치 어제까지는 존재하지도 않았던 것처럼. 그러나 그것은 옛날에도 있었고, 어제도 있었으며, 오늘도 있고, 내일도 있을 것이다.

오늘의 풍수도 경험에서 출발하는 것이라면 그것은 열역학과 같다. 물론 어제의 기술방식과 내일의 기술방식이 달라질 수는 있을 것이다. 그래서 과거에 기술되었던 것이 오늘과는 조금 다르다고 할지라도 용서가 될 수 있다. 현상을 바라보는 관점의 차이에서 비롯된 것이라면 말이다.

그렇지만, 어떠한 경우에도 용서될 수 없는 것이 있다. 그것은 바로 논리를 전개하는 방법에 문제가 있는 경우이다. 논리의 전개, 특히 학문에서의 논리 전개는 동서고금을 막론하고 변화가 없을 뿐만 아니라 차이도 없다. 바로 과학적인 논리전개이다. 과학적으로 논리 전개가 이루어진 경우가 아니라면 학문의 영역에 들어올 수 없다.

과학적이란 말은 객관성과 보편성 및 타당성을 포함한다.

풍수는 경험에 근간하고 있기에 과학의 영역에 들어온다. 과학은 과학적인 논리로 전개될 때만 제 빛을 발한다.

저자는 공학자의 눈으로, 인문학자의 관념으로, 자연과학자의 논리로 풍수를 새롭게 바라보고 생각하고 설명하고자 한다. 그것도 모두가 기피하는 음택풍수陰宅風水를 대상으로. 설사 용두사미가 되어 기행紀行이 아닌 기행奇行이 되더라도 실망하지 않을 것이다. 후학들이 이를 좀 더 과학적으로 다듬어 종래에는 과학의 반열에 올려놓을 것이라 확신하기에.

음택풍수와 지반검사

음택풍수와의 만남

우리가 사는 주위 환경은 늘 조금씩 변하며, 경우에 따라서는 갑작스레 변하기도 한다. 이런 변화들로 인해서 새로운 경험을 하기도 하지만 거의 대부분은 우리의 기억에서 사라진다. 아주 특별한 경우에는 일생에서 유일한 것이 되기도 한다. 저자는 하고 있는 일의 특성상 학술회의 참석을 위해 해외출장을 다니곤 하는데 2001년의 어느 출장은 특별히 기억할 만한 것을 남겼다. 보통 4월 중순의 부활절 전후에 미국 플로리다 주의 올랜도 시에서 개최되는 Aero Sense 학술회의(국제광공학회 SPIE 주최, 지금은 Defense and Security Symposium으로 이름이 바뀜)에 참석한 후에 오하이오 주의 신시네티 시에서 열리는 미국 세라믹 학회에 참석하기로 예정되어 있었는데, 두 학술회의 사이에 일주일의 여유가 있었다. 그래서 미국의 수도인 워싱턴 DC에 가서 스미소니언박물관에 들렀다. 그곳의 현대미술관과 자연사관에 들렀다 나오는 길에 기념품 가게로 들어갔다. 가게 안의 책을 판매하는 코너에 이상한 책들이 무수히 많이 진열되어 있는 것을 발견했는데, 그중에서 유난히 눈에 들어온 몇 권의 책. 그것은 표지에 한자가 들어있는 책이었다. 이 책들 주위에는 같은 단어가 들어있는 책들이 10여권 있었었다. 제목에는 'feng-shui' 라는 영어 아닌 영어단어가 들어 있었다. 그래서 호기심이 발동하여 책을 몇 권 샀다.

물론 몇 해 전에 가친께서 돌아가셨을 때 선배인 풍수사의 도움으로 장례를 무사히 치른 적은 있지만, 풍수라는 용어를 직접 만나기는 그 때가 처음이었다. 미국에서 귀국하는 길에 책의 일부를 읽어보았다. 한 권은 애완동물 특히 고양이가 좋아하는 환경을 풍수의 입장에서 설명해 놓은 것이었으며, 다른 한 권은 집안 거실에 화분을 어떻게 배치하는가 하는 것이 주된 내용이었다. 또 다른 책에는 창가나 침실에 어떤 화분을 어떻게 배치하는가에 대한 내용이 들어 있었다. 읽는 둥 마는 둥 별 관심 없이 그저 책을 읽었다.

그런데 이 책들로 인해서 대학원 석사과정에 풍수지리 전공이 생기고 그로부터 2년 반 후에 최초로 석사 학위자가 탄생했다. 이들 중에서 두 사람이 박사학위과정 진학 의사를 타진했다. 2개월에 걸친 고심 후에 박사학위과정 진학을 허락하였다. 그 후로도 필자는 풍수와 본격적으로는 만나지 않았다. 대부분이 미신으로 알고 있는 풍수에 대해 가까이 하고 싶지 않았다. 특히 음택풍수에 대해서는 체질적으로 거부반응이 생겼다. 틈틈이 읽은 풍수서 덕분에 우리가 사는 공간인 집에 대한 풍수의 입장을 이해하기 시작했다. 자연과학의 기본 이론들을 동원해서 우리의 주거환경을 분석하고 해석하였다. 물론 환경공학이나 건축(공)학의 도움은 받지 않았다. 나름대로 이를 체계화하고 정리하여 종래에는 '펭슈이 사이언스(2003년)'라는 책을 내었다. 모두 직접 실험을 하거나 컴퓨터 시뮬레이션을 통해서 얻은 결과들을 분석 종합한 결과이다. 이것은 현재 교양과목 '주거환경과 건강'이라는 이름으로 강의되고 있다.

박사과정에 진학한 두 사람의 논문테마 설정을 위해 내키지는 않지만 필드 스터디(field study, 소위 踏山)를 다녔다. 물론 필자의 음택풍수 선생은 박사학위과정 학생(말이 학생이지 풍수이론과 현장 답사에 대해서는 필자의 스승이나 다름없다)이 주로 맡고, 관심 있는 많은 사람들이 동참했다. 답산 때마다 저자는 길흉화복을 떠나서 음택이 위치한 곳의 지반을 조사하였다.

음택의 판정

우리가 살고 있는 집, 즉 양택이 좋고 나쁜 것은 어떻게 판정할 수 있을까?

집 안에서 우리가 살아가므로, 사람이 살기에 쾌적한 공간을 제공하는 집이 좋은 집이라고 할 수 있다. 이런 집 안에서는 육체적으로 정신적으로 건강해지고, 정신 집중이 잘 되며, 공부도 잘 된다. 그래서 집안이 화목해지고, 하고자 하는 일도 잘 된다.

이런 집이 과연 있을까? 이런 집이란 것을 어떻게 판정할 수 있을까. 이런 판정에 객관성을 부여할 수 있는 방법이 있을까? 건강이라는 것은 그 대상이 사람의 육체와 정신이므로, 이는 어디까지나 제도권 학문들 중에서 의학과 밀접한 관계가 있다. 그렇다면 건강의 판정은 마땅히 의학의 힘을 빌릴 수밖에 없다. 그렇다면 의학의 도움으로 이런 판단에 객관성을 부여하는 방법은 쉽게 찾을 수 있을까? 이런 여러 가지 의문에 대해 그 답들을 찾아보기로 했다. 그 결과로 저자는 2005년에 '좋은 집이 우리를 건강하게 만든다'(영남대출판부)라는 책을 출간하였다.

산 사람의 집을 양택이라 한다면, 죽은 사람의 집은 음택이라 할 수 있다.

양택과 마찬가지로 음택도 객관성과 보편성 및 타당성을 부여하여 평가를 할 수 있는가.

좋은 음택이란 어떤 것일까? 나쁜 음택은?

자연에서 음택의 의미는 무엇인가.

의학적인 결과에 의해 양택이 평가되는 것처럼, 음택의 경우에도 의학과 같은 수단이 있는가.

이런 의문에 대한 답을 얻기 위해서는 음택의 역할과 기능을 먼저 이해하거나, 이에 대한 정의가 먼저 확립되어야 한다. 이에 대한 필자의 짧은 지식을 아쉬워할 수밖에 없다. 이에 대한 많은 것은 그만 두더라도, 자연과학을 공부하는 저자의 입장에서는 최소한 이런 점은 우선 짚고 넘어가야만 한다.

첫째, 음택이 자연 속에 있는 자연의 구성요소라면 어떤 이유에서라도 자연 자체를 파괴하는 것은 용납할 수 없다. 다르게 표현하면,

음택으로 인해서 환경이 파괴되거나 환경에 변화를 주어서는 안된다. 산비탈에 인위적으로 만든 음택으로 인해서 산사태가 발생한다면 이는 자연을 훼손하는 것이다. 능선에 위치한 음택이 자연경관을 어지럽힌다면 이것 또한 환경에 영향을 주는 것은 아닐까.

둘째, 음택이 자연재해를 유발하거나, 생태계에 영향을 주면 안된다. 우리는 가끔 새로운 도로를 내기 위해서 산을 절개한 경우에 지하수의 흐름이 단절되어 산 아래에 있는 나무나 풀이 고사하거나, 약한 지진에 의해서 음택이 붕괴되어 커다란 재앙이 초래되는 경우를 보기도 한다. 얼마 전에는 태풍으로 인위적으로 조성한 공원묘지 전체가 붕괴된 일이 있었다.

현재의 자연은 절대적으로 안정된 상태(absolutely stable state)가 아니며, 평형상태(equilibrium state)도 아니다. 그렇지만 가만히 있어도 산이 무너지거나 땅이 꺼지는 불안정한 상태(unstable state)도 아니다. 조그만 자극에 의해서는 아무런 변화가 생기지 않는 준안정상태(metastable state)이다. 그래서 웬만한 자극에는 괜찮지만, 상당한 자극에 의해서는 변화가 일어난다. 그런데 '상당한' 자극이 문제이다. 상당한 자극은 때에 따라 장소에 따라 환경에 따라 다르다. 그래서 예측하기가 상당히 어렵다.

좋은 음택은 어떤 것을 말할까?

자연을 파괴하지 않는 것. 자연을 훼손하지 않는 것. 자연이나 환경이나 생태계에 변화를 일으키지 않는 것. 작은 자극에도 변화가 일어나지 않는 안정된 곳. 이런 곳이 좋은 음택이 아닐까?

우리가 사는 주위 환경은 늘 조금씩 변하며, 경우에 따라서는 갑작

스레 변하기도 한다. 땅 위는 물론이거니와, 음택이 있는 땅 속도 세월에 따라 변한다.

음택 밑의 지반 상태나 조건은 땅 속의 상태와 아무런 관계가 없을까? 지반이 약하면 당연히 땅 속도 약할 것이다. 지반에 흠, 즉 결함이 있을 경우에도 땅 속은 약할 것이다.

지반이 견고한 경우에는 어떨까? 물론 잘 알 수는 없겠지만, 지반이 약한 경우보다는 땅 속이 훨씬 강할 것이다. 사람이 일부러 파헤치거나 태풍과 같은 아주 강력한 힘에 의해서 산이 파괴되지 않는 한, 웬만한 지진이 발생해도, 세월이 흘러도, 기후가 변하고, 환경이 바뀌어도 땅 속에서는 별다른 변화가 없을 것이다. 지반이 견고하지 않을 때보다 견고할 때 땅 속에서 변화가 덜 일어날 것이므로 좋은 음택이 될 수 있다.

그렇다면 좋은 음택을 찾아내는 데는 약하지 않고, 결함이 없으며, 견고한 지반을 찾아내는 것이 첫 번째 관건이 될 것이다.

물리탐사에 의한 지반의 견고성 검사

지하에 대한 정보를 얻기 위해서는 직접 관찰하는 방법, 여러 종류의 장비를 활용하는 물리탐사 방법, 위성을 이용하는 방법, 이외에도 여러 가지 방법을 활용할 수 있다. 퇴적물이나 암석자체 혹은 층 단면을 직접 관찰하거나 검층檢層을 통해서 정보를 수집하는 직접 관찰방법은 제약조건과 제한이 많기 때문에 우리가 필요로 하는 정보를 수집하기에는 불충분하다.

여러 가지 장비를 사용하여 물질의 변화를 측정하고 그 결과로부터 구성물질의 특성과 지층구조를 유추하는 탐사를 한다. 암석이나 퇴적물의 물성이 다르거나 서로 다른 지층의 경계에서는 전기비저항이 달라진다. 뿐만 아니라 탄성파의 전파속도가 변하거나 전자파의 분포에 이상이 발생하며, 중력가속도가 변하고, 지구자기장의 분포에도 이상이 발생한다. 이러한 성질을 이용해서 지질구조와 지질의 종류 또는 결함 등을 유추할 수 있다. 이러한 방법을 물리탐사라 한다.

이와 같은 측정치의 변화를 용이하게 관찰하기 위해서는 지층 구조에 커다란 이상이나 차이가 있어야 한다. 이런 커다란 차이는 물성에 큰 변화를 일으켜 우리가 측정하는 물리량에 변화를 주므로 그 원인을 찾아낼 수 있다. 물성의 변화가 아주 작을 경우에는 어떤 것도 찾아내지 못할 수도 있다. 그런가 하면 역으로 주위에 존재하는 커다란 이상으로 인해서 실제로 찾아내야 하는 문제를 간과하는 경우도 있다.

여러 종류의 탐사방법은 제각각의 특징으로 인하여 때로는 상호 보완작용을 하는 경우도 있다. 전기비저항법으로 찾아낼 수는 없지만, 탄성파탐사방법으로는 명확하게 찾아낼 수 있는 경우가 있으며, 그 역의 경우도 있다.

대부분의 물리탐사법은 탐사기 시스템이 거대하여 혼자서 다루기에 용이하지 않거나, 조사해야 하는 지표면에 접촉시키지 않으면 안 되는 문제점을 가지고 있다. 그리고 측정환경에 지배를 받는 경우도 많다. 예를 들어 폭약을 사용하거나 강한 해머(망치)를 사용하여 탄성파를 발생시켜야만 하는 탄성파탐사의 경우에는 주위 구조물에 충격을 주거나 결함을 일으킬 수 있기 때문에, 주위에 구조물 또는 건물이 많은 지역이나 도시지역에서는 사용이 불가능하며, 특히 음택을 조사하는 데는 부적절하다. 지하에 전기비저항에 영향을 줄 수 있는 전도성물질이 많이 포함된 지역이나 전도성물질이 매장된 곳 혹은 금속파이프가 매장된 곳에서는 전기비저항탐사나 초저주파(VLF) 전자파 탐사가 해석하기 어려운 결과를 낳기 때문에 바람직한 탐사방법이 아니다. 물론 음택 조사에도 적용될 수 없다.

현재까지 알려진 탐사에 사용되는 물리량은 레이저와 같은 빛, 전자파, 탄성파, 중력가속도, 자기장 등이 있다.

빛은 유리와 같이 투명한 물질을 잘 투과하지만, 거울과 같은 면에서는 반사를 하고 나머지 대부분의 물질에 대해서는 투과하지 못한다. 즉, 대부분의 물질에 대해서는 불투명하므로, 불투명한 물질의 내부에 대한 어떤 정보도 얻을 수 없다. 전자파도 전기전도도가 높은 물질(도체)의 표면에서 반사를 하여 그 내부로 침투하지 못하므로 도체에 대한 정보를 얻기 어렵다. 밀도와 비중이 비슷한 물질에 의한 중력가속도는 거의 같기 때문에 신호에 큰 이상을 얻기 어려워 다양하고 많은 정보를 얻을 수 없다.

매질이 존재하지 않는 진공이나 밀도가 대단히 낮은 물질 내에서는 탄성파가 진행할 수 없거나 어렵기 때문에 이런 물질에 대한 정보는 탄성파를 이용하여 얻을 수가 없다. 그런데 지질구조나 지반조사를 하는 지질의 밀도는 탄성파가 전파될 수 있을 정도로 충분한 탄성률과 밀도를 가지므로, 탄성파는 지질 조사에 대단히 유용한 도구가 된다. 그러나 축조한 제방이나 내부에 기공이 많은 지질 혹은 인공으로 축조한 방파제와 같이 내부 구조가 불균일한 구조에 대해서는 정보획득이 거의 불가능하다.

자력은 초전도체(superconductor)를 제외하고는 모든 물질에 대해서 투명하다. 즉 자력은 어떤 물질 내부로도 침투한다. 다행히도 초저온(적어도 절대온도 20도 이하)에서만 초전도성을 나타내는 극소수의 특수한 합금을 제외하고는 초전도체가 자연계에 존재하지 않으므로, 지구상에 존재하는 모든 물질은 초전도체가 아니라고 할 수 있다. 특히 탐사의 대상이 되는 지반이나 지질은 모두 초전도체가 아니다. 그래서 자기장의 분포나 성질을 조사하면 매질 또는 중간에 존재하는 물질의 자기적인 성질을 찾아낼 수 있으며, 이로부터 내부구조와 존재하는 결함을 조사할 수 있다. 이런 것은 어디까지나 가정에 지나지 않을 수도 있다.

자력탐사에 의한 지반 검사

자기장이 모든 물질에 대해서 투명하다는 것은 장점이자 단점이다. 즉 모든 물질의 내부에 대한 정보를 얻을 수도 있지만, 정보를 얻는 것이 매우 어려울 수도 있다. 특히 정보를 얻었다 할지라도 그것을 정확하게 해석하는 것이 용이하지 않을 수도 있다. 이렇게 강력한 도구인 자기장 혹은 자력이 탐사에 별로 적극적으로 활용되지 못하는 이유가 바로 이런 어려움 때문이 아닐까.

감지하는 센서를 지표면에 접촉시키거나 지하에 묻어야 하는 전기비저항탐사나 탄성파탐사와는 달리, 자력탐사에서는 센서를 지표면에 접촉할 필요가 없다. 2인 이상의 탐사자를 필요로 하는 대부분의 탐사방법과는 달리, 자력탐사는 조작이 간단하여 1인이 간단하게 운용할 수 있다.

자력탐사를 제외한 모든 탐사방법은 발생원(source)을 필요로 하는 능동적 기술(active technology)이므로 측정위치로부터 대상체가 있는 곳까지의 거리를 유추해 낼 수 있지만, 자력탐사 중에서 지구의 자기장을 이용하는 지자기탐사법은 지구가 만든 자력을 이용하는 수동적 기술(passive technology)이기 때문에 대상체까지의 거리를 정확하게 계산하기 어렵다. 대부분의 물질은 자기적磁氣的 성질의 차이가 대단히 작기 때문에 아주 미세한 자력차이를 보인다. 그래서 지자기탐사법은 미세한 차이의 자력을 검지해 낼 수 있는 대단히 높은 감도를 가진 고성능의 센서를 필요로 한다. 또 한 가지의 어려움은 측정한 결과를 해석하는 기술이다. 나타난 결과가 내부에서 발생한 것인지, 경계면에서 발생한 것인지, 내부의 결함에 의한 것인지를 명확하게 구별하는 기술을 필요로 한다.

이러한 어려움들을 해결한다면 현존하는 도구들 중에서 가장 강력한 무기인 자력磁力을 이용하여 지반구조를 조사하면, 측정이 간편하고, 어떤 매질이나 경계 혹은 내부결함도 찾아낼 수 있다.

저자는 여러 물리탐사법 중에서 자력탐사磁力探査, magnetic survey 방법으로 음택이 있는 곳의 지반을 조사 분석하였다. 이 결과로부터 지반의 좋고 나쁨을 판별하였는데, 이 결과는 음택의 좋고 나쁨을 판정하는 데 결정적인 단서를 제공하였다.

나쁜 지반과 씽크 홀

나쁜 지반

나쁜 지반

음택의 좋고 나쁨이, 그것이 있는 지하를 구성하는 지반의 좋고 나쁨과 관계가 있을지 모른다.

좋은 양택은 좋은 지반 위에 있어야 한다. 지반이 단단하면 집이 튼튼할 수 있다.

만약 모래 위에 집을 지었다고 가정해 보자. 소위 말해서 사상누각을 지었다면, 이 집이 오래가지 않을 것이라는 것을 쉽게 예측할 수 있다.

그런가 하면, 만약에 1년 내에 땅이 아래로 꺼질 것으로 예측되는 집터가 있다고 하자. 그러면 어느 누구도 이곳에 집을 짓고 살 생각을 하지는 않을 것이다.

일 년이 아니라 10년 후에 꺼질 땅이라도 집을 짓고 살지는 않을 게 뻔하다. 혹시라도 이 집을 보험에 가입시켜, 집이 무너질 때 집값보다 훨씬 많은 보험금이라도 받을 수 있다면 여기에다 집을 지을 사람이 있을 수도 있겠지만, 그걸 알고도 보험에 가입시켜 줄 보험회사도 없을 것이다.

만약 30년 후에 땅이 꺼진다면, 어떻게 할까. 집을 지어놓고 25년 정도 살다가 다른 곳으로 이사를 하면 괜찮을까? 판단이 서지 않을 수도 있다.

2002년 6월말. 그때 한반도는 월드컵 축구 열기로 후끈 달아올랐다. 전 세계의 절반 이상이 월드컵 축구로 들끓었다. 그때 저자는 논문발표를 위해서 미국 플로리다주의 올랜도에 갔었다. 올랜도시 바로 옆에는 디즈니월드가 있다. 이곳의 컨벤션 센터에서 IEEE Sensors라는 학술회의가 열렸다. 그날은 조 예선 경기로 우리와 포르투칼 간에 시합이 있던 날이다. 현지인 올랜도에서 축구에 대한 반응은 전혀 없었다. 올랜도시에서 발행되는 일간지를 펼쳐보아도 축구에 대한 기사는 전혀 없었다. 대신에 일면 톱에는 이상한 기사가 있었다. 너무 신기해서 기사를 다 읽고 나서 TV를 켰다. 마침 그 지역 뉴스를 전하는 시간에도 신문에서 일면 톱뉴스로 보도된 내용이 제일 먼저 언급되었다. 전날 오후에 올랜도 동부 지역에서 땅이 꺼져 집 한 채가 커다란 구덩이 쪽으로 많이 기울어졌는데, 인명 피해는 없었다는 것이 주된 내용이었다. 그리고는 여러 전문가들이 분석한 결과를 토대로 땅이 꺼진

<그림 2-1> 씽크 홀에서 땅이 아래로 꺼진 모양

이유를 설명하였다. 신기하고 놀라운 내용이었는데, 왜 그들은 조용히 그리고 냉정하게 보도하고 있을까 하는 의문이 생겼다.

[그림 2-1]을 보자. 이것은 플로리다 지역에서 쉽게 관찰할 수 있는 씽크 홀(sink hole)이다. 길이 무너진 것은 물론이고, 건물도 무너져 버렸다. 우리나라의 영월지방처럼 플로리다 중부지역의 땅은 대부분 석회암으로 이루어져 있다. 땅 속으로 스며든 빗물에 석회암이 녹아내려 구멍이 생기고, 점차로 커져서 종래에는 커다란 구멍으로 되었다가, 나중에는 지면이 구멍 속으로 무너지게 된다. 그래서 땅 속으로 꺼진(sink) 구멍(hole)이 생기는데, 씽크 홀로 인해서 집이 기울거나 무너지고, 길이 꺼지는 일이 이 지역에서는 가끔 발생하곤 했다. 씽크 홀에 의한 지반 붕괴가 큰 일이긴 하지만, 적어도 이 지역에서는 심각한 일이 아니었다. 인명 피해만 없었다면 대수롭지 않은 일이었다. 이

곳의 이런 사정을 알 수 없었던 저자는 놀랄 수밖에 없었다.

땅 속으로 꺼지는 씽크 홀 위의 집은 좋은 집일까? 당연히 아니다. 그런데 왜 그들은 그 곳에다 집을 지어 살았을까? 너무 아둔한 의문이다. 그들은 그곳에 싱크 홀이 있다는 것을 몰랐던 것이다. 그렇다면, 그걸 알아내는 방법은 없는가.

우리나라에서도 강력한 태풍이 지나간 곳, 새로운 길을 만들기 위해서 산을 절개한 곳, 공업단지나 택지 혹은 공원묘지를 만들기 위해서 새롭게 조성한 지역 등에서는 지반이 붕괴되거나 산사태(land slides)가 발생하기도 한다. 지금은 토목공학이 발달하고 시공하는 기술이 발전하여 기초공사가 워낙 철저하게 이루어지기 때문에 옛날과 같은 지반 침하나 산사태는 발생하지 않는다. 그런데 우리보다 토목기술이 앞서

<그림 2-2> 미국 라콘치타의 산사태

있을 것으로 생각되는 미국이나 일본에서도 심심찮게 산사태나 지반 침하로 인한 사고가 여러 종류의 미디어를 통해 보도되고 있다.

[그림 2-2]는 미국 캘리포니아주 남부 라콘치타 일대에 발생한 산사태를 보여준다. 길이 무너진 것은 물론이고, 산 자체가 통째로 아래로 미끄러져 내려갔다. 그러니 산 아래에 있던 집들은 산과 함께 아래로 떠내려가거나 집이 흙더미에 묻혀버렸다. 산사태가 덮친 진흙더미에서 구조대원들이 생존자 구조작업을 벌였지만, 그 피해가 엄청났다. [그림 2-3]은 미국의 다른 곳에서 발생한 산사태를 보여 주는데, 집이 아래로 떠내려가거나, 완전히 파괴되었다. 산사태가 일어나는 원인은 여러 가지가 있겠지만, 그 원인이야 어찌되었던 간에 산사태가 일어날 수 있는 지역에 있는 집들은 결코 좋은 집이라 할 수 없다.

<그림 2-3> 산사태, 미국

가끔 우리는 애써 쌓아놓은 축대가 무너진 곳을 발견할 수 있다. 무너진 곳을 다시 수리해도 또다시 무너져, 기초를 튼튼히 만든 후에 다시 축대를 튼튼하게 쌓는다. 그래도 다시 무너지는 곳이 있다. 왜 이런 일이 일어날까? 기초공사가 잘못되어서일까?

우리나라는 세계가 인정하는 인터넷 강국이다. 많은 정보들이 인터넷을 통해서 급속하게 퍼져 나간다. 정보의 진위여부는 제쳐두고, 무조건 퍼져 나간다. 그리고는 이슈화된다. 그제야 겨우 진위에 대한 논쟁이 불붙는다. 물론 거의 대부분은 논쟁거리가 되지도 않지만. 그래서 인터넷을 통해서 정보를 입수할 때는 신중을 기해야 한다.

흉가라고 소문난 곳이 있다. 인터넷 정보에 의하면 소위 귀신을 볼 수 있다고 하는 집이다. 진짜로 귀신을 볼 수 있는지 없는지는 알 수 없지만, 무더위가 기승을 부리는 여름만 되면 귀신을 찾는 사람들이 흉가로 모여든다고 한다. TV를 통해서 보는 흉가는 대체로 오랫동안 방치되어서 그런지 허름하고, 물건들이 어수선하게 흩어져 있다. 저자도 여름만 되면 흉가를 분석해 달라는 공동취재 요청으로 가끔씩 흉가를 방문한다. 많은 계측기와 검사기를 사용하여 측정하고 분석해 본 결과, 그런 집에서는 공통된 현상을 찾아낼 수 있었다. 이런 집이 있는 곳의 지반이 좋지 못하거나, 지나치게 많은 양의 철근이나 철제 빔을 사용하여 집을 지었다는 점이다. 철근을 사용하지 않고 지은 시골집은 대부분 단층면 위에 있거나, 지반이 약한 연약지대나 파쇄대 위에 놓여있다. 그래서 작은 지각변동이나 지진, 혹은 비나 눈과 같은 강수현상에 의해서도 집이 서서히 붕괴된다.

[그림 2-4]는 국도 변에 있는 축대를 보여준다. 축조한 지 꽤 오래된 곳인데, 유독 이곳에서만 축대가 계속 붕괴된다고 한다. 이곳에 대

<그림 2-4> 국도변의 축대

해 물리탐사를 해 본 결과 단층면이 있는 곳으로 밝혀졌다. 이렇게 축대가 붕괴되거나, 집이 서서히 붕괴되는 곳은 물론 좋은 집터가 아니다.

지반은 암석 덩어리이다. 이 속에는 공극空隙, 절리節理, 균열龜裂, 파쇄破碎, 지층의 경계境界, 단층斷層 등과 같은 틈이 있는데, 이들 중에서 지층의 경계와 단층면, 균열, 파쇄 등은 비교적 규모가 큰 결함들이다. 그런가 하면, 석회암 지역에서 잘 관찰되는 석회동굴이나 씽크 홀, 제주도와 같은 용암지대에서 관찰되는 용암동굴과 같이 땅 속에 커다란 빈 공간이 존재하기도 한다. 이렇게 규모가 큰 공간이 지반 속에 있으면 결코 좋은 지반이라 할 수 없다.

씽크 홀이나 동굴과 같이 비교적 규모가 큰 결함들의 존재는 여러 가지 물리탐사법으로 확인할 수 있다. 그렇지만 지층의 경계, 단층면, 균열, 파쇄 등과 같은 2차원 결함들은 물리탐사법으로 찾아내기 어렵다. 그래서 저자는 정밀 자력탐사법이라는 새로운 탐사법을 고안하여 이런 미세한 결함들을 찾아내고 확인하는 방법을 확립하였다.

씽크 홀

씽크 홀

우리나라 영월이나 삼척 혹은 제천 지방은 석회암 동굴로 유명하다. 일반적으로 비가 내리면 공기 중에 있던 이산화탄소(CO_2)가 빗물 속에 녹아 들어가는데, 이 빗물이 땅 속으로 들어가 석회암지역에 있는 석회암(limestone, $CaCO_3$) 이나 돌로마이트(dolomite, $CaMg(CO_3)_3$)와 만나면, 빗물 속의 이산화탄소가 석회암과 돌로마이트를 마그네슘이온, 칼슘이온, 중탄산이온 등으로 분해하여 이 암석을 물에 녹여 버린다. 그래서 땅 속에 스며든 빗물은 땅 속에 홈을 내거나 구멍을 내어 [그림 2-5]에서 보는 것처럼 서서히 땅을 무너뜨린다. 이런 지역에서는 이런 방법 외에도 다양한 방법으로 땅이 무너지거나 꺼지는데, [그림 2-6]은 석회암으로 주로 이루어진 카르스트 지형에서 일어날 수 있는 용해나 침하 또는 표면 붕괴 등의 방법으로 땅이 무너지거나 꺼지는 것을 보여준다. 플로리다의 어떤 지역에서는 [그림 2-7]처럼 여러 개의 씽크 홀이 한곳에서 동시에 발견되기도 하는데, 땅이 아래로 꺼진 곳이나, 이제 물이 고이고 있는 곳, 혹은 물이 가득 찬 호수로 변한 곳도 있다. 심지어는 이런 몇 개가 합쳐지거나, 호수들이 합쳐진 곳도 있다. 이런 곳에는 수많은 씽크 홀들이 함께 모여 있다.

<그림 2-5> 빗물에 의한 석회암의 붕괴

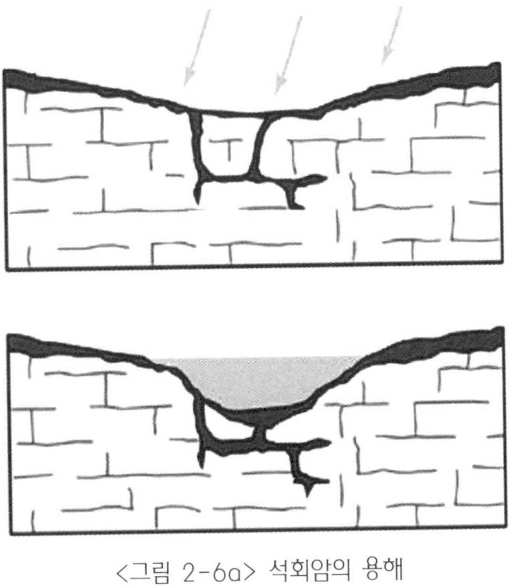

<그림 2-6a> 석회암의 용해

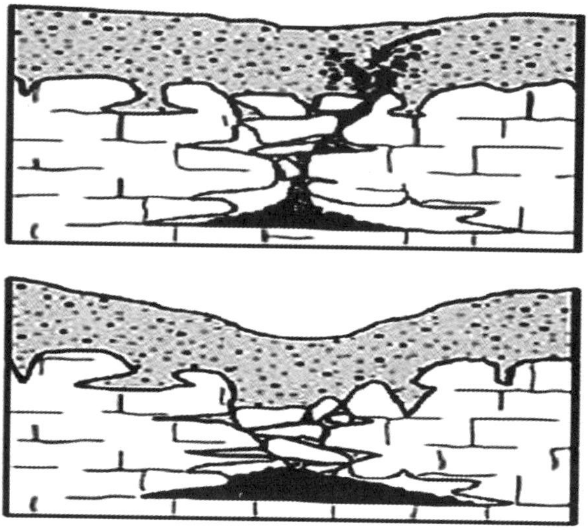

<그림 2-6b> 침하

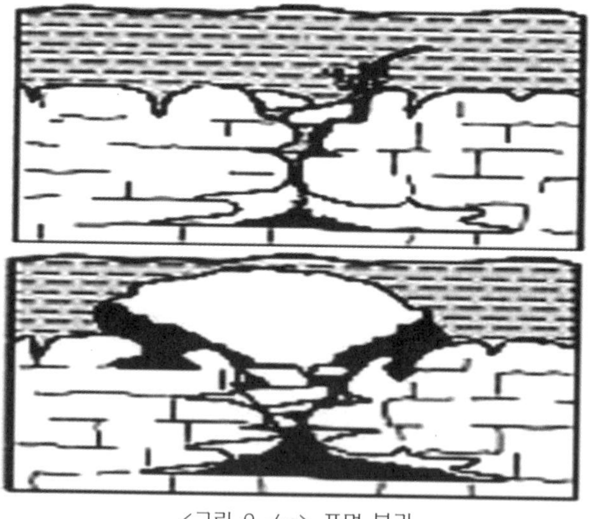

<그림 2-6c> 표면 붕괴

여기서는 씽크 홀의 모양이나 성질을 설명하려는 것이 아니다.

우리가 살고 있는 곳, 특히 우리 집, 우리 집 마당아래에 씽크 홀이 있다고 생각해보자. 당신이라면 단 하루라도 마음 편하게 지내거나 그 집에서 잠을 잘 수 있을까?

당연히 언제 이곳이 아래로 꺼질지를 몰라 무척이나 불안할 것이다. 이런 불안감과 초조감으로 신경쇠약이나 심장마비로 변을 당할지도 모른다.

실제로 가끔씩 우리나라에서도 거대한 씽크 홀에 대한 보도나 보고는 있었다. 그렇지만 우리나라 석회암 지역에 살고 있는 주민들 중에서 어느 누구도 땅이 꺼지는 것에 대한 두려움을 가지고 있다는 보고는 지금까지 한번도 없었다.

더욱이 이곳 주민들은 땅이 꺼지는지, 그렇지 않은지에 대해서 이무

<그림 2-7> 여러개의 씽크 홀이 만든 호수들(미국 프로리다주)

런 정보를 가지고 있지 않다. 그것은 아마도 미국에 비해서 씽크 홀에 의한 붕괴 사건의 발생 빈도가 현저하게 낮았기 때문일 것이다.

씽크 홀 조사방법(1) - 전기탐사와 탄성파탐사

미국의 플로리다주에서는 일 년에 수차례씩 씽크 홀 붕괴사건이 보고된다. 특히 씽크 홀 사고가 많이 발생하는 지역에 사는 주민들은 씽크 홀의 존재에 대해 염려를 하기도 한다. 그런데 왜 그들은 씽크 홀의 존재여부를 확인하지도 않고 집을 짓고, 도로를 축조할까? 그것은 아마도 씽크 홀의 존재를 찾아내는 방법이 어렵기 때문일 것이다. 그렇지만 최근에는 다소 수고스럽기는 하지만 씽크 홀의 존재를 찾아내는 방법이 나왔다.

<그림 2-8> 전기탐사법

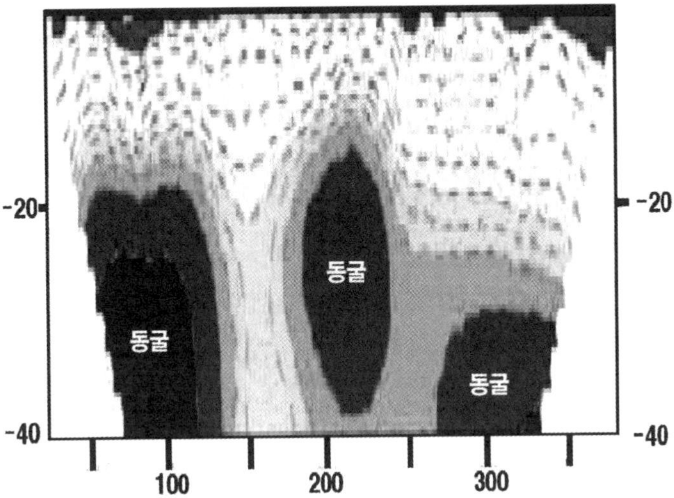

<그림 2-9> 전기탐사 결과

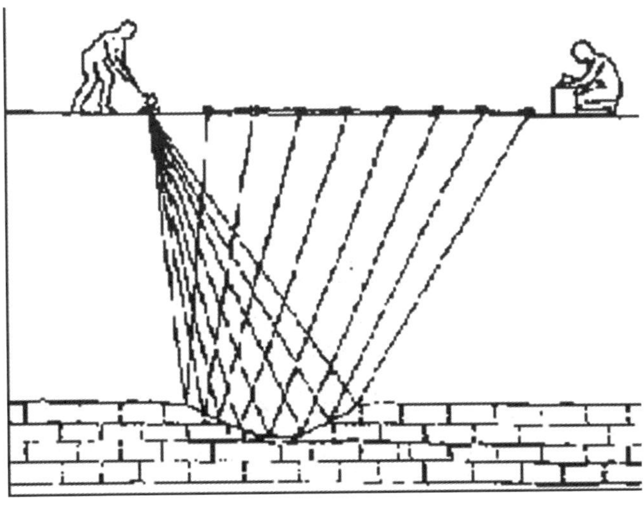

<그림 2-10> 탄성파탐사법

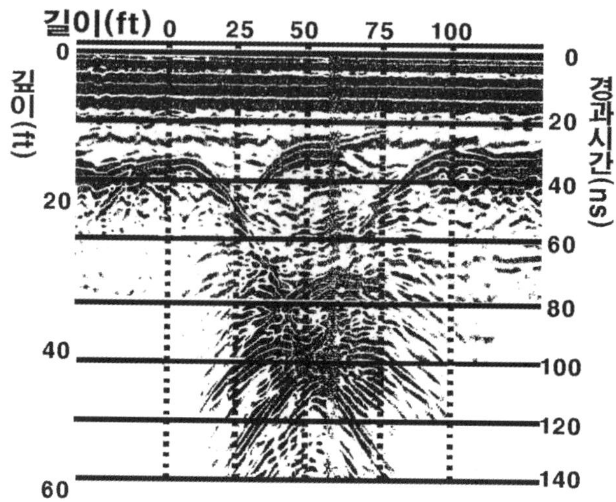

<그림 2-11> 탄성파탐사 결과

비교적 간단하게 씽크 홀의 존재를 알아낼 수 있는 방법으로 전기비저항탐사법(전기탐사법)과 탄성파탐사법이 있다. [그림 2-8]은 전기탐사법으로 탐사하는 방법을, [그림 2-9]는 그 결과를 보여준다. 이 [그림 2-9]의 결과를 이해하기 위해서는 약간의 전문지식을 필요로 하므로 생략한다. 분석한 결과에서는 짙은 검은 색으로 표시되는 지하의 동굴이 3개 있는 것을 보여주고 있다.

[그림 2-10]은 탄성파를 이용해서 탐사 및 분석하는 탐사방법 모식도를 보여준다. 망치나 폭약을 이용해서 탄성파를 만들어 땅 속으로 전파시킨 후에 굴절된 파나 반사된 파를 감지하여 땅 속 구조를 조사하는 방법이다. 이에 대한 자세한 원리나 방법을 알고 싶은 경우에는 물리탐사법에 관한 책이나 논문을 참고하기 바란다. 탄성파탐사법으로 얻을 수 있는 결과는 탐사방법에 따라 다양한데, [그림 2-11]은 그

중의 하나이다. 탐사방법에 따라 여러 가지 형태의 결과를 얻게 되지만, 이 그림에서는 땅속의 구조가 어떻게 되어있는지를 잘 보여준다. 검은 색의 띠로 된 부분은 같은 지층을 나타내며, 이것이 단락된 것은 지층이 서로 연결되지 않고 끊어져 있거나 다른 층으로 연결된다는 것을 뜻한다.

이렇게 전기탐사법이나 탄성파를 이용하여 지하의 구조를 조사할 수 있다. 그러나 이미 설명한 것처럼 전기탐사법에서는 탐사하려는 지역이나 그 주변에 금속과 같은 도전성이 높은 물질이 있거나, 도전성을 가지는 전기전해질을 함유하는 물질이 있을 때는 정확한 해석이 어려워진다. 탄성파탐사의 경우에도 건물이 밀집한 지역이나, 붕괴위험이 있는 지역, 혹은 폭약을 사용할 수 없는 지역에서는 적용하기 어렵다. 이 두 방법은 전위차를 측정하기 위한 금속막대를 땅 속에 심거나, 탄성파를 듣기 위한 지오폰(청음기)을 지면에 갖다 대어야 하는 불편이 있으며, 항상 일정한 공간이 확보되지 않으면 많은 잡음들이 신호와 같이 나타나 정확한 해석이 불가능하게 된다.

탄성파는 매질이 존재하지 않는 진공이나 밀도가 대단히 낮은 매질 내에서는 파가 진행할 수 없거나 어렵기 때문에, 이런 물질에 대한 정보를 얻기는 대단히 어렵다. 그런데 우리가 여기서 궁금하게 생각하는 지반은 탄성파가 잘 전파될 수 있을 정도로 충분한 탄성률과 밀도를 가지므로, 탄성파는 지질 조사에서 대단히 유용한 도구가 된다. 그러나 축조한 제방이나 내부에 기공이 많은 지질 혹은 인공적으로 축조한 방파제와 같이 내부 구조가 불균일한 구조에 대해서는 정보획득이 어렵고 해석 또한 어렵다.

씽크 홀 조사방법(2) - 자력탐사

지반 구조에 비교적 커다란 규모의 이상이 있는 경우에만 탐사가 가능한 다른 물리탐사방법과는 달리, 자력탐사는 이상이 있는 곳의 규모가 작더라도 그곳을 용이하게 찾아낼 수 있는 장점이 있다. 또한 자력으로 나타나는 자기장의 분포나 성질을 조사하면 매질 또는 중간에 존재하는 물질의 자기적인 성질을 알아낼 수 있으며, 내부구조와 존재하는 결함을 조사할 수 있다. 즉, 지반의 외형이나, 지반의 내부구조, 특히 지반이 깨진 부분이나 빈 공간 등이 자력(자기장)분포 상에 각각의 특징을 나타낸다.

이 외에도 자력탐사를 활용할 경우에는 운용상의 이점이 있다. 일반적으로 지질이나 지반을 대상으로 하는 물리탐사법에서는 신호를 감지하는 센서를 지표면에 접촉시키거나 지하에 묻어야 한다. 전기비저항탐사나 탄성파탐사에서도 센서를 지면에 접촉시켜야 하므로 센서를 땅 속에 묻거나 측정하는 데 일정시간이 소요된다. 그리고 센서를 땅에 접촉하거나 묻기 때문에 측정 점들 간에 최소한의 거리나 간격이 요구된다. 즉, 지면에 묻는 센서들의 간격과 거리 해상도가 수 cm 이하로 세밀하지 않으므로 측정 대상의 구조나 결함 또는 물체의 최소크기가 한정된다. 이들 방법으로 탐사를 수행할 경우에는 커다란 시스템을 운용하거나 많은 사람을 동원해야 하는 경우가 대부분이다. 그래서 탐사시스템에 대한 운용비용이 상당히 높다. 자력탐사에서는 검지용 센서를 지표면에 접촉할 필요가 없으며, 대상지면을 어떻게 스캐닝(scanning)하느냐에 따라서 거리 및 간격에 대한 분해능이 결정되므로 다른 방법에 비해 월등히 우수한 분해능을 가진다. 참고로 스캐닝하는 방법에 따라 다르지만 자력탐사의 경우에는 수 mm 이하의 대단히 우수한 분해능을 가지므로, 아주 작은 물체도 분리해 낼 수 있다. 2인 이상의 탐사자를 필요로 하는 대부분의 탐사방법과는 달리, 자력탐사는 1인이 간단하게 조사가 가능하며, 탐사시스템이 간단하고 소형이므로 탐사비용이 저렴하다는 이점도 있다.

자기장이 모든 물질에 대해서 투명하다는 것은 장점이기도 하지만 단점이 될 수도 있다. 즉, 모든 물질에 대해서 그 내부에 대한 정보를 얻을 수도 있지만, 다른 한편으로는 정보를 얻는 것이 매우 어려울 수도 있으며, 설사 정보를 얻었다 할지라도 그것을 정확하게 해석하는 것이 용이하지 않을 수도 있다. 이런 점들이 강력한 도구인 자기장 혹은 자력이 탐사에 적극적으로 활용되지 못하고 있는 이유이다. 자력탐사는 장점만 가지고 있는 것이 아니다.

(1) 깊이 : 지하 지반조사에서는 탐사하는 장소에서 어느 정도 깊이에 어떤 구조가 있는지, 즉 깊이에 대한 정보를 필요로 한다. 자력탐사를 제외한 거의 모든 탐사방법은 발생원(source)을 필요로 하는 능동적 기술(active technology)이므로 측정위치로부터 대상체가 있는 곳까지의 거리를 유추해 낼 수 있다. 자력탐사 중에서 지구의 자기장을 이용하는 지자기탐사법은 지구가 만든 자력을 이용하는 수동적 기술(passive technology)이기 때문에 대상체까지의 거리를 정확하게 계산하기 어려운 점이 있다.

(2) 고감도 센서 : 무엇보다 어려운 점은, 물질의 자기적磁氣的인 성질 차이가 대단히 작은 경우에 그 차이를 구별하기 위해서는 고감도의 센서를 필요로 한다는 사실이다. 실제로 우리가 대상으로 하는

<그림 2-12> 씽크 홀 내부의 커다란 공간

<그림 2-13> 씽크 홀 내부에 있는 무수히 많은 작은 공간

지반구조를 탐사하기 위해서는 지자기의 약 10만분의 1에 해당하는 0.01mG의 분해능을 가지는 센서를 필요로 한다.

(3) 해석 기술 : 또 한 가지의 어려움은 측정한 결과를 해석하는 기술이다. 나타난 결과가 내부에서 발생한 것인지, 경계면에서 발생한 것인지, 내부의 결함에 의한 것인지를 명확하게 구별하는 기술을 필요로 한다.

씽크 홀은 지하에 커다란 공간이 있거나, 무수히 많은 작은 공간이 있는 구조를 하고 있다.([그림 2-12]와 [그림 2-13] 참조) 그런가 하면, 씽크 홀로 변화하고 있는 것은 무수히 많은 틈이나 구멍, 파단면, 깨어진 것들과 파쇄대로 이루어져 있다. 이처럼 지하에 씽크 홀이 존재할 경우에는 지층의 경계, 단층면, 파단면, 빈 공간, 파쇄대 등의 지반 결함이 몇 가지씩 중복되어 있거나 한 종류의 결함만이 존재하기도 한다. 또한 씽크 홀이 초기에는 규모가 아주 작은 결함으로만 존재하다가, 계속 발달하면서 규모가 큰 결함으로 변하기 때문에 규모가 작은 것과 큰 것이 혼재하며, 결국에는 주로 규모가 큰 결함들로 구성된다. 그래서 앞에서 서술한 자기탐사를 제외한 대부분의 물리탐사방법으로는 규모가 큰 결함의 존재 유무만을 알아낼 수 있기 때문에, 진행상태가 초기와 중기인 씽크 홀의 존재는 정확하게 알아낼 수 없다.

작은 규모의 결함도 용이하게 알아낼 수 있는 자력탐사는, 자기장의 분포이상으로부터 지하에 존재하는 결함의 종류와 형태를 알아내는 방법이다. 존재하는 결함의 종류와 형태를 알아내기 위해서는 먼저 결함의 종류에 따른 자력분포특성을 이해할 필요가 있다. 다행히도 자기장에 관한 맥스웰 방정식과 컴퓨터 시뮬레이션을 통하여 개략적으로 자력분포의 의미를 알아낼 수 있다. 그래서 지질구조와 지층의 자기적 성질 및 재료적인 성질을 이용하여 결함들의 자기적 분포 이상을 컴퓨터로 시뮬레이션 할 수 있다.

지하수

수맥水脈이란 말은 우리에게 친숙하면서도 어딘가 접근하기 힘들고 어려운 용어로 느껴진다. 일반인들은 수맥이라는 용어가 과학적이며, 학문에서 사용되는 것으로 알고 있지만 과학이나 공학에서 사용되고 있지 않다. 왜 수맥이란 용어가 학문적인 용어로 사용되고 있지 않을까? 사전적인 해석인 '땅속에 흐르는 물의 줄기'의 뜻을 가진 현상이 실제로 존재하지 않기 때문이다. 땅 속을 흐르는 물은 존재하지만, 땅 속을 흐르는 물의 줄기는 존재하지 않는다는 뜻이다. 지하수는 땅 속에 존재하는 물이므로, 땅 속에 흐르는 물도 지하수이다. 지하수 중에서 땅 속을 흐르는 물의 줄기는 존재하지 않으며, (지하)수맥은 실제로 존재하는 것이 아니라 관념이다.

지하수

땅 속에 흐르는 물, 혹은 땅 속의 물이 지하수를 뜻하므로, 지하수에 대해서 자세히 살펴보자. [그림 2-14]는 지표하의 물의 상태를 나타낸 것이다. 비나 눈이 온 후에 물은 통기대(通氣帶, zone of aeration)

를 지나 심층부로 이동한다. 이중 약간의 물은 미세한 입자로 된 부분을 지나면서 입자 상호간의 인력이나 표면장력에 의해 포획되거나 횡방향으로 분산된다. 지표면 바로 아래층으로 식물의 뿌리가 박혀 있는 토양(土壤, soil) 혹은 토양수대(土壤水帶, soil water zone)가 있는데, 이 속에는 식물이 이용할 수 없는 토습수(hygroscopic water)와, 토양입자에 의해 형성된 모세관에 잡혀있는 모세관수(capillary water) 및 중력 때문에 토양층을 통과하는 중력수(gravitational water)가 있다.

토양층을 통과한 물은 흙 입자 사이나 암석에 존재하는 빈 공간인 공극空隙들로 이동하여 채우는데, 이를 지하수(地下水, groundwater)라 한다. 지하수가 존재하는 부분을 포화대(saturated zone)라고 하며, 지하수가 모든 공극을 점유하므로 토양의 공극률은 지하수 양에 대한 척도가 된다. 포화대의 바로 위층은 모세관 현상에 의하여 위로 상승

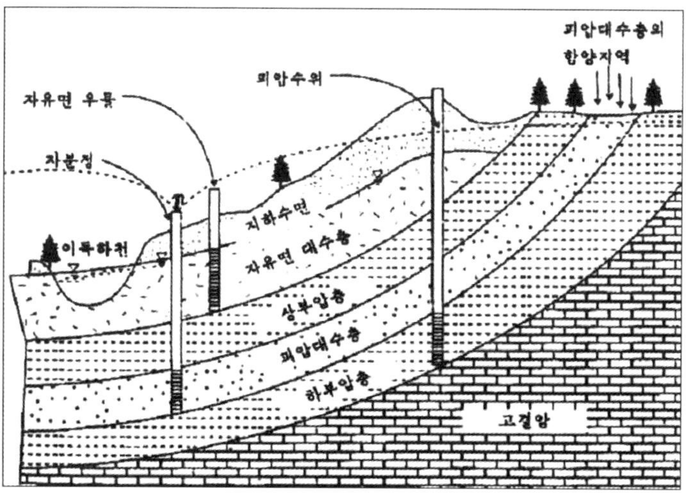

<그림 2-14> 지질 구조와 지하수의 분포

한 수분으로 젖게 되는데 이를 모세관수대(capillary zone)라 하며, 이 층의 두께는 토양의 구조에 좌우되므로 지역마다 차이가 있다. 토양수대와 모세관수대 사이에는 중간수대(intermediate zone)가 존재하는데, 토양수대를 통과한 침투수는 중간수대를 거쳐 모세관수대와 포화대에 이르게 된다. 포화대에 관입한 우물의 수위를 지하수면(water table)이라 하는데, 지역에 따라 지하수면의 수위는 다르다. 대기압의 영향을 받는 자유수면을 가지는 지하수를 자유수면自由水面 지하수라 한다.

지하수의 분포는 각종의 목적에 사용할 수 있는 물을 보유하고 있는 지층인 대수층(aquifers)이나, 물의 투과가 불가능하거나 어려운 지층인 불투수층(aquifuges)과 난투수층(aquicluds)과 같은 지질수문학적 요소의 분포와 특성에 따라 변한다. 지하로 침투된 물이 불투수층이나 난투수층을 만나면 더 이상 침투가 어려워 투수층에 수로가 형성된다. 지하수는 공극이 일정하지 않은 토사 사이를 움직이므로 운동방향은 일정하지 않으나 전체적으로는 대략 일정한 방향으로 흐르게 된다. 대수층 내에 있는 지하수 흐름이 압력을 받으면 피압被壓 대수층, 압력을 받지 않으면 비피압非被壓 대수층이라 한다.

피압 대수층은 관수로와 유사한데, 피압 대수층에 우물을 관입하면 수압에 해당하는 높이까지 수위가 상승한다. 이때, 수위가 지면보다 높은 경우에는 분정(噴井, flowing well)이라 한다.

대수층의 용량을 초과한 지하수는 지표로 배출되거나 대기 중으로 증발한다. 비피압 대수층이나 피압 대수층이 지표면을 관통하면 지하수는 지표수地表水로 바뀌거나 샘(spring)을 형성한다. 큰 샘은 암석의 균열(龜裂, cracks)이나 공동(空洞, voids))과 관련이 있으며, 규모가 크고 중간정도의 투수계수를 가진 대수층과 접해있는 샘은 비교적 일정한 유량이 솟아난다.

간극수

위에서 알아본 것처럼 '땅속에 흐르는 물의 줄기'가 실제로 존재하지 않으므로, 지하수와 관련이 있는 수맥은 실재로 존재하지 않는다. 우리가 흔히 이야기하는 수맥은 우리가 먹는 물과 아무런 관계가 없다. 우리가 통념적으로 인정하는 수맥은 여러 가지 요인들에 의해서 지자기(地磁氣, geomagnetism)가 교란(攪亂, disturbances)된 곳을 말한다. (이문호 저, 좋은 집이 우리를 건강하게 만든다, 2005, 이문호 저, 펭슈이 사이언스, 2003 등을 참조바람) 수맥이 있는 곳은 나른 곳에 비하여 지자기가 높거나 낮다. 아울러, 이렇게 교란된 지역은 그 폭이 5-500cm 이내로 대단히 좁게 나타난다.

지하에 존재하는 물을 나타내는 것은 수맥이 아니라 지하수이다. 땅속에 흐르는 물, 혹은 땅속의 물이 지하수이다. 이처럼, 지하수와 수맥의 의미를 파악하여 정확하게 구별해서 사용해야 한다.

암석 속이나 암석 사이에 있는 공간을 간극(間隙, 또는 空隙, pore spaces)이라 한다. 간극이 존재하는 깊이는 암석의 종류에 따라 다르다. 점토질이나 점토질의 암에서는 깊이 3,000m 이하에서 간극은 급격히 감소하지만, 모래나 사암은 7,000m에서도 간극이 존재한다.

지하에 있으며 암석 속이나 암석 사이에 있는 간극을 채우고, 중력重力에 의해 유동하고 있는 물을 지하수라고 한다. 지하수는 흙 속에 있으므로 눈으로 볼 수 없지만, 우물을 파거나 구멍을 내면 그 속에

수면이 나타나므로 볼 수 있다. 지하수는 부존 상태에 따라 간극수와 열수, 형태로는 자유수와 피압수로 나뉜다. 자유수는 주로 지면 가까이에, 피압수는 심층에 존재한다. 자유의 간극수는 본수(main water)와 주수(perched water)로 나뉜다.

자갈이나 모래 또는 점토는 그들 사이에 간극이 있으므로 다공질(多孔質, porous) 매체라 한다. 이 다공질 매체의 간극을 채우는 물이 간극수이다. 단단하게 뭉쳐진 고결암固結岩에서 볼 수 있는 절리節理와 같은 간극이나 틈을 채우는 물은 활목수 또는 열수라 한다. 제주도에서 쉽게 발견되는 용암동굴이나, 강원도 영월 부근에서 발견되는 석회동굴 속을 흐르는 물은 동굴수로 불리며, 동굴수는 때로 지하천地下川을 형성하기도 한다. 이 지하천을 수맥이라 하는 사람도 있으나, 이는 잘못된 것이다.

수문지질학

고전 수문지질학水文地質學에서는 암석을 투수층과 불투수층으로 분류했지만, 나중에 반투수층(semi-permeable layer)이 추가되었다. 지하수를 함유하고 있는 투수성의 지층을 대수층(帶水層, aquifer 또는 water-bearing layer)이라 한다. 물의 통수성과 저류성을 고려할 때, 대수층은 비 투수층(aquifuge), 난 투수층(aquiclude), 반 투수층(aquitard), 대수층(aquifer)으로 나눌 수 있다.

우물을 파보면 지층의 구분을 잘 이해할 수 있다. 대수층 속에 판 우물에서는 지하수가 잘 용출하지만, 점토와 같은 난 투수층에서는 지하수가 용출하기 매우 어렵다.

모래나 자갈로 이루어진 사암이나 역암과 같은 반 투수층에는 영구적인 용수가 있다. 대수층에 비하여 투수성이 떨어지지만 어떤 대수층의 상하上下에 접하여 양 층 사이에 지하수의 왕래가 있을 경우에, 투수성이 낮은 이 층을 누수성(漏水性, leaky) 대수층이라 부른다. 반 투수층은 일반적으로 누수성 대수층이다.

물을 잘 전달하지 않는 난 투수층이 대수층 상하에 존재하면, 그 사이에 끼어있는 대수층 속의 물은 구속될 수밖에 없고, 외부에서 물이 계속 유입되므로 압력을 받게 된다. 이와 같은 난 투수층에 의해 압력이 가해지므로, 난 투수층을 가압층加壓層 또는 부압층(confining layer)이라고 한다. 가압층은 물을 수평방향으로 전달하지 않고, 수직방향으로 전달한다. 수직으로 전달되는 물을 누수漏水라 하는데, 누수는 물을 쥐어 짜내는 교출(squeeze)과 물이 새나오는 누출(漏出, leakage)로 나뉜다.

지각의 상부층은 주로 단단하게 뭉쳐지지 않은 미고결암未固結岩과 뭉쳐진 고결암固結岩으로 이루어져 있다. 미고결암은 파쇄(破碎, fractured)되거나 분해된 암岩을 말하는데, 수 ㎛에서 수십㎝의 크기를 가진다. 지하수에서 중요한 미고결 퇴적물은 점토, 실트, 모래, 자갈, 조개껍질과 이들의 혼합물이다. 크기와 형상이 서로 다른 광물들이 열이나 압력 또는 화학반응에 의해서 서로 응결된 것이 고결암이다. 지하수문학이나 토목공학에서는 이것을 기반암이라 부르는데, 이것은 대체로 물을 통과시키지 않는다.

암석 덩어리에는 여러 종류의 틈이 있다. 즉, 공극(空隙, pore spaces), 절리(節理, joints), 균열(龜裂, fissures), 틈 또는 파쇄(破碎, fractures), 지층의 경계(strata boundaries), 단층(斷層, faults) 등이 있다.

암석의 생성과 동시에 발생한 간극이나 틈을 1차 개공開孔이라 하며, 암석 생성 후에 발생한 것을 2차 개공이라 한다. 이런 간극들의 양, 크기, 형태, 연속성, 비표면적 등이 지하수의 흐름을 지배하므로, 간극의 형상이나 종류는 지하수의 성질을 이해하는 데 대단히 중요하다.

지온

지온 조사에서는 천공이 쉬운 1m 깊이에서의 지온을 측정하는 일이 많은데, 그 이유는 지온이 지표온도 보다 변화가 작고, 일 변화도 작아 재현성이 좋기 때문이다.

1m 깊이에서의 지온을 측정하여 지하수나 열원을 추정하려는 시도도 있다. 일본의 Takeuchi는 지하수가 존재하는 곳에서의 지온은 여름철에 1.3-2.7℃ 정도 낮아진다고 하였다. 일본의 Yuhara湯原 浩三 (지하 1m 깊이의 지온 분포로부터 지하 열원을 이론적으로 추정하는 방법, 物理探鑛 8-1, 1955)는 지하 1m 깊이의 지온 분포로부터 지하열원地下熱源을 이론적으로 추정하는 방법을 제안했다. 이들의 논문은 공통된 정보를 우리에게 전하고 있다. 즉, 지하에 냉수가 있을 때 그곳의 지온은 여름철에 섭씨 1-2도 가량 낮고, 온천과 같은 열원이 있는 곳에서는 약간 높다. 즉 지표온도나 지온의 분포로부터 지하에 냉수나 온천이 있는 곳의 위치를 알 수 있다.

예로부터 전해져오는 우리의 말에 이와 유사한 것이 많다. 즉, '눈이 제일 먼저 녹는 곳이나, 다른 곳과는 달리 얼음이 잘 얼지 않는 곳에는 지하에 온천이 있다.' 그리고, 우리의 지명에도 이러한 정보가 들어있다. 경북 울진군 온정溫井리[백암온천], 경남 창녕군 부곡釜谷리

[부곡온천], 충남 아산군 온양溫陽리[온양온천] 등은 그 지명이 온천과 관련이 있다는 것을 암시한다.

지하 간극수

간극수가 있는 지질구조

지하수가 침투할 수 있는 공간 중에서 가장 규모가 큰 것은 파쇄대(fracture zone)이다. 파쇄대 내의 암석들은 작은 크기로 깨져 있거나 수많은 틈과 균열들을 가지고 있어 지하수가 쉽게 스며들 수 있다. 파쇄대는 주위의 암석층에 비해서 간극이 대단히 많아서, 밀도와 기계적인 강도가 현저하게 낮을 뿐만 아니라, 빈 공간으로 인하여 전기가 잘 통할 수 없어 전기 비저항이 아주 높다. 파쇄대는 밀도가 낮기 때문에 주위에 비하여 투자율이 낮다. 예를 들어 지층의 공기에 대한 비투자율이 2.0이라면, 파쇄대에서의 비투자율은 공기의 1.0보다는 크고 지층의 2.0보다는 작다. 투자율은 자력선을 모을 수 있는 능력이므로, 투자율이 높은 지층의 자속밀도가 투자율이 낮은 파쇄대에서의 자속밀도 보다 당연히 높을 것이다. 따라서 자속밀도는 파쇄대에서 낮고, 주위의 지층에서 높을 것이다. 그렇지만 총 자력선의 수는 변함이 없으므로, 파쇄대에서 감소한 자력선은 파쇄대에 인접해 있는 부분으로 이동한다.

[그림 2-15]는 파쇄대가 있을 것으로 추측되는 지역의 지표면에 대한 지자기 분포를 나타낸 것이다. 파쇄대는 직경이 거의 10m나 되는 커다란 규모인데, 이 파쇄대 내에는 암석보다 빈 공간이 훨씬 많은 경

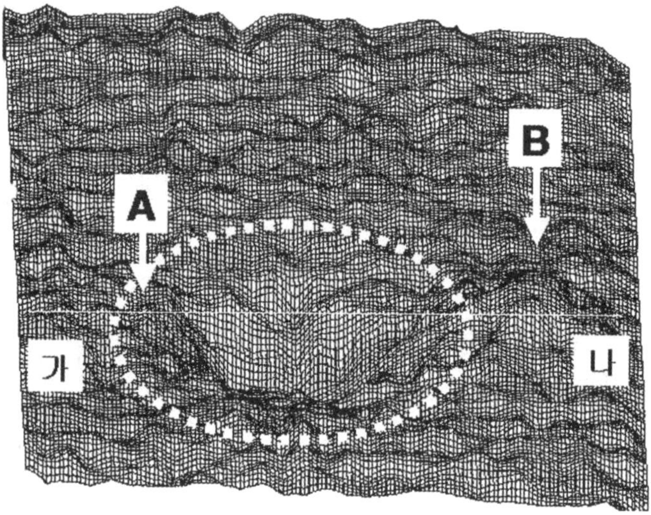

<그림 2-15> 파쇄대에서의 지자기 분포

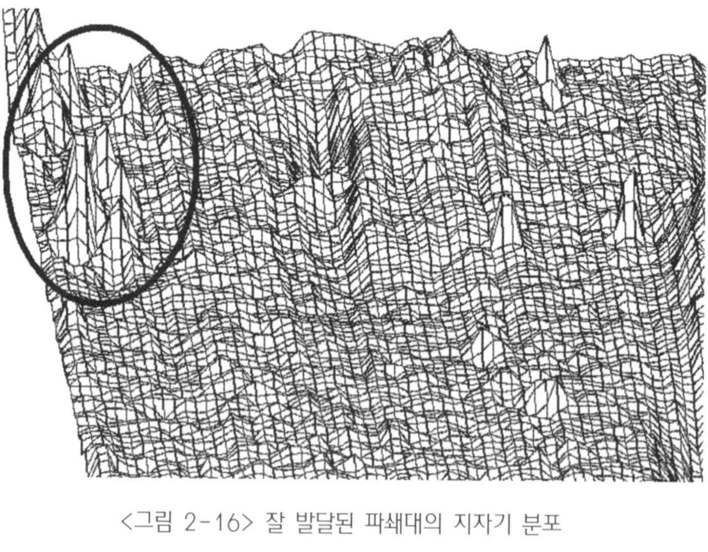
<그림 2-16> 잘 발달된 파쇄대의 지자기 분포

우이다. 일반적으로 파쇄대는 용적이 큰 빈 공간형태가 아니라, 작은 암석으로 파괴되거나 균열이나 틈이 많은 형태가 일반적이다. [그림 2-16]은 파쇄대가 잘 발달해 있는 경남의 어느 산기슭에서 조사한 지자기 분포를 나타낸 것인데, [그림 2-15]와는 분포가 전혀 다르다. 평균 지자기에 비해서 대단히 높은 피크가 상당히 많이 관찰된다. 지자기가 높은 피크의 면적도 대단히 좁다. 그런데 특이한 것은 높은 피크가 있는 바로 옆에는 지자기가 대단히 낮은 피크, 즉 반대방향의 피크가 함께 존재하고 있다. 시추를 해 본 결과, 이 파쇄대에는 빈 공간보다는 크기가 3-150mm에 이르는 작은 암석들로 가득 차 있었다.

파쇄대에서 가장 많이 관찰되는 형태는 [그림 2-17]의 자력 분포이다. 이것은 경기도 어느 골프장에서 조사한 것으로, 전체적으로는 비교적 고른 지자기 분포를 보인다. 가운데 있는 직선 (가 나)를 중심으

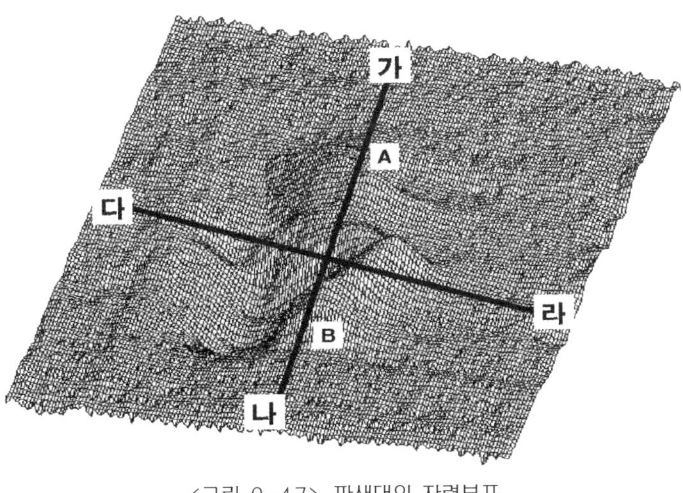

<그림 2-17> 파쇄대의 자력분포

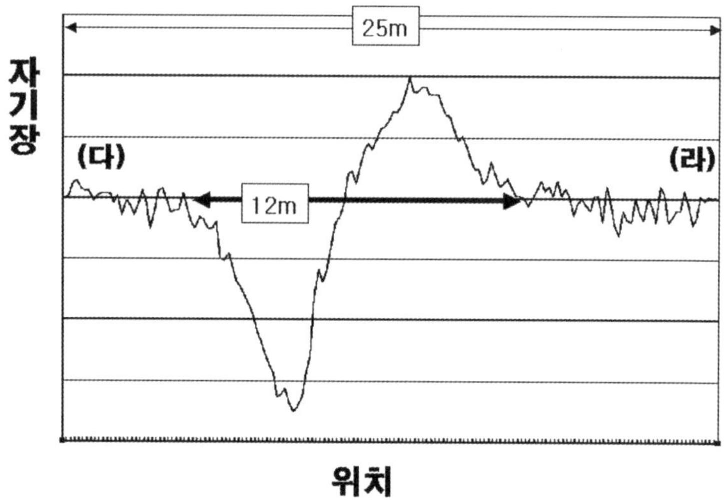

<그림 2-18> 그림 2-17의 직선(다라)에서의 자력 변화

로 양쪽의 지자기 값은 전혀 다르다. 한쪽은 평균에 비해서 훨씬 높고, 다른 쪽은 훨씬 낮다. 직선(가 나)를 따라서 이동하면, 파쇄대로 가까워짐에 따라 자속밀도는 평균값을 보이다가, 파쇄대 인근인 점 A에서 약간 증가한다. 그리고 파쇄대에서는 다시 감소한다. 파쇄대에서 멀어질 때도 가까워질 때와 대칭적으로 변하여 점 B에서 약간 증가한 후에 감소한다. 이를 좀 더 명확하게 확인하기 위해서 직선 (다 라)를 따라 지자기의 변화를 나타낸 [그림 2-18]를 보자. 양쪽은 평균 지자기를, 가운데를 중심으로 양분하여 한쪽은 높은 값을, 다른 쪽은 낮은 값을 각각 보이는데, 거의 대칭을 이루고 있음을 알 수 있다.

이러한 분포는 지층의 경계면이나, 단층면에서 관찰되는 것과 유사하다. 그러나 지층의 경계나 단층면에서 관찰되는 자기이상의 폭과는 상당한 차이가 있다. 지층의 경계에서는 자력이상이 관찰되는 폭이

<그림 2-19> 파쇄대의 형태

1m 이내이며, 단층면도 2-3m 이내이다. 그러나 이 경우는 10m 이상에 이르기 때문이다. 그래서 커다란 공간을 가진 경계면(cleavage)이거나, 작은 암석으로 채워진 [그림 2-19] 모양의 파쇄대일 것으로 추정된다.

간극수의 존재

이들 3종류의 간극수가 들어있는 지질구조에서 지하수가 발견될 확률이 가장 높은 것은 [그림 2-15]의 구조이다. 이런 구조가 형성된 원인은 지질학적으로 좀 더 연구가 되어야 하지만, 지하수가 분포하는 형태로 본다면 주수(perched water)에 해당한다. 지자기 분포도에 의하면, 이곳에서 다른 곳으로 연결된 결함이 없는 것으로 보아, 흘러

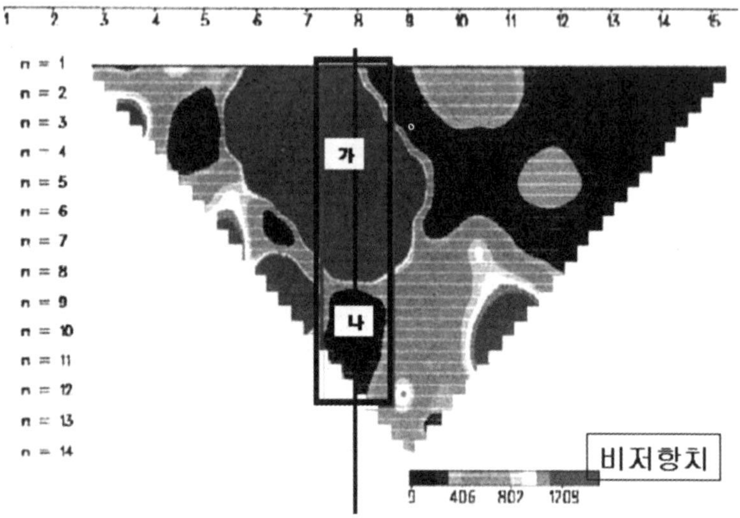

<그림 2-20> 그림 2-16 지점에서의 전기탐사 결과

들어온 지하수가 다른 곳으로 빠져나갈 가능성이 가장 적은 곳이다. [그림 2-16]의 지질구조에서는 수많은 작은 암석들이나 틈과 균열이 존재하여 (+)와 (−) 피크들이 나타나며, 이런 간극들은 작은 결함들에 의해서 또 다른 간극으로 연결되므로 간극을 가진 구조가 어디에서 끝날지 예측이 어려운 구조이다. 그래서 반드시 3차원적인 지질구조로부터 확인하지 않으면 지하수가 실제로 존재하는지를 확인하기 어렵다. 즉, 지자기 분포에 의하면 간극들이 상당히 발달되어 있지만, 이 간극에 설사 지하수가 존재하더라도 작은 결함에 의해서 다른 곳으로 물이 빠져나갈 가능성이 높다.

이 구조를 3차원적으로 확인하는 방법으로는 전기(비저항)탐사, 탄성파탐사, 전자파탐사, 시추(boring)를 비롯해서 여러 종류가 있다. 이들 방법은 제각각의 탐사특성 때문에 장점과 문제점을 가지고 있다.

특이한 사항이 없을 경우에는 탐사방법이 비교적 용이한 전기탐사를 사용하지만, 목적에 따라 특정한 방법이 적용된다. 그러나 시추하는 것을 제외하고는 모두다 여러 가지 가정에서 출발한 탐사이므로 항상 해석상의 문제점을 가지고 있다. 그래서 탐사결과를 확인하는 의미에서 시험시추를 한 결과와 비교 분석하여 전체 지질구조를 재작성하는 것이 바람직하다.

[그림 2-16]에 나타나 있는 지점에 대해서 지하의 깊이 방향으로 지질구조를 확인하기 위해서 유도분극 탐사법으로 전기탐사를 시행하였다. 조사와 분석은 이 분야를 전공한 전문가가 행하였는데, 그 결과는 [그림 2-20]에 나타나 있다. 여기서 탐사의 중심은 8번 전극이며, 전극들 간의 간격은 50m이다. 이를 분석하면 다음과 같다.

① 짙은 색으로 나타나는 높은 저항을 가지는 암석층은 그 두께가 약 250m, 길이 약 400m로 추정되는데, 왼쪽 위에서 오른쪽 아래(깊은 곳)로 위치하고 있다.

② 높은 저항의 암석층 바로 왼쪽에 낮은 저항을 가지는 층이 발달해 있으며, 그 바로 왼쪽에는 다소 높은 저항 층이 왼쪽 위에서 오른쪽 아래로 위치하고 있다.

③ 사각형 박스로 둘러싸인 6-8번 전극의 가장 아래쪽에는 50~100m의 폭을 가진, 특별히 저항이 낮은 부분이 있으며, (높은 저항 층)-(낮은 저항 층) 간의 계면이 발달해 있다.

Wards(1990, pp.148-151)가 제시한 전기비저항을 좌우하는 요소와 지질에 따라 비저항이 변하는 것으로부터 [그림 2-20]을 분석하면 다음과 같다. 8번 전극 아래에 있는 1,000 [Ωm] 이상의 높은 저항 층은 파쇄가 된 암석층이며, 이 층은 50-350m에 걸쳐 분포한다. 400m 이하

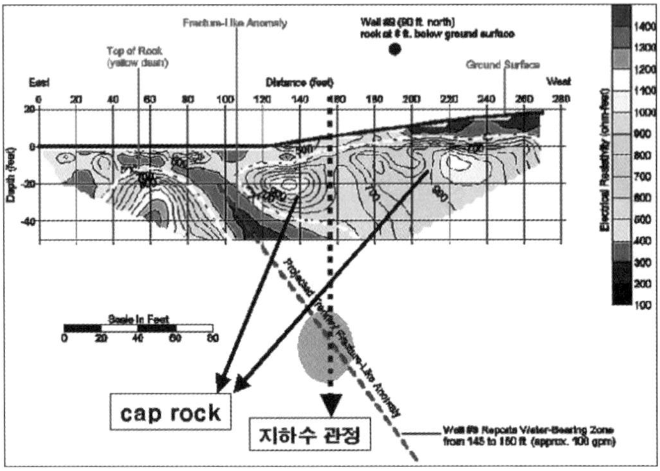

<그림 2-21> 전기탐사법으로 조사한 지질구조도

에서는 저항이 낮은 젖은 실트(silty)질이나 사암층의 대수층이 발달해 있다. 이 지역[8번 전극이 있는 곳]을 시추한 결과, 약 60-300m 깊이에서 극심한 파쇄대가 나타나 시추가 더 이상 불가능하여 400m에 못 미쳐서 시추를 중단하였다.

미국의 한 지하수개발회사의 연구소가 제시한 지하수를 함유하는 어떤 지질구조를 [그림 2-21]에 나타냈는데, 점선은 파단 이상대(破斷異常帶, fracture-like anomaly)를 나타낸 것이다. 150ft 부근의 관정이 지하로 내려와 이상대異常帶와 만나는 지점이 지하수가 있는 곳인데, 실제로 시추한 결과 지하수가 있었다. 지하수가 있는 곳에서는 모자바위(cap rock)의 존재가 중요한 의미를 가진다고 한다.

자력탐사와 지반구조

자성체와 투자율透磁率

지자기 분포와 지반구조의 관계를 이해하고 지반구조를 컴퓨터를 통하여 시뮬레이션하기 위해서는 자기磁氣에 대한 기본지식이 필요한데, 그 중에서도 특히 자속밀도磁束密度의 분포(이하에서는 간단하게 자력분포磁力分布라 칭한다)와 투자율이라는 용어를 잘 이해해야만 한다. 이를 잘못 이해할 경우에는 조사한 결과를 엉뚱하게 해석하는 오류를 범할 가능성이 매우 높다. 이런 오류를 범하지 않도록 자기에 대한 가장 기본적인 사항 몇 가지를 기술한다.

어떤 자기적인 성질을 가지는 물질에서 자력이 작용하는 크기와 방향을 나타내기 위해서 자기력선(또는 자력선 : 磁力線)이라는 용어를 사용한다. 방출되는 자력선의 수가 많으면 자력이 큰 것이며, 자력선의 방향은 자력이 작용하는 방향을 나타낸다. 그리고 단위면적당 지나가는 자력선의 수, 즉 자력선의 밀도가 높으면 자력이 세다는 것을 의미하는데, 자력선의 밀도를 자속밀도(磁束密度, magnetic flux density: B)라고 부른다. 이 자기적인 성질을 가지는 물질이 자기장(磁氣場, magnetic field, H) 속에 놓여있을 때, 그 물질 내부에 발생하는 자력선의 밀도(외부에 있는 자기장 H에 의해서 유도된 자속밀도)를 B라 할 때, B는 H에 비례한다. 이 비례상수를 투자율(透磁率, magnetic permeability: μ)이라 하는데, 서로는 B=μH의 관계에 있다. 공기나 진공상태에서는 $B=\mu_o H$가 되는데, 여기서 μ_o는 공기(또는 진공)의 투자율이라 한다.

모든 물질은 투자율을 가진다. 큰 투자율을 가지는 물질은 외부 자기장에 의해서 유도된 자기력선의 수가 많아서 물질 내부의 자속밀도가 커지므로 자기유도능력이 크다. 한편 작은 투자율을 가지는 물질은 내부에 유도된 자기력선의 수가 적어 자기유도능력이 작다.

진공(眞空, vacuum)은 내부에 물질이 전혀 없는 상태이다. 아무런 물질이 없으므로 자기력선을 추가로 유도하지 못하여, 외부자기장에 의해 형성된 자기력선만을 가진다. 공기의 투자율이 진공일 때와 거의 같다는 것은 공기가 자기유도능력이 전혀 없다는 의미이다. 그래서 자기적인 성질에서 볼 때 공기는 진공상태와 같이 취급해도 된다. 이처럼 투자율은 물질의 자기적 능력을 나타내는 중요한 물성중의 하나이다. 내부에 물질이 존재하고, 이것이 자기유도능력을 가지는 경우에는 진공에 비해서 큰 투자율을 가진다. 물질의 자기적인 능력은 투자율의 절대 값으로 나타낼 수도 있으나, '진공의 투자율에 비해 몇 배인가'로 나타낼 수도 있다.

진공의 투자율은 $\mu_o=4\pi\cdot10^{-7}(=12.566366\text{x}10^{-7})$ weber/ampere/m 이

며, 공기의 투자율은 $\mu=12.566370\times10^{-7}$weber/ampere/m 이다. 물이나 다른 광물 또는 나무나 종이, 오일 같은 것들은 그 성분에 따라 형태에 따라 저마다의 특이한 투자율을 가진다. 이처럼 단순할 것 같은 각 물질의 투자율도 실제로는 우리가 기억하기 쉽지 않다. 그래서 자기적 성질을 단순화하기 위해서 각 물질의 투자율을 진공의 투자율에 대해서 몇 배나 되는 가로 바꾸었는데, 이것을 상대투자율(相對透磁率, relative magnetic permeability: μ_r)이라 한다. 상대 투자율(μ_r)은

$$\mu_r=\mu/\mu_o \tag{3-1}$$

로 되는데, 일반적으로 편의상 상대투자율을 단순히 '투자율'이라 부르기도 한다. 이 책에서도 상대투자율을 '투자율'로 표현할 것이다. 그래서 진공의 (상대)투자율은 1이 되며, 공기의 투자율은 1.00000037 이다.

외부에서 인가한 자기장(H)과 같은 방향으로 자력선이 배열될 경우(B와 H는 같은 방향)에 $\mu(=B/H)$는 양(陽, + : plus)의 값이 되지만, 자력선이 H에 반대방향으로 배열(B와 H는 서로 반대방향)되면 μ는 음(陰, − : minus)이 된다. 투자율이 양($0<\mu<10$)인 물질을 상자성체(常磁性体, paramagnetic materials)라 하는데, 유도자기가 외부의 자기장과 같은 방향으로 생기는 물질을 뜻한다. 투자율이 음($\mu<0$)인 것은 역자성체 혹은 반자성체(反磁性体, diamagnetic materials)라 하며, 유도자기가 외부 자기장과 반대방향으로 생기는 물질이다. 상자성체와 반자성체 내부에 유도되는 유도자기와 외부에 인가한 외부 자기장과의 관계

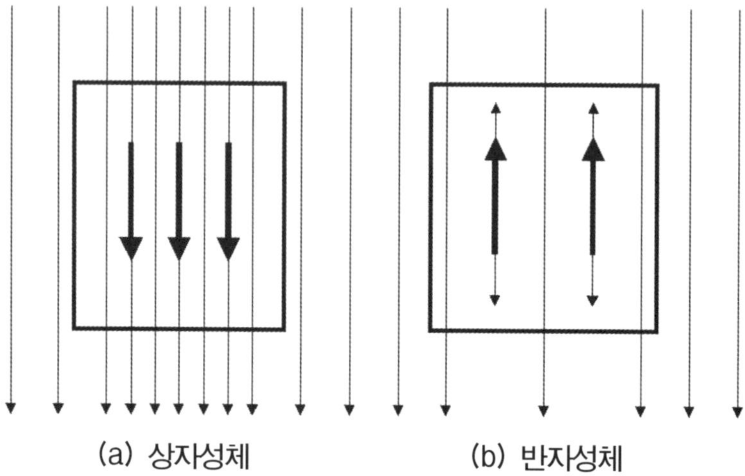

<그림 3-1> 상자성체와 반자성체에서 외부자기장과 유도자기장의 관계

를 나타내면 [그림 3-1]과 같다.

일상생활에서 우리가 많이 사용하는 재료로는 돌이나 흙 또는 나무와 같이 가공하지 않은 천연재료가 있는가 하면, 플라스틱과 같은 석유 가공품이나, 반도체와 같은 신소재가 있다. 많은 재료들 중에서 단위 무게 당 가장 값이 싼 재료는 무엇일까? 물론 가공하지 않은 돌(자갈이나 폐석)이나 흙(모래나 보통의 흙)이 가장 저렴할 것이다. 그런데 무게 1kg 당 가격을 비교해 보면 경우에 따라서는 이런 재료들도 그렇게 싸지만은 않을 수도 있다. 정말로 값이 싼 재료는 무엇일까? 그것은 바로 철(鐵, iron, Fe)이다. 물론 철에도 철근과 같이 값싼 것이 있는가 하면 특수합금강과 같은 비싼 것도 있다. 일상생활에서 친근하면서도 쉽게 접하는 철근과 같은 재료는 무게당 가격 면에서 대단히 값이 싼 것임이 확실하다.

철근은 주로 자성원자磁性原子인 철(Fe)로 이루어져 있어, 강한 자기장에 놓이면 강하게 자화(磁化, magnetization)된다. '자화가 된다'는 뜻은 자석으로의 성질을 가진다는 의미이다. 물질이 자화가 되면 바늘이나 못과 같이 자석에 잘 붙는 것들을 끌어당길 수 있다. 자화가 된 후에 자기장을 제거하여도 자화된 성질이 완전히 없어지지 않고 약간의 자력을 가지는 성질을 강자성(强磁性, ferromagnetism)이라 하며, 철이나 니켈과 같이 강자성을 나타내는 물질을 강자성체라 한다.

강자성은 자기磁氣모멘트 사이의 교환상호작용交換相互作用에 의해 자성원자의 전자가 지닌 스핀(자기모멘트)이 서로 평행하게 되어, 자발적(自發的, spontaneous)으로 자화가 되는 성질이다. 그러므로 강자성체는 자화되기 전에는 강자성을 나타내지 못한다. 이것은 상자성제가 자구(磁區, magnetic domains)라는 미소微小한 영역으로 분할되어 있고, 그것들이 각각 제멋대로의 방향으로 이미 자화된 상태가 되어 전체적으로는 자기磁氣를 서로 상쇄相殺하기 때문이다.

이러한 상태인 강자성체에 외부 자기장을 인가하면 자기장 방향으로 자화되어 최대치를 가지는데, 이 값을 포화자기(飽和磁氣, saturation magnetization)라 한다. 이것은 강한 자기장에 의해 각 자구의 자기방향이 모두 같은 방향으로 평행하게 되기 때문에 일어나는 변화이다. 이어서 외부에서 인가한 자기장을 줄이다가 완전히 제거하여도 자기는 0이 되지 않고 일정한 값을 가지는데, 이를 잔류자기殘留磁氣라 한다. 즉 강자성체는 자기장에서 벗어나도 잔류자기만큼의 값을 가진다. 이번에는 외부 자기장을 반대 방향으로 인가하면 잔류자기가 점차 감소하여 0으로 되는데, 잔류자기를 0으로 만드는데 필요한 외부 자기장의 세기를 보자력保磁力 또는 항자력(抗磁力, coercive force)이라 한다.

강자성체의 유도자기(B)는 외부에서 인가한 자기장(H)에 따라 어떤 특별한 변화곡선을 나타내는데 이것을 자기이력곡선(磁氣履歷曲線, magnetic hysteresis curve)이라 하고, 그 모양은 [그림 3-2]와 같다. 이런 특이한 자기이력곡선은 포화자기, 잔류자기, 보자력 때문에 나타난다. 자기장을 제거하여도 강한 자력을 가지는, 잔류자기가 큰 물질을 영구자석이라 하는데, 이것의 항자력도 대단히 커서 자력을 쉽게 잃지도 않으므로 모터나 나침반, 장난감 등에 사용되고 있다. 그런가 하면, 자석에는 잘 붙지만, 자신이 다른 물질을 당기는 힘이 거의 없거나 아주 약한 성질을 연자성이라 한다. 연자성체는 잔류자기와 항자력이 대단히 작으며, 전기변압기의 코어나 전자석으로 많이 사용되고 있다. 영구자석으로 사용되는 강자성체를 경질자석(硬質磁石, hard magnet)

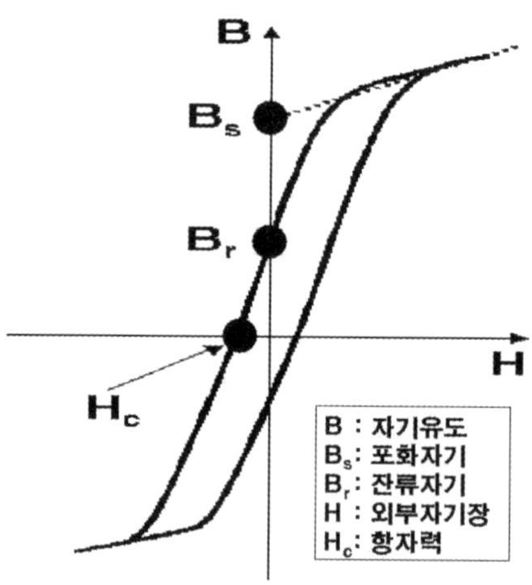

<그림 3-2> 강자성체의 자기이력곡선

이라 하며, 전자석으로 사용되는 강자성체를 연질자석(軟質磁石, soft magnet)이라 한다.

강자성체와 비슷한 성질을 가지는 물질로 페리 자성체(ferrimagnetic materials)라는 것도 있는데, 이들도 경질자석과 연질자석으로 나뉜다. 인접한 원자의 자기모멘트(스핀)가 서로 반대 방향으로 규칙적으로 배열하여 전체로서의 자기가 0인 물질을 반강자성체라 하는데, 산화물에서 많이 관찰된다.

한편 자성체는 (1) 투자율이 높은 강자성체와 페리자성체, (2) 투자율이 낮은 상자성체, 반자성체, 반강자성체 등으로 크게 나뉜다. (1)과 같이 높은 투자율을 가진 자성체를 일반적으로 '자성체'라 하며, (2)와 같이 낮은 투자율을 가진 자성체를 '비자성체'로 부르기도 한다.

맥스웰 방정식 (Maxwell Equations)

지자기 분포와 지반구조의 관계를 이해하고 지반구조를 컴퓨터를 통하여 시뮬레이션하기 위해서는 전·자기장과 전기전도도, 유전율 및 투자율간의 관계를 설명한 맥스웰 방정식을 해석해야만 한다. 참고로 저자는 맥스웰 방정식의 해(解, solution)를 구하는 간단한 소프트웨어를 이용하여 모든 경우에 대한 시뮬레이션을 수행했다. 맥스웰 방정식은 다음과 같다.

$$\nabla \cdot D = \rho \qquad (3\text{-}2)$$

$$\nabla \times E = -\partial B / \partial t \qquad (3\text{-}3)$$

$$\nabla \cdot B = 0 \quad (3\text{-}4)$$

$$\nabla \times H = J + \partial E/\partial t \quad (3\text{-}5)$$

$$\nabla \cdot J + \partial \rho/\partial t = 0 \quad (3\text{-}6)$$

여기서 식(3-2)는 가우스의 법칙, 식(3-5)는 암페어의 법칙, 식(3-6)은 유체의 연속방정식을 각각 나타낸다.

시뮬레이션에서 가장 중요한 것은 경계조건을 실제와 가장 근접하게 제시하는 것과 물질의 전기·자기적 특성 값들을 정확하게 적용하는 것이다. 그러나 지반이나 암반 및 암석은 결함이 전혀 존재하지 않는 단결정(single crystal) 상태의 단일 조성(또는 單一 相, single phase)으로 이루어진 단체(單体, monolith)가 아니다. 오히려 모든 것들이 복합조성(multicomponent), 복합상(multiphase), 수많은 결함들(defects)이 혼재하는 복합체(複合体, composites)이다. 따라서 실제 값과 유사하거나 거의 근접하는 데이터를 입력할 수밖에 없다. 이런 작업은 지질학이나 지구과학 또는 재료과학에 대한 지식이 없는 사람의 경우에는 대단히 접근하기 어렵다. 저자는 다행히도 전자공학, 물리학, 재료공학을 각각 전공하였기에 비교적 큰 어려움 없이 이러한 방법을 시도할 수 있었다. 그래도 실제에 근접하는 데이터를 입력하기 위해서 시뮬레이션한 결과와 실제로 측정한 결과를 서로 비교하면서 동일한 현상이 나타나는 가장 근접한 입력데이터를 찾기 위해서 많은 시행착오를 거듭할 수밖에 없었다. 독자 여러분들도 이런 시도를 해보길 권한다. 무척 흥미 있는 결과를 얻을 수 있을 것으로 확신한다.

지반의 결함

지하에는 지층의 경계, 단층면, 빈 공간, 파쇄대와 같은 여러 형태의 지반 결함이 존재하는데, 여기서는 이들에 의해서 발생하는 지자기분포의 이상들을 컴퓨터로 시뮬레이션한 결과를 설명하고자 한다. 이들과 같은 기본적인 결함 이외에도 벽개면(cleavage)이나 지하 공간, 지하 터널이나 동굴 혹은 땅굴, 씽크 홀, 관입 층 등등이 있으나, 이들은 기본적인 결함들이 복합적으로 존재하는 것과 같다.

영구자석 하나가 지면에 평행하게 묻혀 있다고 생각해 보자. 지하에 영구자석이 없을 때는 지자기에 의한 자력선들이 균일하게 분포하고 있는 것은 물론, 그 방향도 동일하여 자력분포가 균일하다.([그림 3-3] 참고) 그런데 지하에 자석이 묻혀 있을 경우에는 상황이 달라진다.

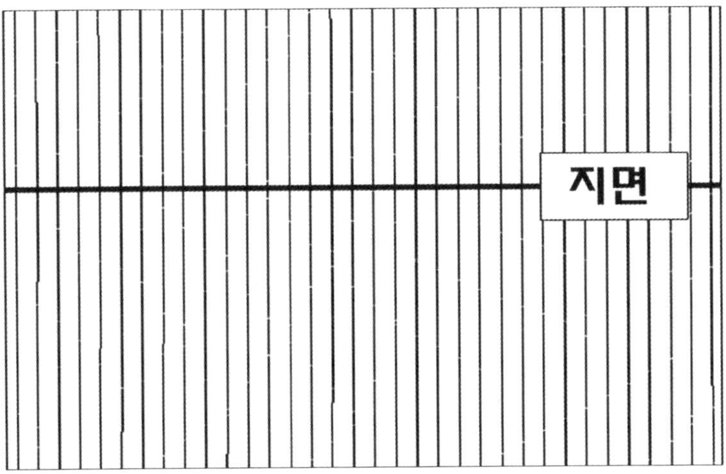

<그림 3-3> 지면에서의 자력선 분포

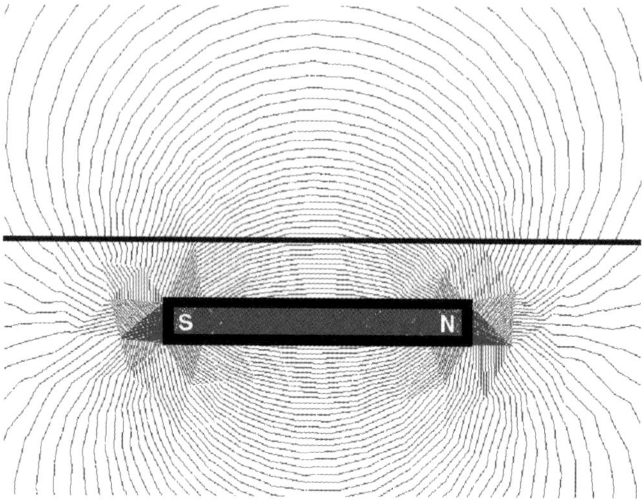

<그림 3-4> 지하에 영구자석이 묻혀 있을 때 자력선 분포

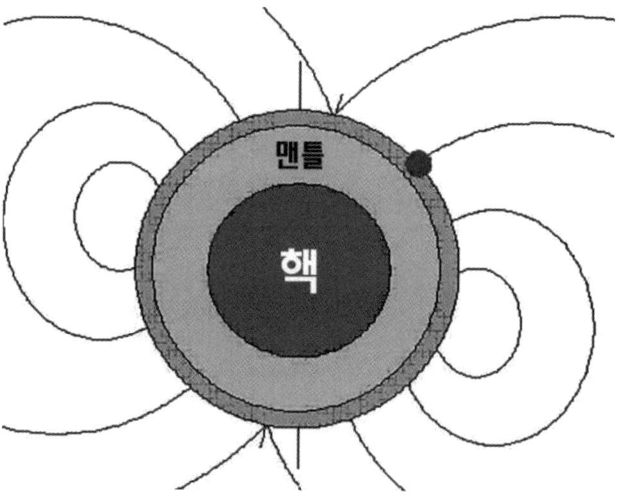

<그림 3-5> 지구에서 자력선 분포

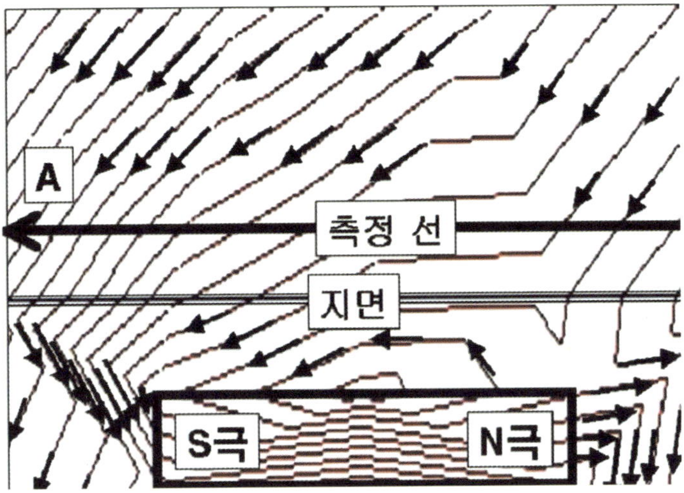

<3-6> 지자기와 영구자석에 의한 지면에서의 자력선 분포

[그림 3-4]에서 알 수 있듯이 자석이 만드는 자력선은 N극에서 나와서 S극으로 들어가며, N극과 S극 주위에서 자력선의 밀도가 높아진다. 한편 지구가 만드는 지자기는 [그림 3-5]에 나타나 있는 것처럼 북자극이 자석의 S극에, 남자극이 자석의 S극에 각각 해당하므로, 자력선은 남자극(N극)에서 나와서 북자극(S극)으로 들어간다. 북반구에 살고 있는 우리의 입장에서는 지자기의 자력선이 공중에서 땅속으로 들어가는 형태로 분포한다. 그래서 땅 속에 자석이 묻혀 있으면 [그림 3-6]과 [그림 3-7]와 같은 분포를 하게 된다. [그림 3-6]은 전체 자력선의 분포를 나타낸 것이며, [그림 3-7]은 지자기의 수직성분(Bz)을 나타낸 것이다. 지자기의 수직성분은 S극에서 주위 평균에 비해서 낮은 값, N극에서 주위보다 높은 값을 각각 가진다. 자력선의 분포는 지

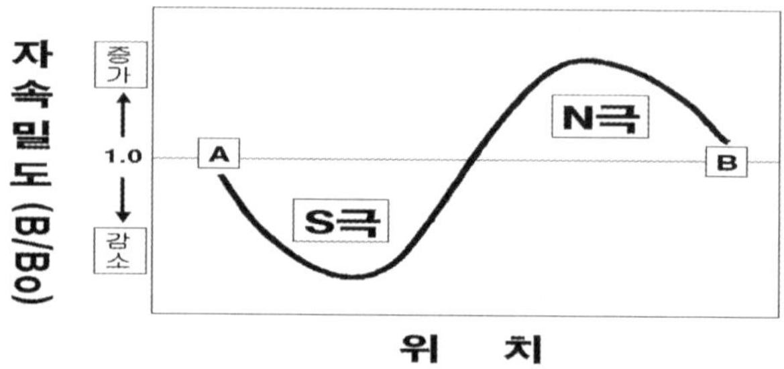

<그림 3-7> 땅 속에 있는 영구자석에 의한 지자기 변화

자기에 의한 원래의 균일한 분포와 자석에 의한 부분적인 분포(NS 분포)의 합으로 나타나고, 자석에 의한 NS 분포가 원래의 균일한 분포를 교란하는 형태를 보인다. 이것을 저자는 "지자기 교란地磁氣 攪亂 : geomagnetic disturbances"이라 하였다. 그래서 그림에서 보는 것처럼 지자기 값이 주위평균에 비하여 높은 곳과 낮은 곳이 항상 쌍을 이루며 존재한다. 땅 표면(지면)에서 관찰해 보면 항상 값이 높은 지역(N극)과 낮은 지역(S극)이 공존한다.

지층의 경계

암석은 그 생성원인에 따라 화성암, 퇴적암, 변성암으로 나뉜다. 이들의 형태, 구조 및 물리적 성질들은 서로 다르다. 퇴적암으로 이루어진 지층의 경우에는 각 층들이 차례로 쌓여 마치 시루떡과 같은 구조를 하는 경우가 많으므로 지면에서 관찰되는 지층의 경계는 거의 평행한 직선에 가까운 모양을 한다. 이와는 달리 화성암이나 변성암은 불규칙한 형태의 경계면을 가지고 있다. 그래서 지표면에서 관찰되는 지층의 경계는 직선에 가까운 선이나 곡선을 이룬다. 종류가 어떤 암석이든 간에 자기의 세계(magnetic world)에서 중요한 것은 두 암석 사이의 자기적인 성질의 차이이다. 만약 차이가 있을 경우에는 지면에서 관찰되는 자력의 분포에 이상(anomaly)이 있을 수 있다.

투자율이 서로 다른 지층

어떤 이유이든 간에 두 지층 간에 투자율이 약간 다르다고 가정해 보자. 그러면 지층경계에서 양쪽에 있는 지층은 서로 다른 투자율을 가진다. 실제로 대부분의 지층이나 지층의 경계는 이런 조건을 만족한다. [그림 3-8]처럼 투자율이 서로 다른 두 층이 서로 교차하여 쌓여있다고 하자. 지면 바로위의 화살표(→)를 따라 자속밀도(또는 자력)

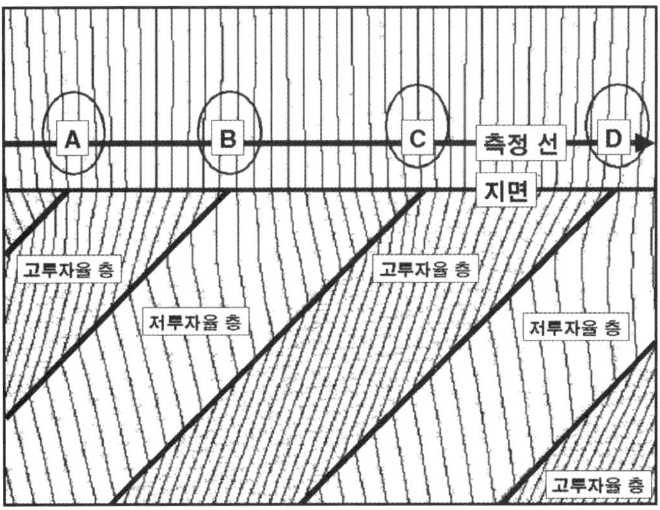

<그림 3-8> 지층 단면도

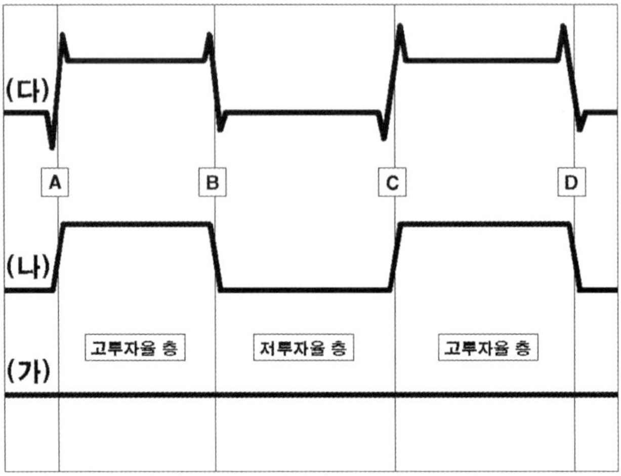

<그림 3-9> 그림 3-8에서 직선 ABCD를 따라 변하는 지자기 분포

는 어떻게 변할까?

일반적으로 자철광과 같은 자성체가 지하에 존재하지 않으면, 지층들 간의 투자율 차이가 거의 없기 때문에 [그림 3-9(가)]처럼 자속밀도(자력)의 분포에는 거의 변화가 없다. 그러나 정밀한 계측기로 실제로 측정해 보면 [그림 3-9(나)]처럼 변하는 것으로 거의 대부분의 지질학 교과서에는 기술되어 있다.

만약 지표면에 아주 가까이 접근하면 어떻게 변할까? '아주 가까이'는 20cm 이내를 말한다. 20cm보다 가까운 1-5cm 정도라면 어떻게 변할까? 이때도 [그림 3-9(나)]처럼 변할까? 그런데 이러한 시도는 아직 해본 적이 없는 것으로 보인다. 이러한 시도에 대한 결과는 저자가 많은 지질학 전공자들에게 문의하여 얻은 답으로 대변할 수는 없지만 10여 명의 지질학 전공자들로부터 얻은 답을 먼저 기술해보자. 그들의 답은 [그림 3-9(나)]와 같이 변한다. 즉 투자율이 서로 다른 층과 그 경계에서 일어나는 자기이상(magnetic anomaly)은 [그림 3-9(나)]와 같다. 왜 그런 답을 할까? 이유는 간단하다. 지금까지 그런 시도를 단 한 번도 해 본 적이 없기 때문이다.

실제로 측정하면 어떻게 될까?

[그림 3-9(다)]와 같이 된다. 왜 이런 차이가 발생할까? (나)와 (다)의 근본적인 차이는 무엇일까? 그것은 바로 지층의 경계에서 나타나는 특이한 현상이다. 투자율이 작은 층의 경계 가까이에서는 원래보다 더욱 작은 값을, 투자율이 큰 층의 경계 가까이에서는 더욱 큰 값을 각각 나타내어 상(+)하(−)의 쌍을 이루는 피크(peak)를 만든다. 즉 (+)/(−)피크 쌍을 이룬다. 이것은 바로 경계면에서 관찰되는 자기계면현상(magnetic interfacial phenomena)이다.

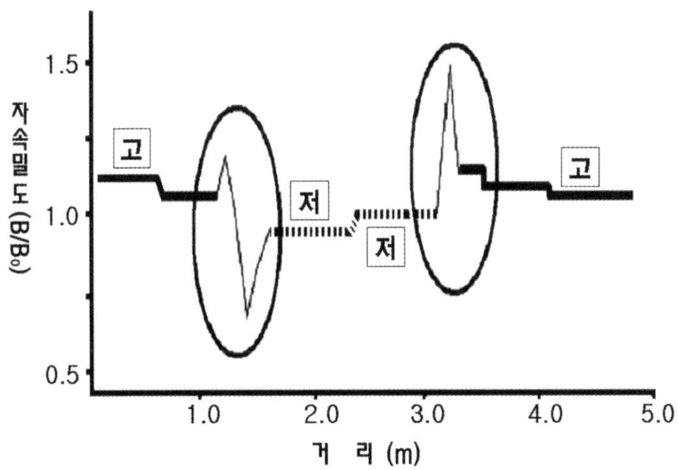

<그림 3-10> 자기 계면 현상

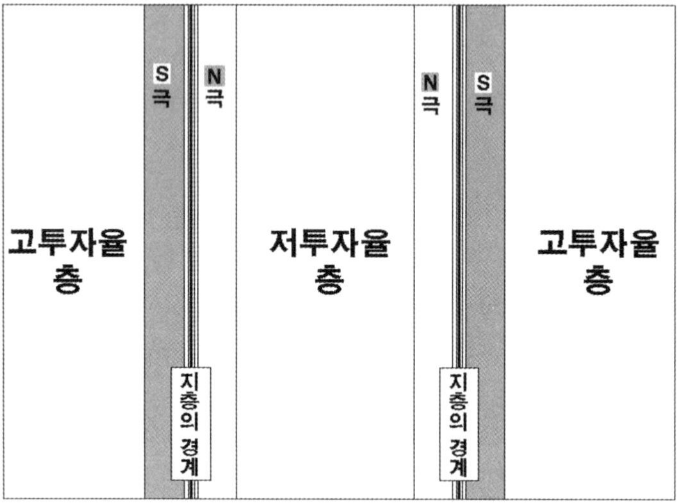

<그림 3-11> 퇴적암의 지층경계

[그림 3-9(다)]에서 자기계면현상만을 다시 나타내면 [그림 3-10]이 된다. 평균에 비해 약간 낮은 곳과 약간 높은 곳이 차례로 나타나고, 지층의 경계에서는 폭이 아주 좁지만 높고 낮은 것이 쌍을 이루며 나타난다.

주위의 평균값에 비해서 약간 높은 자기장의 세기나 자속밀도를 나타내는 곳은 자기적으로 S극(남극)으로 생각할 수 있고, 역으로 약간 낮은 곳은 N극(북극)으로 생각할 수 있으므로, 지층의 경계에서는 NS극의 쌍을 이루는 영구자석이 놓여있는 것으로 생각할 수 있다. 지면에서 관찰되는 지층의 경계는, 퇴적암의 경우에는 거의 직선 형태로, 다른 암석의 경우에는 곡선 형태를 가진다. 그래서 거의 직선을 이루는 퇴적암의 지층 경계에서는 [그림 3-11]과 같은 자석 분포를 생각하면 된다. 한편 다른 일반적인 암석의 경계에서는 생긴 모양대로 자석

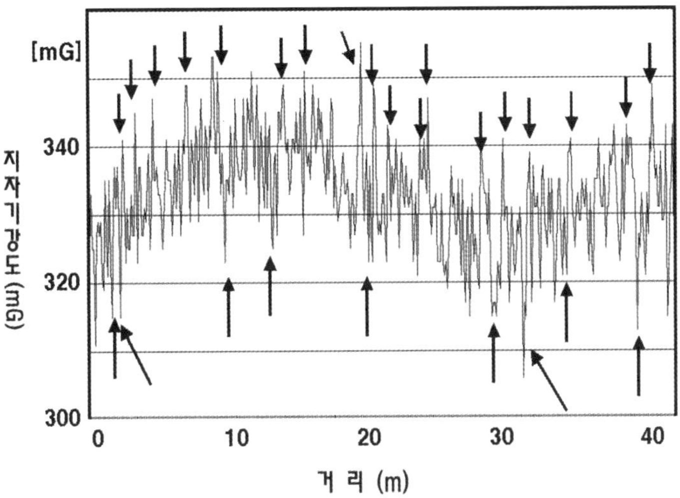

<그림 3-12> 퇴적암의 지층경계에서의 자력분포

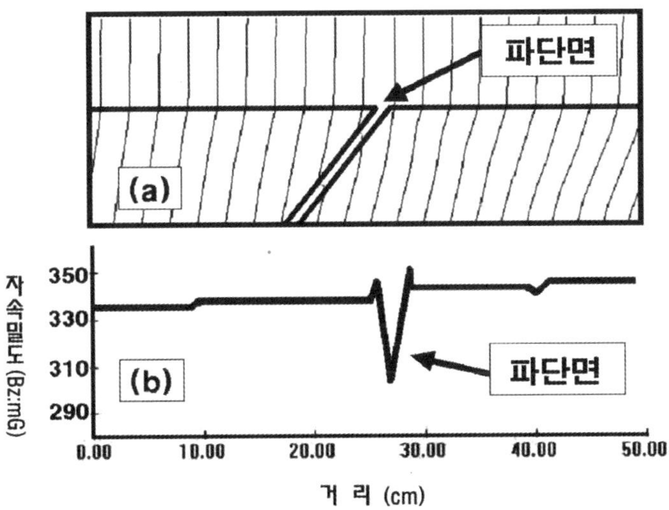

<그림 3-13> 균열이나 벽개의 틈에서 자력분포

이 배열되어 있다고 생각할 수 있다. 때에 따라서는 지층의 경계가 잘 발달되어 있기도 하지만, 그렇지 못한 경우도 있다. 그래서 지층의 경계에서 관찰되는 자속밀도의 분포는 규칙적인 경우와 불규칙적인 경우가 서로 섞여 있다. 그렇지만 무엇보다도 지층경계의 특징적인 현상은 이런 NS극의 쌍이 나타나는 폭이 지극히 좁다는 것이다.

[그림 3-12]는 경북 고령에서 측정한 결과이다. 이것은 마침 대구-고령-합천 등지로 연결되는 왕복 4차선 산업도로를 건설하는 현장을 찾아가서 퇴적층이 발달된 노두지역에서 지자기의 변화를 조사한 것이다. 지자기의 수직성분(Bz)은 대체로 310~350mG의 범위에서 변하였다. 전체 40여m를 6회 반복하여 측정하였지만 위치에 따라 변화하는 경향은 모두 같았다. 잘 발달된 퇴적암이라서 지층의 경계는 거의 직선으로 나타났으며, NS극이 나타나는 폭은 30cm 이내였다.

균열(龜裂, Cleavage)

균열 또는 갈라진 틈이나 홈에서는 [그림 3-13]과 같은 지자기 분포를 나타나는데, V자 형태를 이루는 것이 특징이다. V자의 좌우에는 주위보다 약간 높은 피크를, 가운데는 주위보다 작은 값을 각각 나타낸다. 따라서 균열에서는 SNS 형태의 분포를 보인다. 그런가 하면 균열에 의해서 생긴 균열 면이 벌어져서 두 면이 서로 멀어지면 그 사이에 커다란 빈 공간이 형성된다. 이 공간은 주로 빈 공간(공기), 모래, 흙 또는 작은 크기로 부서진 암석들로 채워지므로 암석층보다 훨씬 낮은 투자율을 가진다. 이 빈 공간은 자석의 N극에 해당하여 SNS 구조를 가지며, 그 폭이 아주 넓은 경우에는 N극 부분의 폭이 넓어져

SN-NS와 같은 형태를 이루기도 한다. 그래서 V의 깊이가 훨씬 깊고, 폭도 훨씬 넓다. 균열 면의 폭에 따라 피크의 차이가 수백mG인 경우도 있으며, 피크가 나타나는 폭도 수m에 이르는 경우도 있다. 참고로 지층경계의 경우에는 수십 mG 정도의 피크차이와 피크가 나타나는 폭이 약 30cm 이내이다. 이처럼 균열 면에서는 지층경계에 비하여 (+−)피크간의 차이가 훨씬 크고 피크가 나타나는 그 폭도 훨씬 크다. [그림 3-14]와 [그림 3-15]는 경기도의 어느 골프장에서 조사한 결과이다. 위쪽의 N극과 아래쪽의 S극이 거의 대칭을 이루고 있다. NS 두 극의 경계가 직선이나 부드러운 곡선이 아닌 불규칙한 형상을 이루고 있는 것으로 보아 균열 면인 것으로 추측되며, NS 양 극의 거리는 최대 14m에 이른다. 최저 200mG, 최고 540mG로 나타난 자력분포로부터 피크 값의 차이는 최소 340mG에 이른다. 물론 양 극간의 최

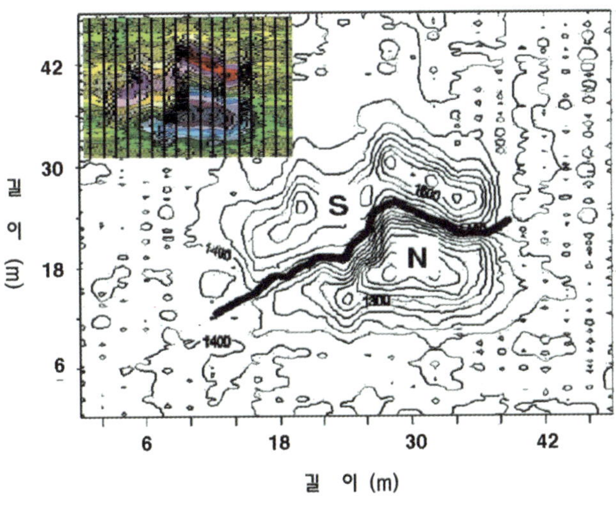

<그림 3-14> 균열에서의 자력분포(등고선 형태)

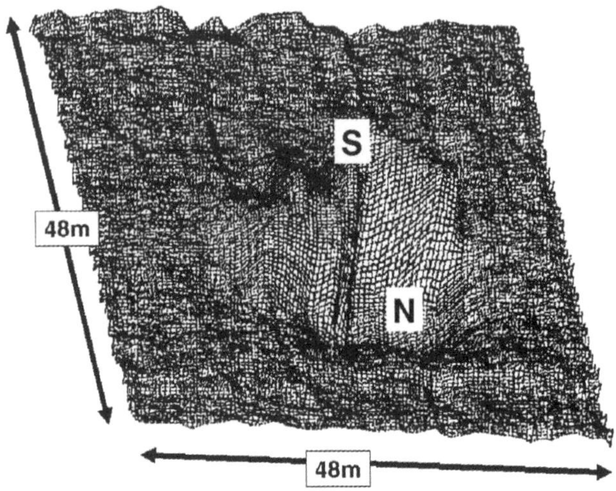

<그림 3-15> 그림 3-14의 그물망 형태

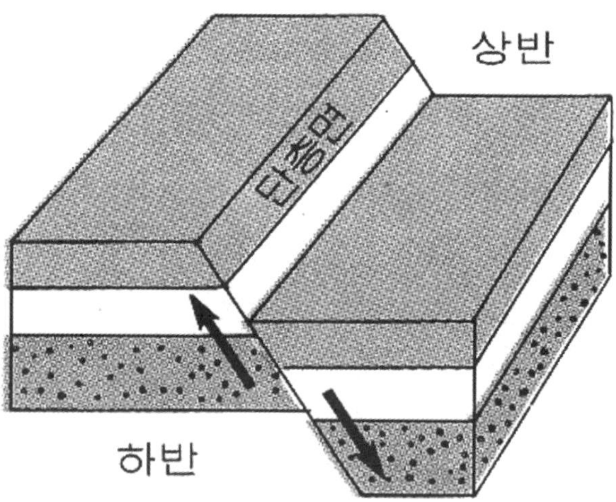

<그림 3-16> 정단층

대거리와 벌어진 공간의 폭이 일치하지는 않겠지만 적어도 상당한 규모의 벌어진 공간의 폭을 가지고 있음은 확실하다. 지질학자들이 아직 이와 같이 좁은 지역(14m)에서 발생하는 거대한 지자기 이상(340mG)에 대하여 구체적으로 조사하거나 연구한 바가 전혀 없는 것이 아쉬울 따름이다.

단층과 파쇄대

암석이 어떤 면을 따라서 떨어져나가 양쪽 지괴地塊의 위치가 면을 따라서 상대적으로 변한 것을 단층(斷層, fault)이라 한다. 이 때 지층과 암석 등이 어긋난 면을 단층면面, 이 면의 위쪽에 있는 지괴를 상반上盤, 그 밑에 있는 지괴를 하반, 단층을 만드는 운동을 단층운동

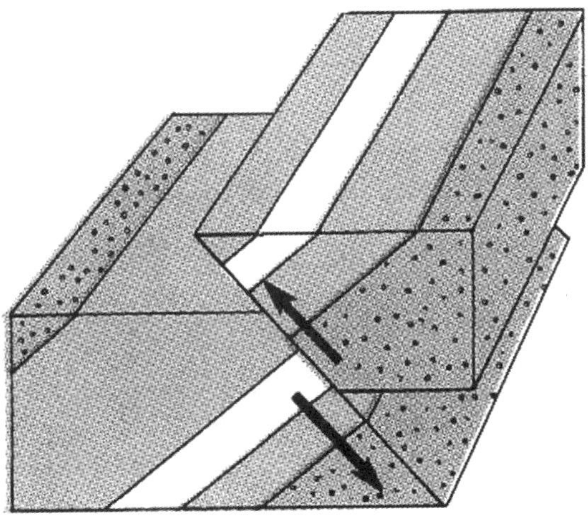

<그림 3-17> 역단층

이라고 한다. 일반적으로 현미경으로만 변위가 확인되는 대단히 작은 규모의 것은 단층이라고 하지 않는다. 단층은 변위의 대소에 관계없이 그 방향에 의해서 다음 4가지로 분류된다. ① 정(正)단층 : 단층면의 경사 방향으로 상반이 하반에 대하여 상대적으로 흘러내린 단층이다. ([그림 3-16]) ② 역逆단층 : 단층면의 경사 방향으로 상반이 상대적으로 하반 위로 올라간 단층을 말하는데([그림 3-17]), 이중에서 단층면의 경사가 45° 이하인 것을 충상단층(衝上斷層, thrust)이라 한다. ③ 수평단층 : 단층면을 끼고 상대 쪽의 지괴가 왼쪽 혹은 오른쪽으로 움직인 단층을 뜻한다. ([그림 3-18]) 실제의 단층변위는 병진운동과 회전운동의 합성에 의해서 결정되는데, 대개는 병진운동으로만 표현되는 경우가 많다. ④ 변위가 회전운동에 의해서만 일어나는 경우를 이음매 단층이라 한다.

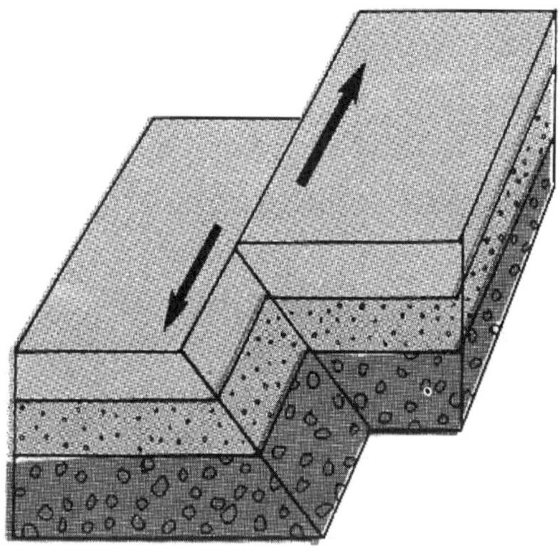

<그림 3-18> 수평단층

<그림 3-19> 미국 오렌지 농원에서 발견된 수평단층

우리나라에서 쉽게 관찰할 수 있는 단층들로는 정단층이나 역단층이지만, 지진이 빈번한 미국의 캘리포니아 지역에서는 수평단층도 자주 발견된다. [그림 3-19]는 미국 캘리포니아 지역의 오렌지(orange) 농원에서 발견된 수평단층을 보여준다. 왼쪽 아래에서 오른 쪽 위로 대각선 방향으로 나타나 있는 수평단층 때문에 오렌지 나무가 배열된 줄이 어긋나 있다. 그런가 하면 이웃한 지역의 밭에서 발견된 수평단층이 [그림 3-20]에 나타나 있다. 밭이랑이 단층면에서 어긋나 있다.

얼마 전에 우연한 기회에 공식적으로 캐나다의 록키산맥을 구경할 기회가 있었다. 그중에서 빙하가 흘러내리는 컬럼비아 빙원(Columbia Ice Field)은 저자의 눈이 번쩍 뜨이게 만들었다. 컬럼비아 빙원은 얼음의 두께가 약 600m나 되는, 북반구에서 북극권 다음으로 큰 빙원이

<그림 3-20> 수평단층

<그림 3-21> 컬럼비아 빙원의 단층

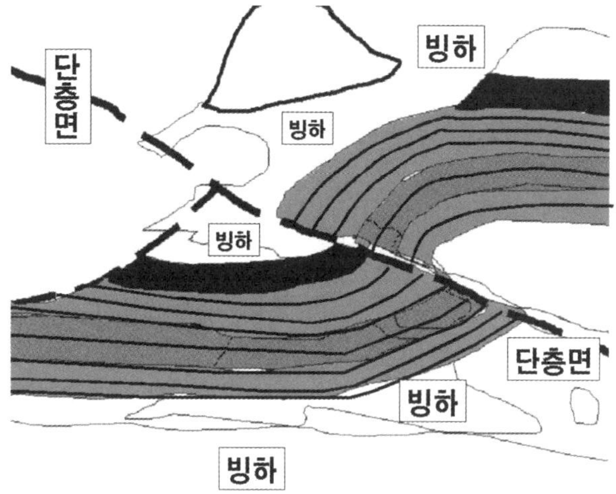

<그림 3-22> 그림 3-21의 모식도

다. 지구 온난화 현상으로 빙하의 크기가 매년 7～8m씩 줄어들고 있어 약 400～500년 후에는 사라질 것이라 한다. 영화 '닥터 지바고'에 소개된 이곳은, 버스에 얼음 위를 달릴 수 있는 바퀴를 장착한 스노우 모빌을 타고 안내소에서 빙하의 중단부로 진입할 수 있다. 스노우 모빌에서 내린 빙하 중간지점에서 재미있는 모양을 발견했는데, [그림 3-21]이 그것이다. 하얀 색은 흘러내리는 빙하이고, 줄무늬가 들어있는 검은 색의 물체는 바위산이다. 해발 3,000m가 넘는 이곳에는 가지런한 줄무늬가 들어있는 바위가 있는데, 아주 옛날에 바다 속에서 만들어진 퇴적암이다. 바위들의 특징만을 강조하여 새로 정리하여 그리면 [그림 3-22]가 된다. 대각선을 중심으로 해서 검은 색의 바위를 자세히 살펴보면 꽤 재미있다. 대각선의 빗금은 두 개의 바위가 서로 미끄러진 면을 나타내고, 위쪽의 바위가 오른쪽에서 왼쪽 위로 미끄러

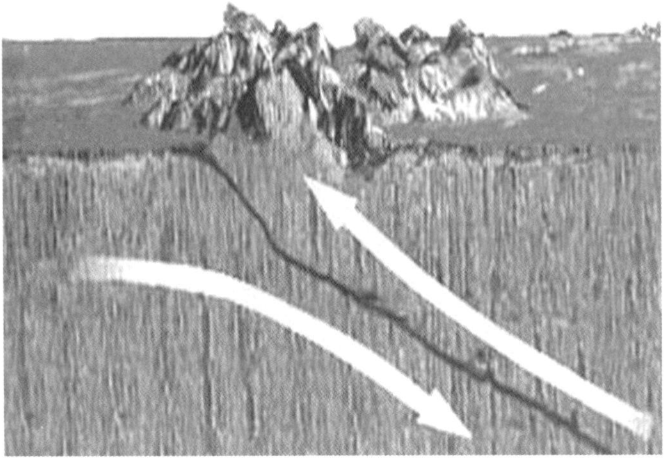

<그림 3-23> 단층과 지표면

<그림 3-24> 단층의 단면

져 올라간 것을 알 수 있다. 두 암반의 경도가 높을 때는 두 바위가 서로 접촉하고 있는 미끄럼 면(sliding plane)을 중심으로 [그림 3-23]처럼 각각 아래와 위로 이동하여 [그림 3-24]와 같은 구조를 나타낸다.

지표에 가까운 부드러운 피복층이나 아직 단단해지지 않은, 물속의 미고결未固結 퇴적암 속을 단층이 지나가는 경우에는 파쇄가 거의 일어나지 않고 [그림 3-25(a), (b)]와 같은 불연속한 단층면만이 생긴다. 지표면보다 조금 깊은 곳에서 단층운동이 일어날 경우에는, 날카롭게 모가 난 자갈 모양으로 파쇄된 암석으로 이루어진 단층 각력암角礫岩이 단층대에 형성되거나, 더욱 깊은 곳에서는 입자의 지름이 4㎛ 이하인 점토로 이루어진 단층점토가 생긴다. 지하 수㎞에서 10㎞ 이상의 깊이가 되면 단층운동에 의해서 재결정을 수반하는 유동화가 일어나 압쇄암壓碎岩이 형성된다[그림 3-26 참조]. 단층면 위에는 단층운

<그림 3-25(a)> 불연속 단층면

<그림 3-25(b)> 불연속면

<그림 3-26(a)> 불연속면에서의 압쇄암

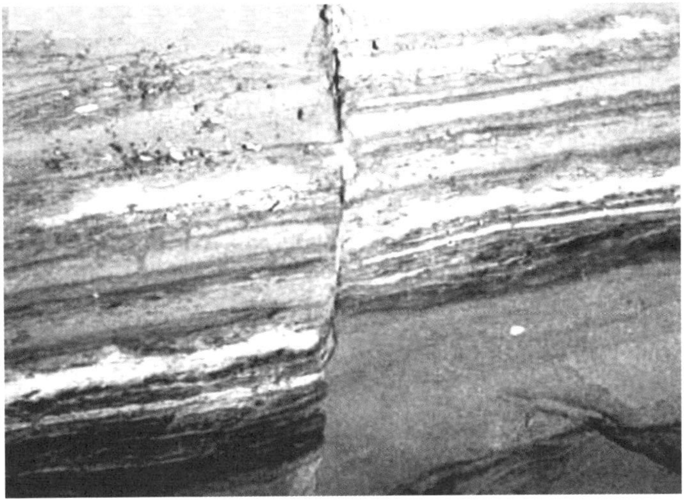

<그림 3-26(b)> 불연속면

<그림 3-27(a)> 불연속면

<그림 3-27(b)> 단층면

<그림 3-27(c)> 불연속면

동에 의해 '긁힌 자국'이 새겨져 있는데, 이를 단층 조선條線이라고 한다. 이것은 단층변위가 일어난 방향을 아는 유력한 정보가 된다.

단층에 의해서 단층면, 단층 각력암, 단층 점토 등과 비교적 커다란 틈 등과 같은 결함이 생길 뿐만 아니라 경우에 따라서는 대단히 큰 틈이나 빈 공간이 생기거나 혹은 상하반이 완전히 분리되어 멀리 떨어진 경우도 있다[그림 3-27 참조].

오랜 지질시대부터 수많은 지각변동을 거듭하면서 화산폭발, 융기, 침강, 압축 등에 의해서 지질구조가 복잡하게 되어 단층이나, 계층이 횡압력으로 주름 잡힌 습곡, 또는 균열이 발달한다.

단층지역의 암반은 일정한 축으로 전단파괴剪斷破壞가 일어난다. 전단파괴는 단 1회의 단층운동에 의해 1개의 단층면을 형성하거나,

<그림 3-28> 단층대

<그림 3-29> 단층대

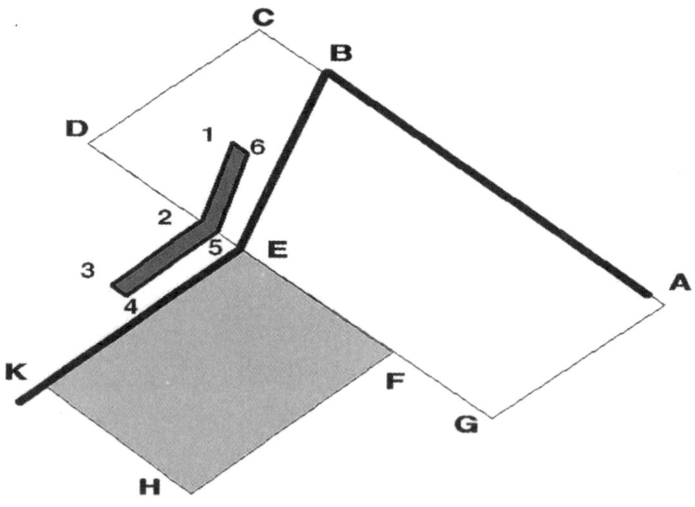

<그림 3-30> 정단층의 모양

동시에 2개 이상의 근접한 단층면을 형성하기도 하며, 여러 번에 의해 많은 수의 단층면을 만들기도 한다. 단층에서는 근본적으로 암석이 파괴되기 때문에, 암반이 덩어리塊狀나 알갱이粒狀로 되며, 지하수에 의해 변질되어 점토로 변화되기도 한다. 이와 같이 단층에 의해서 암반이 덩어리, 알갱이, 점토로 변질된 곳을 단층대(斷層帶, [그림 3-28] 참조)라고 하며, 단층면이 특정 범위 내에서 밀집한 단층대에서는 여러 번에 걸쳐 암석이 파괴되어 파쇄암이 만들어지는데, 이중에서 파쇄가 집중된 곳을 단층 파쇄대 또는 파쇄대(破碎帶, fracture zone)라고 한다. ([그림 3-29] 참조)

2005-2006년도 박사학위과정 현장조사가 10월 2-3일 이틀에 걸쳐 경주와 영천에서 열리면서 풍수답사시즌이 열렸다. 10여 명의 참석자들과 함께 경주시 일원을 조사하던 중에 무척 재미있는 지형을 발견하였다. 전체적인 형태는 [그림 3-30]과 같다. 정단층이 산의 정상부근 능선에 형성되어 있었는데, 옆에서 본 산의 모양은 ABEK와 같다. 여기서 점 B는 산의 능선이며, AB는 산의 뒤쪽 사면을 나타내고 EK는 산의 앞쪽 사면을 나타낸다. (편의상 경사가 완만한 곳을 산의 앞쪽, 급한 곳을 산의 뒤쪽이라 하였다) 산의 앞쪽에는 EFHK 암반(기반암)이 발달되어 있고, 산의 뒤쪽에는 ABEG 암반이 발달되어 있다. ABEG 암반은 눈으로도 확인될 정도로 외부로 드러나 있다. ABEG 암반이 DEFG 단층면을 따라 EFHK 암반위로 미끄러져 올라가 있는 형태를 보여준다. 즉 ABEG 암반이 상반에 해당하고, EFHK 암반이 하반에 해당하며, DEFG는 단층면에 해당한다.

단층면을 중심으로 직사각형의 지표 (점 1~6)에 대해 지자기 분포를 조사하였는데, 그 결과는 [그림 3-31], [그림 3-32]와 같다. 그림에서 점2와 점5를 연결하는 직선이 단층면에 해당한다. 입체적인 형태로 나타낸 [그림 3-31]에서 보면 직선 25의 아래와 위쪽에 지자기가 높고 낮은 부분, 즉 (+/−)피크 쌍들이 여러 개 발견된다. 좀 더 엄격하게 말하면 하반에 비해 상반에서 조금 더 많이 발견되지만, 하반과 상반 모두에서 피크 쌍들이 발견된다. [그림 3-31]에서 밝은 부분은 높은 자력, 어두운 부분은 낮은 자력을 각각 나타낸다. 하반에서는 대체로 밝은 색을, 상반에서는 우측은 밝으나 좌측으로 갈수록 점차 어두워진다. 이것을 좀 더 정확하게 이해하기 위해서 그물 형 분포를 나타낸 것이 [그림 3-32]이다. 이 그림에서 점4, 5, 6 등이 나타나 있는 오른쪽 측면을 보자. 지자기의 변화가 그래프로 나타나 있다. 지자기의 값은 점6과 점5 사이인 하반에서는 높으나, 상반에 해당하는 점5와 점4

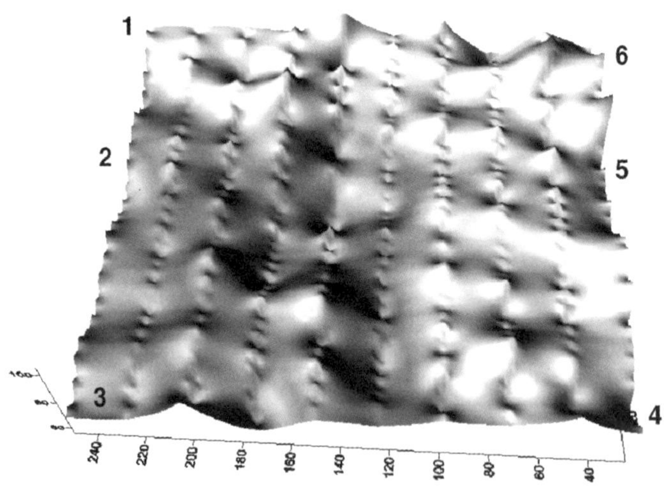

<그림 3-31> 그림 3-30의 1~6지점에 대한 자력분포

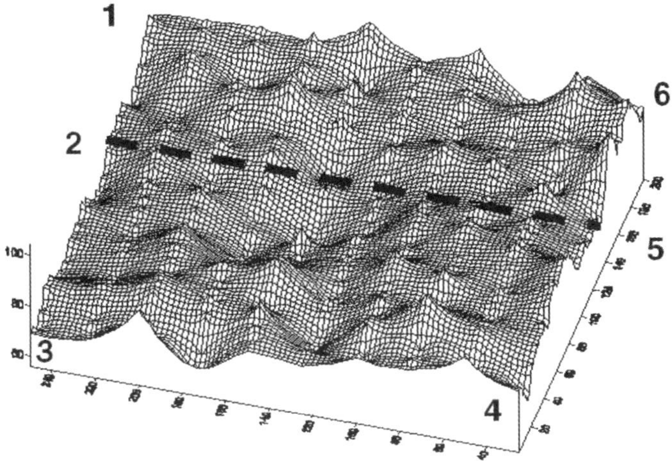

<그림 3-32> 그림 3-31의 분포의 그물망 형태

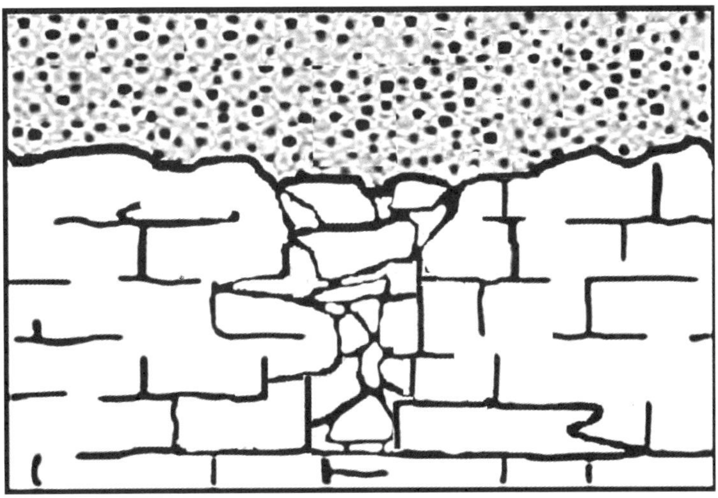

<그림 3-33> 풍화작용

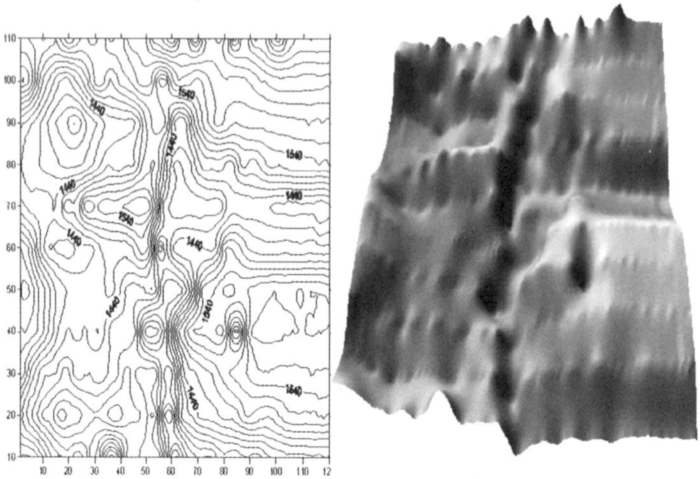

<그림 3-34> 평지에서 발견된 단층파쇄대

사이에서는 낮다. 전면의 점4와 점3 사이에서는 점4에서 점3으로 갈수록 대체로 감소하고 있다. 물론 지자기의 피크들이 몇 개 존재하고 있는 것도 확인할 수 있다.

이상의 결과를 정리해 보자. 단층면을 경계로 하여 그 인접지역인 단층대에서는 단층으로 인한 단층파쇄대가 형성되며, 단층파쇄대에서는 지자기의 (+/−)피크 쌍들이 여기저기에서 발견된다. 지자기의 값은 하반이 상반보다는 높은 값을 가지며, 단층대는 상반과 하반 모두에서 생기고, 이들은 서로 파괴되어 단층파쇄대를 형성한다.

이와 같이 산의 정상부근에서 발견되는 단층이나 단층대와는 달리, 산의 중턱이나 구릉 혹은 들판에서 발견되는 파쇄대나 단층은 [그림 3-33]처럼 지각의 풍화작용으로 인해서 육안으로 확인하기 어렵다.

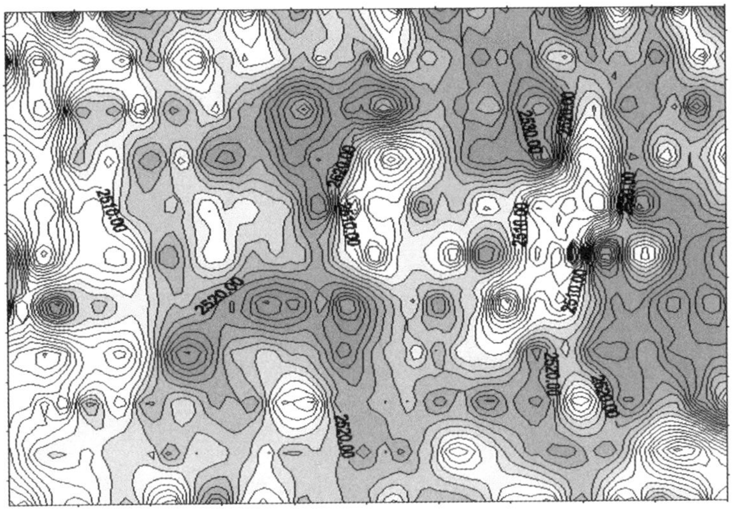

<그림 3-35> 산기슭의 단층파쇄대

그러나 지자기 분포를 조사하면 의외로 쉽게 단층의 존재를 확인할 수 있으며, 가끔 단층파쇄대도 확인된다. [그림 3-34]와 [그림 3-35]는 산 중턱, 계곡부근, 구릉지, 혹은 평지에서 조사 확인한 단층과 단층파쇄대가 보여주는 지자기 분포이다. [그림 3-34]는 영남대 대운동장 가운데에서 조사한 것이다. 원래는 논이었지만 지금은 운동장으로 변한 곳이며, 그 크기는 가로 10m, 세로 20m이다. 상하로 계곡과 같은 형태가 있고, 좌우로도 폭이 넓은 계곡 같은 형상이 존재한다. 이것은 가운데 상하방향의 단층면과 그 주위에 있는 단층 파쇄대를 보여준다. [그림 3-35]는 산기슭에 있는 잘 발달된 파쇄대를 보여주는데, 밝은 곳은 지자기가 높은 곳이며, 어두운 곳은 지자기가 낮은 곳이다. 밝고 어두운 곳이 불규칙하게 어지럽게 널려져 있는데, 이러한 형태가 파쇄대에서의 전형적인 지자기 분포이다.

지하의 빈 공간

지하의 빈 공간은 주변에서 쉽게 관찰할 수 있지 않지만, 석회암 지대나 용암지대에서는 비교적 쉽게 발견된다. 강원도 삼척, 태백, 영월 지역의 석회암 지역에서는 지하 동굴이 많이 존재하며, 화산섬인 제주도에서는 지하에 용암동굴이나 분화구도 여럿 존재한다.

지하에 존재하는 동굴의 생성원인이 어떠하든 간에 동굴주위의 지질이 균일할 경우에 지상에서 관찰되는 지자기의 분포는 동굴의 크기, 형태, 깊이 등에 따라서 변한다. 같은 동굴이 지면가까이에 존재할 경우에는 지면에서의 지자기 분포에 강한 영향을 미치고, 땅속 깊숙한 곳에 존재할 경우에는 지상에서의 지자기 분포에 미치는 영향이 작아진다. 즉 지면 가까이에 존재할 경우에는 지자기 교란이 심하게

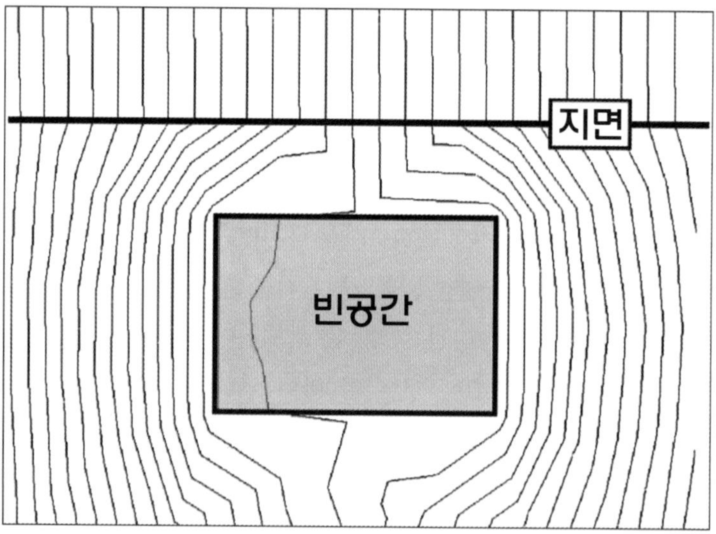

<그림 3-36> 사각형의 지하동굴과 자력선 분포

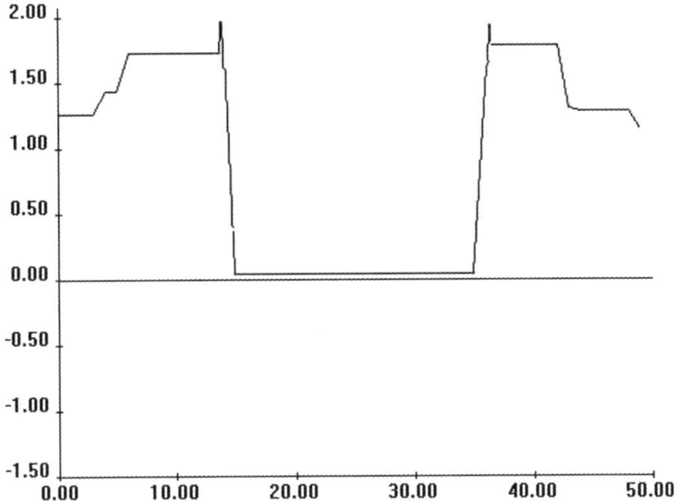

<그림 3-37> 그림 3-36의 지면에서 자력 변화

<그림 3-38> 원형의 지하공간과 자력선 분포

된다.

형태에 따라 나타나는 지자기 교란도 달라진다. [그림 3-36]은 사각형의 동굴이 존재할 경우에 관찰되는 자력의 분포를 나타낸 것이며, [그림 3-37]은 지상에서 관찰되는 지자기의 변화이다. 동굴 위에서는 자력이 낮지만 그 주위에서는 높으며, 동굴 경계에서는 주위에 비해서 훨씬 높은 값을 가진다. 이처럼 주위에서 훨씬 높은 값을 나타내는 현상을 자기계면현상이라 한다. [그림 3-38]과 [그림 3-39]는 동굴이 원형일 때 나타나는 자력선의 분포와 지상에서의 자력변화를 각각 나타낸 것으로, 그 변화 경향은 사각형 동굴의 경우와 거의 같다. [그림 3-40]과 [그림 3-41]은 실제로 지하 공간 위에서 조사한 결과이다. 지하공간이 있는 곳에서는 주위에 비해서 자력의 세기가 약한 것을 알 수 있다.

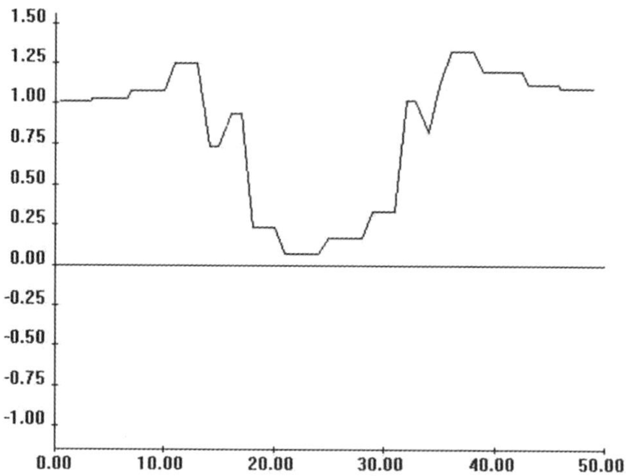

<그림 3-39> 그림 3-38의 지면에서 자력변화

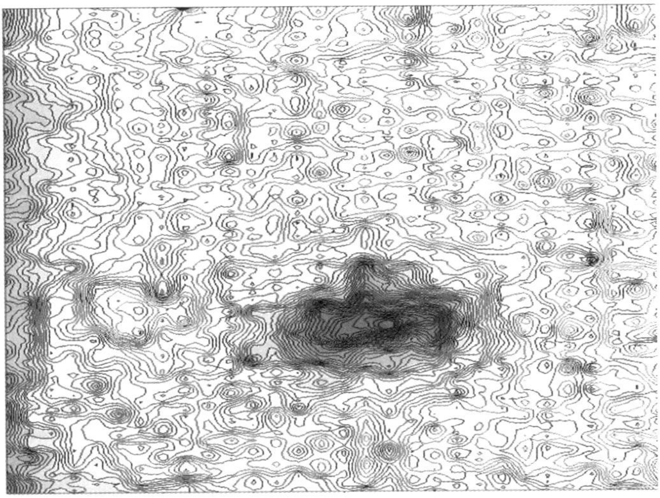

<그림 3-40> 지하공간위에서의 자력분포

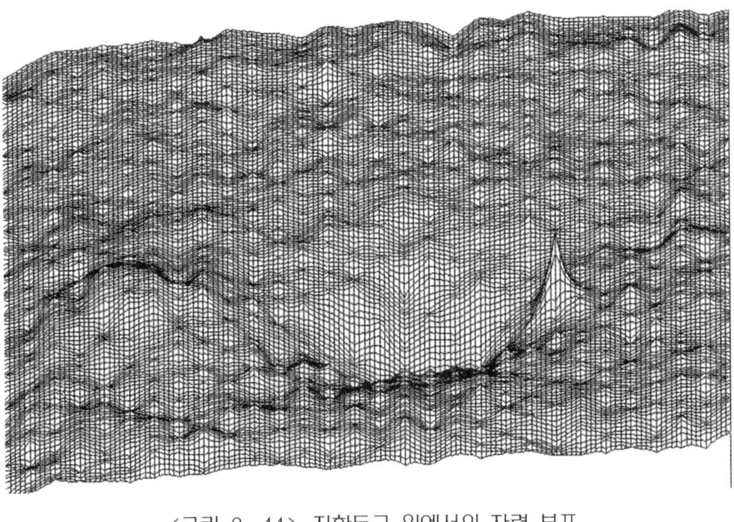

<그림 3-41> 지하동굴 위에서의 자력 분포

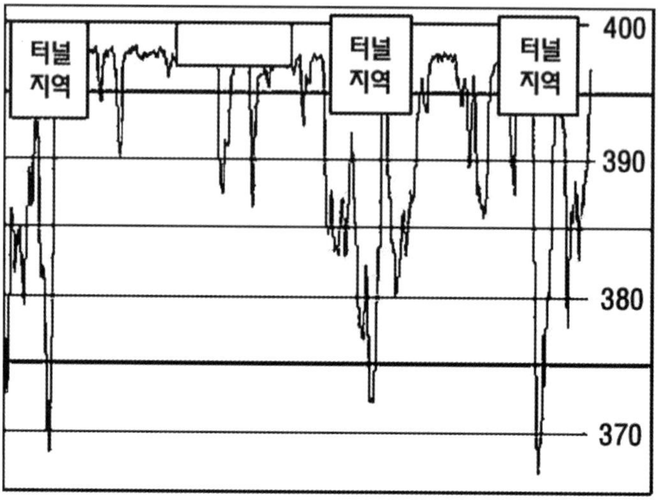

<그림 3-42> 지하 터널 위에서의 자력변화

[그림 3-42]는 전남 해남군 우수영에 있는 모이산의 은산광산(순신개발)의 지하 50m에 가로 5m, 높이 5m의 빈 공간이 있는 곳에서 조사한 결과를 나타낸 것이다. 금광을 개발하기 위한 시추시험과 주상도에 대한 많은 정보를 보유하고 있는 두 곳에서 주상도 결과와 자력탐사 결과 간의 상관성 분석을 위해 지질구조와 터널에 대한 분석을 행하였는데, 대부분의 결과가 잘 일치하였다. 자력탐사로부터 월등히 많은 특이점이나 지질구조적인 변화를 찾아내었으나 시추시험에서는 시추공의 간격으로 인해서 나타나지 않았다.

하남풍수 명당에 대한 과학적 고찰

하남풍수

풍수와 풍수학

현재 우리나라에서 풍수 또는 풍수지리라는 이름으로 알려진 전통적인 자연관은 천년 이상의 긴 역사를 가지고 있다. 그럼에도 불구하고 연역법적인 논리체계로 인하여 아직도 학문영역에서 자신의 자리를 확립하지 못한, 제도권에 속하지 못하는 분야들 중의 하나이다. 이제 많은 연구자들이 노력하여 제도권의 논리로 우리의 전통 자연관을 체계적으로 정리하고 있으므로, 제도권 진입은 물론이고 우리의 독특한 자연관을 세계로 펼쳐 나가야할 시점에 이르렀다. 저자가 이 책을 저술하려는 목적 중의 하나도 '풍수의 제도권화'이기에 모든 기술은 학문이라고 하는 제도권의 방법론을 충실하게 따르고 있다.

자연을 기술하는 방법은 기술자의 시각과 관점에 따라 다양하게 표출된다. 자연 그대로의 형상을 묘사할 수도 있으며, 그 형상에 어떤 의미를 부여할 수도 있고, 형상 자체를 배제하고 그 의미만을 강조할 수도 있으며, 그 의미로 인해서 파생된 상징만을 부각시킬 수도 있다. 이러한 다양성으로 인해서 풍수라는 단일 용어를 사용하지만, 형상만을 강조하거나(풍수의 형국론), 형상과 의미 또는 상징을 연계하거나(형국이기론), 형상을 배제한 의미와 상징을 내세우면서(이기론) 각 방법론 간에 일체의 교류와 협력 없이 대립된 시각을 견지할 경우에는 논리의 통일은 물론이거니와 결론다운 결론조차 내리지 못할 것은 불을 보듯 분명하다.

이런 현상은 우리를 비롯한 중국과 일본 등의 동북 아시아권에 거주해 온 민족들의 공통된 자연관에 기인한다. 즉, 어떤 형체나 사물에 대해 그것의 본질을 확실하게 나타낼 수 있는 의미나 상징을 부여하는 것이다. 이것은 우주의 구성이치로도 발전한다. 우주의 근본은 태극이며, 여기에서 분화된 음양오행이라는 독특한 개념이 모든 물질과 정신을 구성한다. 그리하여 우주는 태극과 음양오행 및 만물의 순으로 구성되고, 태극의 움직임에 따라 음양이 나타나고 오행의 순응에 의해 물질과 정신을 비롯한 만물이 생성된다.

다양한 생각과 접근으로 인해서 풍수도 다양하게 기술되고 있으며, 이로 인해서 다양한 풍수론들이 펼쳐져 있다. 저자는 이런 다양한 풍수론들에 생명을 불어넣을 수 있는 토대를 만들고자 몇 가지의 과감한 시도를 행하고 있다. 그 첫 번째는 풍수의 대상이 자연 그 자체이므로 자연과학적인 접근과 해석을 통해 풍수이론을 새롭게 정비하고자 한다. 두 번째는 풍수에서 주장하는 인과관계를 체계적으로 정리하기 위해서 통계학적인 방법을 도입하여 풍수이론을 재정립하고자 한다. 셋째로는 사람의 출생과 삶 그리고 자연으로의 회귀를 법의학法醫學적으로 분석·해석하는 일이다. 이것은 풍수에서 주장하는 모든 것의 중심이 우리가 속해있는 우주가 아니라 우리 인간 그 자체이기 때문이다.

이런 일을 통해서 풍수가 단순히 우리의 전통적인 관념이 아니라 자연을 보는 자연관, 보다 더 구체적이고 종합적인 자연과학으로 자리매김하여 풍수학風水學으로 새롭게 태어날 수 있을 것이다. 이러한 일들은 짧은 시간 내에 만족할 정도의 결론을 얻을 수 있을 것으로 생각하지는 않는다. 이들은 현재 여러 연구자들에 의해서 차분하게 진행되고 있으며, 많은 사람들이 이 일에 동참하고 있다. 그 중에서 상당수는 생물학적인 나이의 한계에도 불구하고 오로지 학문에 대한 작은 기여를 위해 훌륭한 정신력으로 대학원 박사학위 과정에서 연구를 수행하고 있다. 이 책에서는 그 결실의 일부를 정리하고자 하였다.

풍수는 자연의 형상을 중시하고 그의 특징을 명쾌하게 정리하는 형국론形局論, 형상과 음양오행에 따르는 의미를 강조하는 형국이기론(形局理氣論 : 形氣論), 음양오행의 관념을 중시하는 이기론理氣論 등으로 크게 나눌 수 있다. 이 외에도 여러 이론들이 있는데, 여타의 이론들은 이런 기본입장에 새로운 개념을 도입하여 파생한 것이므로 특별하게 다루지 않아도 무리가 따르지 않을 것이다. 이런 3종류의 풍수론들은 서로 나름대로의 특징이 있으나, 출발점이 같기에 기본이론은 거의 유사하다. 그래서 이 책에서는 이들 이론을 망라할 것으로 추측되며, 자연과학적 입장과 비교적 가까운 형기론을 과학적인 접근의 대상으로 설정하였다. 특히 형기론 중에서 비교적 분석적이며, 형태를 체계적으로 전개한 하남(河南) 張龍得이 정리한 명당론(明堂論, 명당론 전집 · 하남의 비결, 장용득저, 신교출판사, 1976년)을 그 구체적인 대상으로 하였으며, 여기서 그의 명당론을 편의상 '명당론'으로 부르기로 한다.

하남 풍수河南 風水의 명당론

하남 풍수의 명당론을 이해하기 위해서 그 일부를 인용하면 다음과 같다.

『풍수지리風水地理란 산수자연의 생김생김에 대한 이치를 말한다. 지구상의 만물(생물을 의미함)은 땅의 흙山과 물水과 바람(風, 기후의 조화)이 있어야 생육生育한다. 만물의 생사가 달려있는 중대한 요인은 山 · 水 · 風의 작용이라 할 수 있다. 산의 높고 낮음과 억세고 부드러움, 물의 얕고 깊음, 바람의 덥고 시원함과 따뜻함과 차가움 등의 영향으로 삼라만상의 흥망성쇠興亡盛衰가 일어난다. 이러한 변화는 지상에 존재하는 모든 물체가 음양오행의 상생상극相生相剋의 이치를 갖고 있기 때문이다.

산과 물과 바람은 모두 음陰, 양陽, 오행(五行 : 木火土金水)의 성질을 가지고 있다. 생물의 생사를 주관하는 산과 물과 바람은 자연환경을 말하며, 자연환경에는 자연법칙이 존재하고 이 법칙에 따른 조화에 의해서 모든 생명체는 생육하고 있다.

이 대지大地는 길한 곳吉地과 흉한 곳凶地으로 구별된다. 산은 길산吉山과 흉산凶山, 물은 길수吉水와 흉수凶水, 바람은 길풍吉風과 흉풍凶

風, 만물은 길한 모습吉相과 흉한 모습凶相으로 각각 나뉜다. 길한 곳에는 길한 산, 길한 물, 길한 바람, 길한 모습 등이 서로 조화를 이루며, 그곳에 있는 만물이 윤택하여 좋은 결실을 맺는다. 한편 흉한 곳에는 흉한 산, 흉한 물, 흉한 바람, 흉한 모습 등이 서로 어우러져, 그곳에 있는 만물은 거칠고 허실이 많은 성과를 얻는다.

이런 이치로 명지에는 명당과 명산과 명혈明穴이 있으며, 흉지에는 망지와 흉산과 비혈非穴이 존재한다. 명당은 생거지生居地로 집을 짓고 살기에 아주 적합하고, 명혈은 사거지死居地로 묘墓를 쓰기에 아주 좋다. 흉지는 잡초지雜草地이므로 나무를 심고, 비혈은 한유지閑遊地로 산이나 밭으로 활용해야 한다.

혈穴은 산山의 꽃을 말하는데, 집터와 묘터의 길지이며, 산과 물과 바람이 서로 조화를 이루어 음양이 적절하게 배합된 곳이다. 주변의 모든 산들이 혈이 있는 이곳에 집중되어 모든 것들이 혈을 위해 존재하는 것처럼 보이는 곳이 바로 혈인데, 바람과 물이 감싸 돌아 항상 건조하거나 습하지 않고, 안온한 곳이다.

혈의 모양穴相은 바깥으로 튀어나온突出 여성의 젖가슴 모양乳相과 돌출한 모양突相인 양혈陽穴과, 안으로 들어간 혈深穴인 소쿠리 모양窩相과 부젓가락 모양(겸상, 鉗相)인 음혈陰穴로 나뉜다. 혈은 '입수入首, 혈판穴坂, 선익蟬翼, 전순前脣'을 갖추어야 한다. 이는 식물의 꽃에 비유된다. [그림 4-1]에 나타나 있는 꽃의 단면을 보면 꽃의 꼭지, 꽃심, 꽃받침, 꽃술이 잘 나타나 있는데, 이것은 혈에서 각각 입수(꽃 꼭지), 혈판 또는 혈심(穴心, 꽃심), 선익(꽃 받침), 전순(꽃술)에 해당한다.』

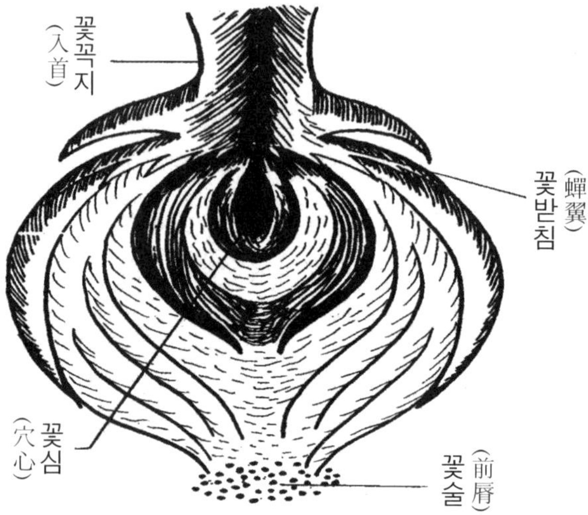

<그림 4-1> 꽃 봉오리

혈의 기본 요건

혈심穴心

하남풍수의 명당론에서 주장하는 혈심에 관한 내용을 다시 살펴보자. 『산에서 혈이 되는 곳이 있으면, 우선 그 혈판의 생김에서 힘이 뭉쳐있는지, 흩어져 있는지, 둥근 형태인지, 넓은지, 바르고 반듯하게 있는지, 기울어져 있는지, 강한지, 부드러운지 등등을 세밀하게 관찰한다. 혈의 생김에서 상중하부가 각 부위별로 강한지, 약한지, 넓은지, 좁은지 등을 확인한다.

또 선익의 유무有無를 먼저 살펴본 후에, 그 형태가 반드시 혈만을 위해서 있는지, 혈판보다 더 큰지 작은지, 그의 기운이 왕성한지 등을 조사한다.

혈이 입수의 기운을 전부 받을 수 있는지, 입수와 혈이 연결되어 있는지, 입수가 바른지 기울어져 있는지 등도 중요하다.

큰 꽃의 화심花心은 깊이 있으며, 작은 꽃의 화심은 얕게 있다. 마찬가지로 혈에도 큰 혈大穴과 작은 혈小穴이 있으며, 큰 혈의 혈심은 깊은 곳에, 작은 혈의 혈심은 얕은 곳에 있다. 지형과 지질에 따라 혈심의 깊이가 결정되지만, 방향坐向에 따라 혈심이 고정되지 않는다.』

이와 같이 명당론은 혈심의 중요성을 강조하였으며, 아울러 입수, 선익, 전순뿐만 아니라, 혈을 중심으로 하여 득수, 파구, 보국이 짜임새 있게 갖추어져야 한다고 주장한다.

혈심의 기본 요건

혈이 되기 위해서는 혈판 특히 혈심을 이루고, 입수, 전순, 선익, 득수, 파구, 보국 등이 조화를 이루어야 한다. 무엇보다 혈판을 만드는 것이 가장 중요하다. '혈판 또는 혈심을 만들다'의 정의는 무엇일까? 혈의 형태에 따른 깊이나 모양, 토질에 따른 혈심의 깊이, 토질에 따른 혈토의 형태나 색상 등이 '혈심을 만들다'의 정의에 필요한 변수가 될 수 있는가?

혈이 있는 곳을 지질 구조적으로 살펴보자. 혈이 있는 곳의 지표는 지하의 암반(기반암)이 풍화작용에 의해 흙으로 변한 부분이다. 이를 표토表土라 하는데, 표토에 해당하는 토양은 풍화된 정도에 따라 알갱이(grain)의 크기가 아주 작은 것이 있는가 하면 직경이 수mm에 이르는 비교적 큰 것도 있다. 흙으로 바뀐 토양의 두께는 수cm 정도로 풍화가 거의 되지 않은 곳도 있지만, 풍화가 많이 된 곳은 수m에서 수십m에 이르는 경우도 있다.

토양층 아래에는 이제 풍화가 되기 시작하는 곳이 있으며, 그 아래쪽에는 균열들이 존재하는 부분이 있고, 그 이하에는 전혀 풍화되지 않은 암반이 존재한다.

'비석비토非石非土' 지점이 혈심이다. 많은 풍수가들이 주장하는 이것에 대한 과학적인 근거는 있는가? 토양학을 전공하는 연구자들이 밝힐 내용이지만 풍수가들의 주장에는 수긍이 가는 점이 있다. 비석비토는 풍화반응의 초기상태이다. 풍화반응이 거의 완료된 지표면에 가까운 토양에는 수많은 미생물이 존재한다. 비雨나 낙엽, 먼지, 기후나 환경 등의 영향으로 표토에는 미생물뿐만 아니라, 지하에 있는 원래의 암반을 구성하는 성분과 표토의 성분-광물학鑛物學적인 상(相: phases)이나 화학化學적인 조성-은 서로 다를 확률이 대단히 높다. 지표면에서 지하로 내려갈수록 그 성분이 원래 암반의 것에 가까워질 것이며 흙 속에 살고 있는 미생물의 수와 종류도 적을지 모른다. 그런가 하면 지상의 기온이 섭씨로 영하 10도에서 영상 4~50도 사이에서 변하더라도, 지하 1.5m 지점에 이르면 온도의 변화폭이 섭씨 5도 이내로 거의 일정하다고 한다. 그래서 적어도 적당한 깊이의 지하가 좋은 곳인지도 모른다.

풍수가들이 많이 사용하는 용어 중에 기氣라는 것이 있다. 우리 한국의 전통 철학에는 항상 理와 氣가 등장한다. 氣에 대한 사전적인 의미는 어떠한가? 『氣라는 말은 은殷과 주周의 갑골문甲骨文이나 금문金文의 자료 및《시경詩經》,《서경書經》에는 보이지 않지만,《논어論語》를 비롯하여 전국시대 이후의 각 학파문헌에 많이 나타난다. 중국의 철학용어이다. 원래 중국인은 사람의 숨, 바람(대기)이나 안개, 구름, 김 등을 기로 인식하였다. 그들의 기에 대한 인식을 정리하면 다음과 같다. ① 기는 공기모양의 것이며 천지 사이에 꽉 차 있고 인체 속에도 가득 차 있다. ② 기는 천지만물을 형성하며, 생명력과 활동력의 근원이어서 사람의 육체와 정신적인 모든 기능도 모두 기에서 생긴다. ③ 음기陰氣와 양기陽氣 또는 오행(五行 ; 木火土金水)의 기와 같이 2종류 또는 5종류의 기가 있으며, 이 다양한 기의 배합과 순환으로 사물의 이동異同이나 생성과 변화가 일어난다. ④ 다양한 기의 근본을 원기元氣라 하고, 원기에서 만물이 생성한다. 한(漢)나라 이후 여러 가지 계열의 사상에서 氣에 의한 생성론이 주장되었고, 송(宋)나라 이후의 성리학에서 氣가 물질의 근원을 나타내는 말로서 우주와 인간을 관통하는 이기철학理氣哲學 체계에서 매우 중요한 역할을 하였다.』

땅에서 나온다는 기氣는 과학적으로 아직 규명된 바 없다. 그것을 믿는 풍수가들의 경우에는 오염된 토질을 혈심으로 정의하는 것을 거부할 것이다. 그래서 가능하면 암반 가까운 곳에서 나오는 기운을 찾고자 했는지도 모른다.

'오색혈토五色穴土'가 있는 곳이 혈심이다. 이것도 일부의 풍수가들이 주장하는 내용이다. 풍화가 완전히 일어나면 암반을 구성하는 원래의 광물로 분리가 일어나므로, 혈이 있는 곳은 균일하고 단순한 색상을 나타낸다. 그런데 암반이 있는 땅 속 깊숙한 곳에서는 相의 분포와 造成이 불균일하여 부분마다 색상이 다르게 나타난다.

풍화가 완전히 진행되지 않은 곳, 풍화가 이루어지고 있는 곳에서의 색상은 어떠한가. 색깔이 다른 층들이 차례로 쌓여있는 곳이 아니다. 흙의 각 부분부분에서의 색깔이 서로 다른 곳. 크기가 직경 수mm 이하인 작은 부분에서 같은 색깔을 가지는 다양한 색상들로 이루어진 부분이 나타난다. 이 좁은 지역에서 다양하게 발견되는 색상들은 풍화의 영향도 있긴 하지만, 단순히 암반을 구성하는 광물과 그 광물들의 분포와 양에 의해 주로 결정된다. 이것은 또한 암반이 어떤 과정으로 형성된 것인가에 의해서 결정된다. 우리는 예로부터 색상이 다양하면 오색이나 칠색으로 단순화해서 나타내고, 색상이 단순하면 삼색이나 단색으로 그 표현을 단순화한다. 그래서 '오색혈토'는 ① 암반에 가까운 부분(풍화가 진행되고 있는 깊은 곳), ② 많은 색상이 섞여 있는 흙의 의미를 가진다.

이런 논리에서 본다면 비석비토와 오색혈토는 같은 의미로 쓰인 내용이다. 이로부터 혈심은 암반 가까이에 있는 풍화가 덜 진행된 곳으로, 비교적 딱딱하여 통기도(permeability)가 별로 높지 않은 암반 자체와 거의 같은 색상을 가지는 흙이 있는 곳이다.

토양 아래에는 암반이 존재한다. 암반 아래로 혹은 옆으로 균열이나 단층면 혹은 파쇄된 곳이 있어서 암반이 갈라지면 빈틈이 존재한다. 암반에 존재하는 비교적 큰 빈틈은 흙이나 땅 혹은 지표의 어떠한 물리적인 성질에 영향을 주는가?

하늘에서 내려오는 수분인 비나 눈을 생각해 보자. 눈도 땅에 내려와 녹으면 액체인 물로 변하며, 비는 당연히 액체인 물이다. 하늘에서 내린 눈과 비가 만든 액체인 물은 표토의 토양 속으로 스며 들어가서 어떤 경로로 이동할까. 자세한 내용은 제2장과 [그림 2-14]에 있다. 개략적인 경로를 알아보자. 지표의 물은 땅속으로 스며 들어 통기대通氣帶를 지나 심층부로 이동한다. 이중 약간의 물은 미세한 입자로 된 부분을 지나면서 입자 상호간의 인력이나 표면장력에 의해 포획되거나 횡방향으로 분산된다. 지표면 바로 아래층으로 식물의 뿌리가 박혀 있는 토양(土壤, soil) 혹은 토양수대土壤水帶가 있는데, 이 속에는 식물이 이용할 수 없는 토습수(hygroscopic water)와, 토양입자에 의해 형성된 모세관에 잡혀있는 모세관수(capillary water) 및 중력 때문에 토양층을 통과하는 중력수(gravitational water)가 있다.

토양층을 통과한 물은 흙 입자 사이나 암석에 존재하는 빈 공간인 공극空隙들을 채우는데, 이를 지하수(地下水, ground water)라 한다. 지하수가 존재하는 부분을 포화대라고 하며, 지하수가 모든 공극을 점유하므로 토양의 공극률은 지하수 양에 대한 척도가 된다. 포화대의 바로 위층은 모세관 현상에 의하여 위로 상승한 수분으로 젖게 되는데 이를 모세관수대(capillary zone)라 하며, 이 층의 두께는 토양의 구조에 좌우되므로 지역마다 차이가 있다. 토양수대와 모세관수대 사이에는 중간수대(intermediate zone)가 존재한다. 토양수대를 통과한 침투수는 중간수대를 거쳐 모세관수대와 포화대에 이르게 된다. 포화대에 관입한 우물의 수위를 지하수면(water table)이라 하는데, 지역에 따라 지하수면의 수위는 다르다. 대기압의 영향을 받는 자유수면을 가지는 지하수를 자유수면自由水面 지하수라 한다.

암반은 대체로 공극율이 낮아 존재하는 지하수의 양이 극미하다. 그런데 만약 틈이 큰 암반의 결함(균열, 단층면, 파쇄대 혹은 빈 공동 등)이 존재하면 암반에 도달한 물이 이곳에 모이게 된다. 만약 이러한 공극의 부피가 크면 모여 있는 물의 양도 많아진다. 비가 오다 그친 후에 빗물은 땅속으로 스며든다. 이 스며든 물은 토양층을 통과하고 비석비토를 통과한 후에 대부분은 불투수층의 표면을 따라 낮은 곳으로 이동하여 흘러간다. 그런데 일부는 암반 속에 있는 공극 속에 고여 있거나, 비교적 큰 암반 결함(파쇄대나 틈이 벌어진 균열, 빈 공동 등) 속에 갇혀있게 된다. 이 고여 있거나 갇혀 있는 물은 토양속의 모세관을 따라 위로 서서히 올라와 토양을 항상 적시게 된다. 만약 결함을 가진 암반 바로 위에 혈심을 정하면 어떻게 되는가? 그곳의 묘는 항상 물에 흥건히 젖어 있거나 촉촉하게 젖어 있을 것이다. 이런 곳을 혈심이라고 할 수는 없을 것이다.

결론적으로 혈심은 무엇보다 기본적으로 균열, 단층면, 파쇄대, 공동, 지층 경계 등과 같은 구조적 결함이 없는 암반으로 이루어진 곳이라야 한다.

혈심의 판정

혈이 되기 위해서는 혈판 특히 혈심에 구조적인 결함이 전혀 없는 암반이 존재해야 한다. 과학기술이 발달하기 전인 근대에 이르기까지는 암반에 존재하는 결함을 찾아낼 수 있는 방법이 없었다. 약 60-70

년 전에 있었던 제2차 세계대전을 통해 많은 사람을 동시에 죽이기 위한 기술뿐만 아니라 이를 방어할 수 있는 기술도 개발되었다. 그 이후로 전 세계적으로 불어 닥친 산업화의 바람으로 많은 군사적인 기술들이 상업적으로도 사용되어 오늘날에는 가히 황송한 마음이 들 정도로 다양하고 풍부한 과학기술문명을 향유하고 있다. 이러한 시대적인 조류에 따라 암반에 대한 조사기술도 발달하였는데, 그 근본적인 이유는 지하에 매장된 검은 보석인 석유를 찾아내기 위해서이다. 그래서 개발된 기술들이 탄성파탐사, 전자파탐사, 지오레이다, 전기탐사, 자기탐사, 레이저탐사 등등이다. 그런데 이런 탐사법들은 구조적 이상 중에서 수십m 이상에 해당하는 규모가 큰 것을 찾는 데 사용할 수 있다. 풍수에서 확인해야 하는 암반 속에 존재하는 구조적 이상은 그 크기(주로 두께나 폭)가 수mm에서 수십cm 정도로 대단히 작은 규모이다. 특히 균열이나 단층면 혹은 지층 경계는 1mm 내외인 것도 많다. 따라서 지금 사용되고 있는 탐사장비로는 이들의 존재를 확인할 수 없다.

이미 이 책의 제2장과 제3장에서 정밀 자기 탐사법에 대한 이론적인 배경과 탐사결과에 대하여 상세하게 설명하였다. 그래서 기본적인 설명은 생략하고 암반에 존재하는 결함을 어떻게 해석하는가에 대해서도 생략한다. 각종 결함들이 암반 속에 존재하면 그 암반은 혈심과 혈이 될 수 없다. 설사 혈판, 입수, 선익, 전순뿐만 아니라, 혈을 중심으로 하여 득수, 파구, 보국이 짜임새 있게 갖추어져 있다고 하더라도 그곳은 절대로 혈이 될 수 없다. 그것은 혈심이 되지 않으면 혈판이 될 수 없고, 혈이 성립될 수 없기 때문이다.

혈의 모양

와상窩相

와상 혹은 와혈은 우리의 전통 그릇인 소쿠리처럼 안으로 오목하게 들어간 형태이다. 선익 특히 좌우에 있는 청룡과 백호에 비해서 혈의 위치가 낮은 것이 와혈의 특징이다. 혈의 크기는 대체로 작으나 가끔은 비교적 큰 경우도 있다. [그림 4-2]는 와혈의 모형도이다. 입수로부터 산(山, 龍)의 흐름이 꺾이어 맺힌 후에 비교적 위쪽에 둥근 모양의 혈판이 만들어지고, 혈판의 중앙 상부에 혈심을 이룬다. 이상은 명당론에 기술된 내용이다.

와혈은 혈이 되는 부분이 주위에 대해서 융기하거나, 혈의 주위가

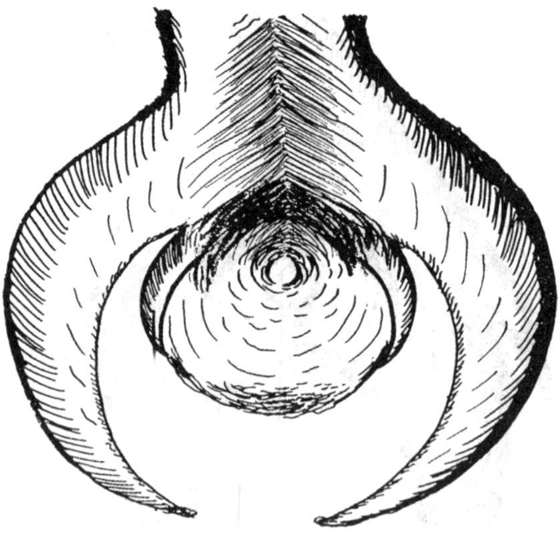

<그림 4-2> 와혈

융기하여 형성된다. 와혈은 퇴적암(변성암 포함)으로 이루어진 경우와 화성암으로 이루어진 경우로 나뉘는데, 퇴적암이 융기한 경우와 그 주위가 융기한 경우, 화성암이 융기한 경우와 그 주위가 융기한 경우에 와혈이 형성될 수 있다.

먼저 퇴적암으로 된 혈이 융기한 경우를 살펴보자. 이것은 습곡이나 단층작용으로 형성될 수 있는데, 이 경우에 혈을 이루는 퇴적층이 주위에 비해서 단단하지 못하면 혈의 주위를 비롯해서 혈심 가까이 까지 지판이 파괴되거나 균열과 같은 결함들이 수많이 생성되므로 지질구조적인 결함이 없는 혈을 만들기 어렵다. 반면에 주위가 융기한 경우에는 [그림 4-3]에서 보는 것처럼 입수부분에서만 단층파쇄대와 균열이 발견된다. 따라서 이때 관찰되는 혈판에서의 지자기 분포는 [그림 4-4]와 같이 된다. [그림 4-4]의 결과는 경남 합천군 노양리에서 얻

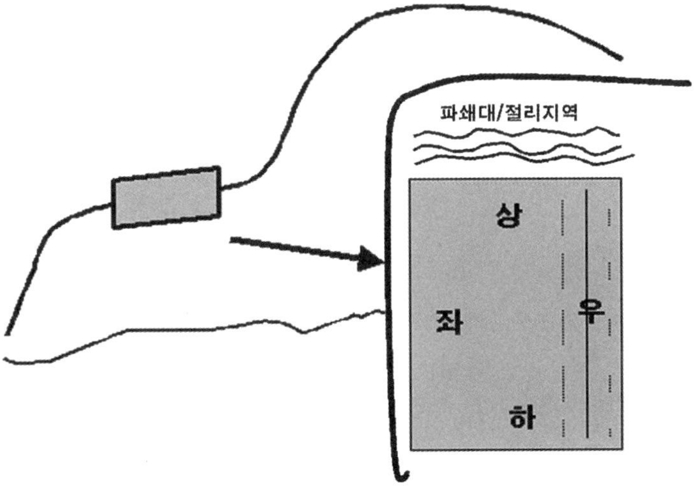

<그림 4-3> 지반 융기로 형성된 와혈

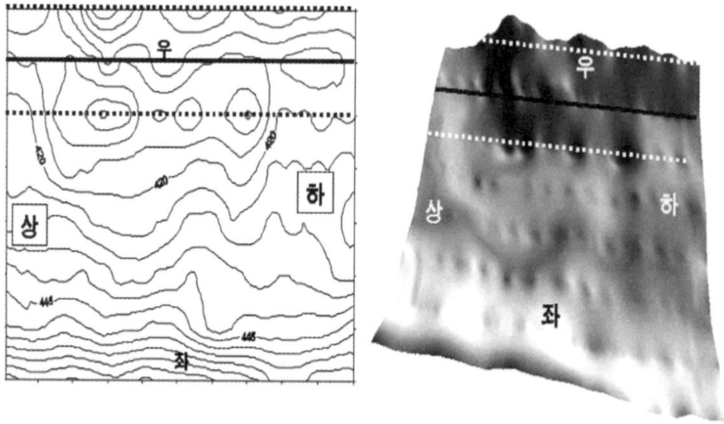

<그림 4-4> 와혈에서의 자력분포

은 것이다. 한때 이 나라를 호령했던 어느 국회의원의 몇 대조 산소가 있었던 자리이다. 크기는 5×5m² 이다. 이 암반의 상부에는 상당히 높은(약 5m가량) 암이 위로 융기해 있으며, 탐사를 행한 암반은 전형적인 퇴적암으로 이루어져 있다. 자력은 봉분 앞에서 봉분을 볼 때 왼쪽(좌)이 높고 오른쪽(우)이 낮으며, 상하 간에는 차이가 없다. 따라서 암반은 평평한 판 모양이며, 왼쪽에서 오른쪽으로 약간 (10도 이내) 경사져 있다는 것을 알 수 있다. 오른쪽의 점선이 있는 곳은 자력강도가 낮고, 오른쪽 가장자리에는 자력강도가 다시 높아지며, 두 점선이 있는 곳은 자력의 (−)/(+) 피크에 해당한다. 이 피크의 중간지점에 있는 실선이 있는 곳이 바로 판이 깨어진 곳에 해당한다. 판의 전체적인 형태가 변하지 않았기 때문에 단층면이 아니고 균열(crack)에 해당한다. 따라서 이 그림에 나타나 있는 암반에서 가로 4m, 세로 5m 부분

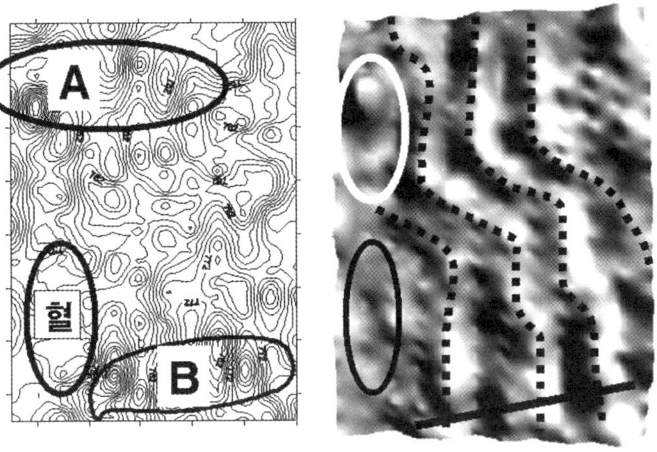

<그림 4-5> 화성암으로 이루어진 와혈

은 흠이 전혀 없는 곳이다.

화성암이 융기하여 형성된 와혈은 퇴적암의 경우와는 다른 형상을 보인다. [그림 4-5]는 경북 군위군에 있는 화성암으로 이루어진 와혈을 조사한 결과이다. 가로 8m, 세로 12m인 이곳에서 조사한 자력의 분포를 등고선과 입체형으로 나타낸 것이다. A 부분은 입수에 해당하는 곳으로, 지반의 융기로 인하여 파쇄대가 형성되어 있으며, B부분도 균열에 해당한다. 마루(점선으로 나타난 곳)에 해당하는 것이 혈을 중심으로 하여 그것을 감싸듯이 둘러싸고 있다. 실제로 이 마루는 주변에 비해서 자력이 약간 높은 곳으로, 지하 지반의 풍화작용과 관계있다. 암반의 표면은 부분마다 풍화되는 속도가 다르다. 풍화가 많이 일어난 곳은 흙으로 변한 부분이 두터워 지표면에서 깊은 곳에 암반표면이 위치하고, 풍화가 느린 곳은 흙층이 얇아 지면에서 얕은 곳에

<그림 4-6> 와혈의 이상적인 자력분포

암반의 표면이 존재한다. 따라서 얕은 곳은 자력분포에서 약간 높은 자력을, 깊은 곳은 약간 낮은 자력을 각각 나타내므로, 점선으로 나타난 자력분포의 마루는 실제로 암반 표면의 마루에 해당하고, 골은 암반의 골에 해당한다. 와혈의 경우에 마루가 혈심을 중심으로 규칙적으로 분포한다는 것은 암반 표면에 있는 주름의 마루가 규칙적으로 배열하고 있다는 의미이다. 따라서 와혈의 가장 이상적인 자력분포는 [그림 4-6]과 같은 형태이다.

겸상鉗相

명당론에는 불을 다루고 조절하는 부젓가락처럼 생긴 겸상 또는 겸혈의 모양이 [그림 4-7]과 같다고 한다. 혈판의 크기가 작기 때문에

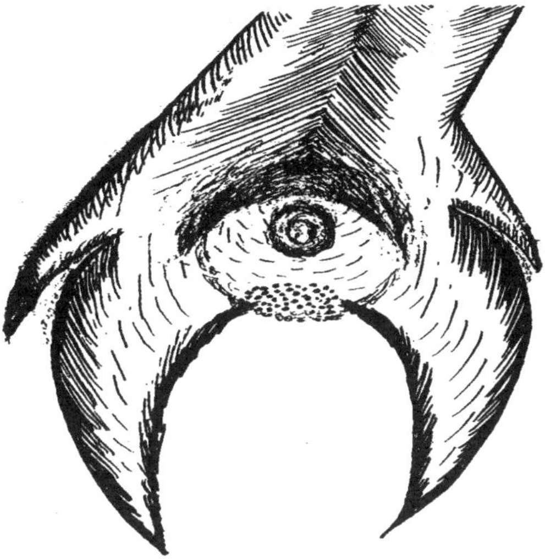

<그림 4-7> 겸혈

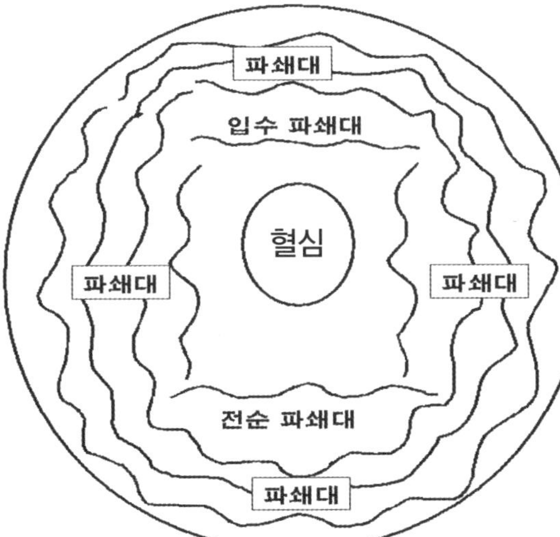

<그림 4-8> 겸혈의 자력분포

퇴적암 지역에서는 생성되기 어렵지만, 화성암 지역에서는 가능하다. 작은 혈판에 파쇄대나 균열이 많이 존재하기 때문에 결함이 없는 부분은 아주 좁을 수밖에 없다. [그림 4-6]의 와혈과 거의 유사한 형태의 자력분포를 하지만, 결함이 없는 지역이 대단히 좁다. 따라서 겸혈의 자력분포는 [그림 4-8]과 같다.

유상乳相

여성의 젖가슴같이 생긴 유상 혹은 유혈은 나무에 과일이 달린 것과 같으며, 그 형태는 [그림 4-9]와 같다고 명당론은 기술하고 있다. 생성 암석의 종류에 관계없이 형성될 수 있는 모양이지만, 와혈이나 겸혈에 비해서 분포하는 수가 훨씬 적기 때문에 쉽게 관찰되지 않는

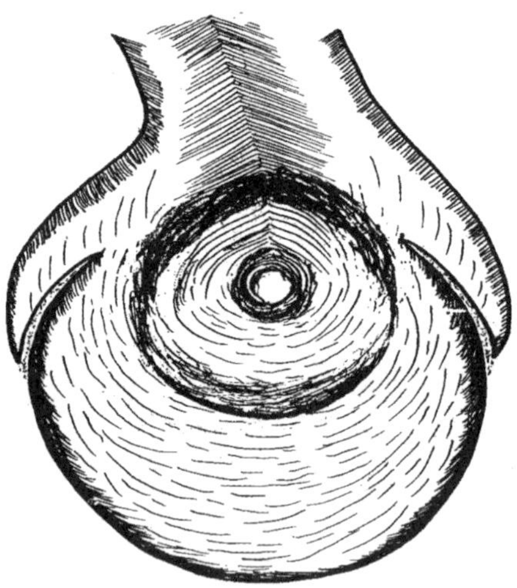

<그림 4-9> 유혈

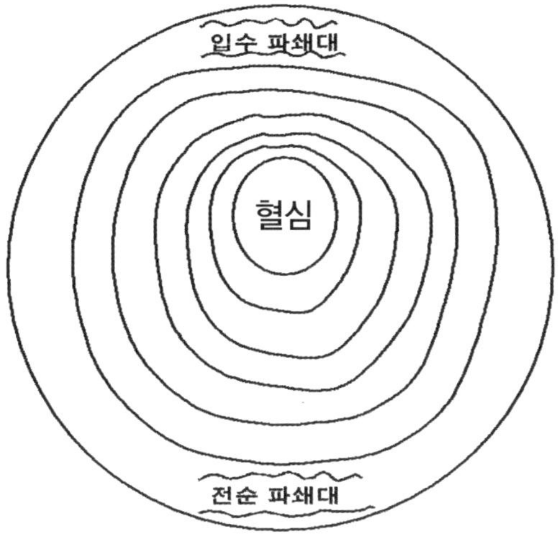

<그림 4-10> 유혈의 이상적인 자력분포

다. 중·장년기 지형에서는 비교적 큰 규모의 혈이 형성되며, 호남이나 충청 경기지방과 같은 노년기 지형에서는 크거나 작은 규모의 혈이 도처에 분포한다. 노년기 지형에서는 풍화작용에 의해서 유혈처럼 보이는 곳이 많이 있는데, 지반이 형성될 때 혈의 형태를 이룬 경우는 유혈에 해당하지만, 천재지변이나 인공적인 훼손으로 인해서 형성된 경우나 풍화작용에 의해서 모양을 갖춘 경우는 혈이 아닌 경우가 많다. 유혈은 비교적 큰 혈판을 가진다. 그래서 입수나 전순의 파쇄대 규모는 혈판의 크기에 비해서 상대적으로 크기가 작고, 이로 인한 지자기 이상(또는 교란)도 심하지 않다. 대체로 자력분포는 [그림 4-10]과 같이 나타나며, 지각변동에 의해서 혈판의 좁은 부분에는 균열과 같은 결함들이 다수 발견될 수 있다.

돌상 突相

우뚝하게 생긴 혈인 돌상 또는 돌혈은 마치 솥뚜껑을 엎어놓은 것처럼 보이기도 하는데, 그 모양은 [그림 4-11]과 같다. 돌혈은 지반의 융기에 의해서 형성되지만, 미국이나 아프리카의 사막지역 혹은 건조지역에서는 풍화에 의해서 돌혈과 같은 봉우리만 남은 경우도 있다. 실제로 기(氣, chi, Qi)에 대해서 관심을 가지는 세계인들 중에 상당수는 전 세계적으로 기가 강한 곳이 21군데가 있는데, 그 중에서 4곳이 미국 아리조나 주의 세도나(Sedona City)에 있다고 한다. 그래서 저자는 그것의 실체를 조사하기 위해 2회나 직접 방문하여 그곳의 장(場, field)을 조사 분석한 적이 있는데, 자세한 것은 저자가 저술한 '펭슈이 사이언스'(도원미디어, 2003년)를 참고하기 바란다. 세도나의 기가 강한

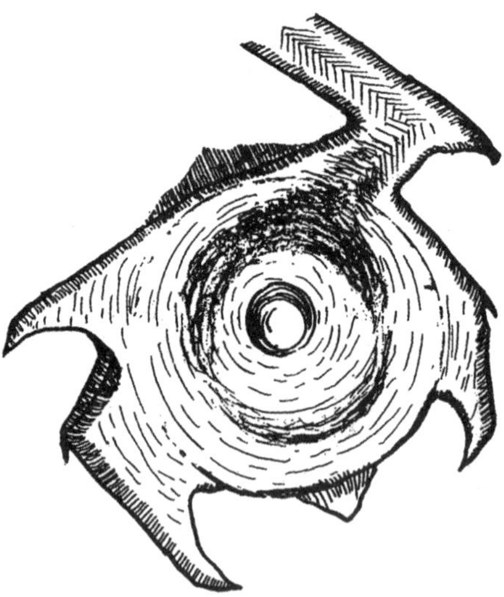

<그림 4-11> 돌혈

<그림 4-12> 미국 세도나시의 종 바위

4곳은 [그림 4-12]에 있는 종 바위(Bell Rock)로 특징지울 수 있다. 바다 속에서 형성된 퇴적암층이 지각운동에 의해서 수면 위로 올라온 후에 강물(세도나 강 : 콜로라도 강의 지류)과 뜨거운 햇살, 그리고 바람과 비에 의해서 뜯겨져 나가 결국에는 미국식 종을 엎어 놓은 형상을 하게 되었다. 우리나라의 경우에는 종 바위와는 달리 지층이 약간 경사진 경우가 대부분이므로, 풍화에 의해서 돌혈이 되었을지라도 혈심은 중앙에 위치하지 않고 한쪽에 치우치게 된다. [그림 4-13]에 퇴적암에 의한 돌혈과 그곳에서의 지자기 분포를 나타내었다.

우리나라의 경우에는 어떤 돌혈이 일반적일까? 퇴적암에 의해서 생성될 수도 있고, 화성암이나 변성암에 의해서도 혈이 형성될 수 있다. 그런데 우리나라는 유라시아 대륙판과 태평양판이라는 두 개의 거대한 대륙판이 서로 충돌하는 지역에 위치하여 수많은 지각변동이 일어

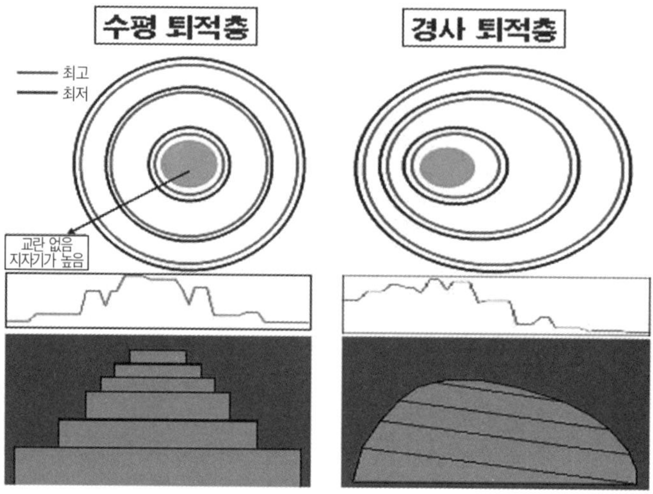

<그림 4-13> 돌혈과 자력분포

난 곳이다. 아직도 이웃한 일본에서는 지진이나 화산활동과 같은 지각운동이 활발하게 일어나고 있다. 우리나라도 규모는 작지만 수없이 잦은 지진이 발생하고 있다. 우리나라에서 발견되는 지질구조의 이상은 단연 단층이다. 추가령 지구대나 형산강 지구대와 같은 커다란 단층대도 있지만, 이보다 규모는 작아도 아직도 활동하고 있는 수많은 활성단층이 있으며, 대단히 작은 규모의 단층은 수없이 많다. 지각운동 때문에 어느 시점에 어떻게 변할지 모르는 이런 지질구조를 가진 땅에서 풍화에 의한 돌혈을 기대하기는 어렵다. 설사 돌혈 모양을 가진 곳이 있다 하더라도 그 암반이 혈로서 가치가 있을지는 조사결과를 검토하지 않고는 장담하기 어렵다.

퇴적암이 아닌 암에 의해서 돌혈이 형성된 경우에 그 지자기분포는 어떻게 나타날까? 물론 돌혈이 되기 위해서는 지반이 융기해야 하므

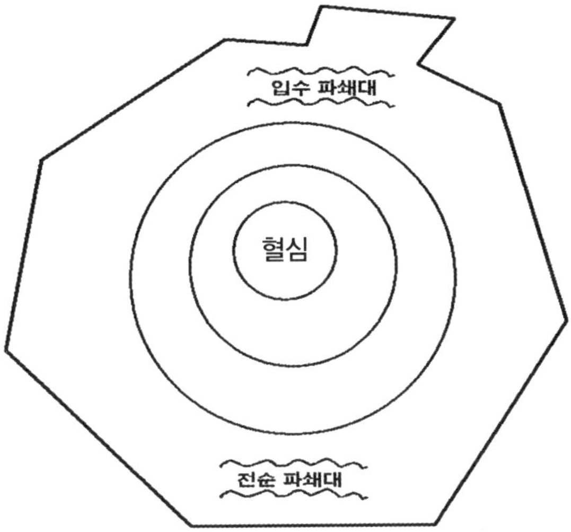

<그림 4-14> 돌혈의 자력분포

로, 혈을 구성하는 암반의 가장자리는 주변의 다른 암들과 부딪혀 부서지기 때문에 파쇄대를 형성하거나 수많은 파단면이나 수많은 균열을 가지고 있다. 그래서 [그림 4-11]에 있는 돌혈의 지자기 분포는 [그림 4-14]처럼 나타나고, 혈심은 대체로 중앙이 된다.

인위적인 조성상造成相과 조성혈造成穴

어떤 곳이든 어떤 집이든 간에 풍수적으로 완벽한 곳은 없다고 한다. 하기야 완벽한 이론도 없거니와 완벽한 방법 완벽한 결론 완벽한 목표조차 없는데, 어찌 관념적인 풍수에 완벽이란 것이 있을 수가 있겠는가. 현재 정립되어 있는 모든 자연법칙도 시간이 지나가면 부분적으로는 수정이 불가피하게 된다. 교과서에 나오는 법칙이 수정을 필요로 하다니 이해하지 못하는 독자도 있으리라 본다. 그러나 실제로 영원불변의 법칙이 존재하지 않는다는 것은 모두가 인정하는 엄연한 진리이다(필자는 오히려 이 진리가 변하길 기대한다).

풍수의 어떤 요소가 결핍되어 만족스럽지 않을 때 그 부분을 보완·보강하는 비보책은 많은 사람들의 관심을 집중시킨다. 그것이 집이든 무엇이든 간에. 오죽하면 경복궁을 짓고 난 후에 관악산의 화기火氣가 너무 강해서 이를 억누르기 위해 물水을 상징하는 상상의 동물인 해태를 광화문 양쪽에 각 한 마리씩 돌石로 조각하여 세워두었을까. 어쩌면 마음의 위안을 위한 것이 아닐까?

비보책을 풍수가 아닌 다른 분야에서 적용하면 대단히 유용하다. 보정이나 보완은 어떤 경우에나 필요하다. 그런데 이해가 가지 않는 것은 바로 장례문화에 적용되는 비보책이다. 무엇을 하다가 불만족스러우면 적당한 핑계를 대고 적당하게 얼버무린다. 이런 얼버무림은 우리의 마음을 편안하게 한다. 모든 것이 마음에서 비롯되는 것이라면, 차라리 모든 것에 이토록 편한 얼버무림을 적용하는 것이 좋겠다. 대표적인 비보 얼버무림은 공원묘지이다. 주변의 사격은 차치하고 혈이 성립되는 것은 전적으로 지하의 암반에 의해서 결정된다. 토목공사를 통해서 조성된 묘 자리는 그 형태가 어떻게 변하든 간에 혈로서 다시 태어날 수가 없다. 같은 이치로 제대로 된 혈의 외관을 다른 모양으로 바꾼다고 해서 비혈로 바뀌는 것은 아니다.

우리가 인위적으로 조성한 혈이나 상을 저자는 조성상造成相이라 칭한다. 조성상은 암반의 구조가 바뀌지 않기 때문에 혈로 거듭나지 못한다.

그런데 만약 암반 자체를 바꾸면 어떻게 될까. 조성하는 도중에 일체의 암반 손상을 일으키지 않고 혈로서의 지반구조를 가질 수 있도록 만들었다면 이런 조성상은 혈이 될 수 있는가? 물론 이때는 혈이 될 수 있다. 주변의 여러 가지 인자들도 함께 보완해야 하지만. 이를 우리는 무엇이라 부를 것인가? 조성혈造成穴. 가장 적절한 표현으로 보인다.

조성혈을 실제로 만들 수는 있을까. 아마도 조물주에 필적하는 힘을 가진 자는 가능할 것이다. 조성자체가 불가능하지는 않을 것으로 추측된다.

명혈

혈판

혈판의 조건

명혈이 되기 위해서는 우선 혈판이 만들어져야 한다. 혈판이 조성되지 않은 상태에서는 혈이 이루어질 수 없다. 혈이 아니면 더더욱 명혈이 될 수 없다. 따라서 명혈이 되기 위해서는 혈판이 이루어지지 않으면 불가능하다.

혈판이란 무엇인가?
혈판은 실제로 존재하는가?
존재한다면 어떤 형태이며 그 성질은 어떠한가?

어떻게 찾아낼 수 있는가?

혈판이 되기 위해서는 어떤 조건들이 충족되어야 하는가?

……

저자는 혈판에 대한 수많은 의문들을 가졌다. 독자들도 마찬가지였을 것이다.

마치 '풍수'에 처음 접했을 때처럼. 도저히 인정하거나 받아들일 수 없었던 풍수에 대한 관념. 그래서 미신으로 치부했던 처음. 몰라도 평범하게 인생을 영위할 수 있는데 괜한 짓을 하는 것처럼. 그래서 많은 자료를 조사하고 분석하여 나름대로의 의문을 해결하려 했지만, 그래도 해결되지 않는 수많은 의문들. 이해할 수 없는 모든 것들. 이러한 것들이 갈 길을 가로 막는다.

혈판은 존재한다. 혈판은 지면의 상태를 말하는 것이 아니다. 지면은 지하 암반 혹은 지반 위에 흙이 덮인 상태에서 흙의 표면을 뜻한다. 그래서 혈판을 흙의 표면으로, 소위 땅의 표면으로 생각하지만, 실제로는 땅 속에 있는 무엇을 의미한다. 땅 속에 있는 무엇은 바로 흙으로 덮인 지반 또는 암반이다. 혈판은 지판, 암반의 표면과 그 위의 땅속 공간을 의미한다. 지하의 암반표면이 혈판이므로, 암반표면이 혈판이 될 수 있는지 없는지를 평가해야 한다. 그래서 혈판에 대한 판정은 쉽지 않다. 그것이 흙속에 있기 때문에.

혈판은 판(板)형태나 덩어리(塊狀, massive)형태 이지만, 반드시 표면이 평평할 필요는 없다. 깨어진 균열이나 절리, 단층면, 파쇄대, 공동, 지층 경계 등과 같은 구조적으로 흠(缺陷, defects)이 없는 암반만이 혈심이 될 수 있다. 이런 암반이 바로 혈판이 될 수 있다.

암(岩, rock)은 수분, 공기, 여러 가지 화학물질, 바람, 지진과 같은 기계적 진동, 태양열이나 지열과 같은 열熱, 등등에 의해서 부서져 흙으로 그 형태가 바뀌거나 다른 물질로 변하는 풍화반응을 일으킨다. 지표면에 있는 토양에서도 풍화반응이 일어나고, 땅 속에서도, 지하 암반의 표면에서도, 심지어는 암반 속에서도 일어난다. 이런 풍화작용은 때로는 암반을 부수기도 하고, 가루로 만들기도 한다. 그래서 이 작용은 암반표면뿐만 아니라 그 내부에도 결함을 만든다.

암은 그 생성원인에 따라 화성암, 퇴적암, 변성암으로 나뉜다. 각 암들은 그 구성 성분이 각각 다를 뿐만 아니라, 그 구성 상(相, phase)도 각각 다르다. 이런 이유로 인해서 암들이 풍화가 될 때 풍화가 일어나는 방법이나 형태뿐만 아니라 풍화속도도 다르게 된다. 또한 같은 암 내에서도 위치에 따라 구성 성분과 상이 서로 다르기 때문에 위치에 따라 풍화 반응은 다르게 일어난다. 경우에 따라서는 풍화에 의해서 암반이 파괴되거나 결함이 생길 수도 있다. 이렇게 암반이 파괴되거나 결함이 생기는 경우에 암반은 혈판으로서의 기능을 상실하게 된다.

풍화된 정도와 혈판

풍화에 의해서 암반이 파괴되거나 구조적인 결함이 생성되지 않고, 풍화속도의 차이에 의해서 위치(혹은 장소)마다 풍화가 된 정도에 약간씩 차이가 있는 경우에는 암반의 혈판으로서의 기능이나 자격은 어떠할까? 일단 구조적인 결함이 존재하지 않으므로 혈판으로서는 충분히 자격이 있다. 혈판으로서 자격을 갖추었기에 이곳은 당연히 혈을

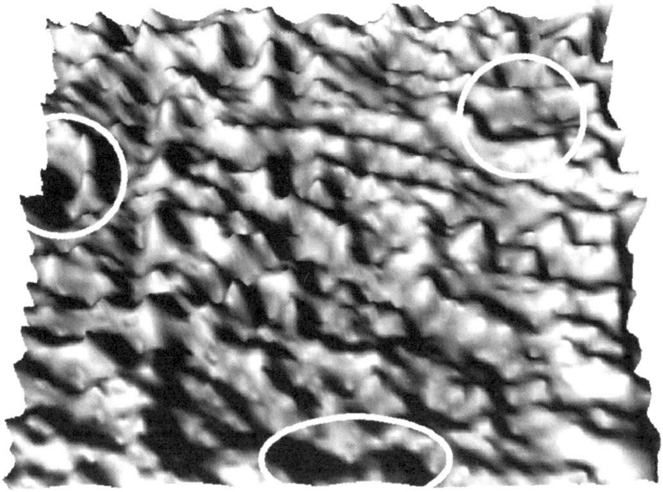

<그림 5-1> 혈판의 풍화

구성할 것이다.

[그림 5-1]는 경북 영천군 용소리에 있는 어느 음택을 조사한 결과이다. 조사면적은 가로 15m, 세로 18m로 비교적 넓은 지역이다. 하단 중앙과 좌측 중앙 및 우측 상단 세 곳에 (+)/(−)피크 쌍이 존재하는 것을 제외하고는 구조적인 결함이 존재하지 않는 곳이다. 나머지 지역은 풍화속도의 차이로 인해서 암반의 표면에 마루와 골이 형성되어 있는데, 마치 노인들의 얼굴에 패인 주름살 같은 형태를 하고 있다. 그림에서 흰색의 산맥처럼 나타난 곳은 풍화속도가 느려 실제로 위로 튀어 나온 부분을 나타내며, 어두운 색으로 나타난 곳은 풍화가 많이 되어 안으로 패인 곳이다. 그림에 나타난 주름의 마루와 골은 실제로 암반 표면의 마루와 골에 해당한다. 그러나 골과 주름간의 높이 차이는 50cm 이하로 아주 작다. 그렇지만 골과 마루간의 자력 차이는

① 풍화의 정도에 따라, ② 구성하는 암의 자기적 성질에 따라 다르지만 대체로 3-15mG가 일반적이다. 이 정도의 자력분포 차이는 무시할 수 있지만, 이런 작은 변화도 신중하게 처리해야 할 경우도 있다.

이를 정리하면 다음과 같다. 암의 내부에 구조적인 결함이 존재하지 않으면 암반은 혈판이 될 수 있다. 풍화작용에 의해서 암은 흙으로 변한다. 풍화반응이 많이 진행된 곳은 표토가 두텁고, 진행이 덜 된 곳은 표토가 얇다. 표토가 두꺼운 곳과 얇은 곳의 차이는 지표면에서 측정한 자력의 세기로부터 판별할 수 있다. 풍화속도 차이에 의해서 발생한 암반의 표면의 주름은 혈판에 심각한 영향을 미치지 않는다. 다만 풍화반응이 암반 내부에 구조적인 결함을 만든 경우에 암반은 혈판으로서의 가치를 상실한다.

풍화된 상태와 혈판

풍화작용에 의해서 암이 흙으로 변할 때, 풍화속도의 차이에 의해서 표토가 두텁거나 얇아진다고 하였다. 표토가 두터운 곳과 얇은 곳의 차이는 지표면에서 측정한 자력의 세기로부터 판별할 수 있다.

암의 종류와 구성상이나 성분 그리고 그들의 분포에 따라 암이 흙으로 변하는 과정과 변한 후에 흙으로서의 성상이 매우 다르다. 어떤 흙은 매우 미세하지만 어떤 흙은 입자가 매우 굵다. 표토의 두께를 지표면에서의 자력차이로부터 알아낼 수 있듯이, 흙이 미세하거나 굵은 것을 지표면에서의 자력차이로부터 알아낼 수 있을까. 자기장이나 지질학을 전공하는 사람에게 이 질문을 던지면 어떤 답을 얻을 수 있을까? 지금까지 밝혀진 바에 의하면 '불가'라는 답임에 자명하다. 그러

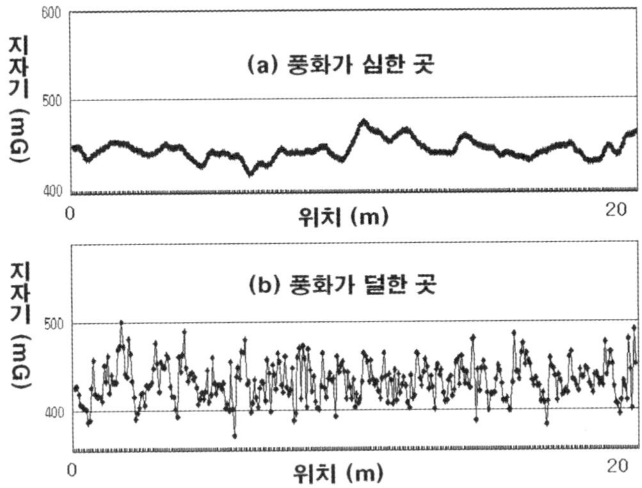

<그림 5-2> 풍화정도에 따른 자력분포의 변화

나 여기서는 '가능'이다.

[그림 5-2]는 표토가 미세한 경우와 굵은 경우에 측정한 자력의 변화이다. 즉 [그림 5-2(a)]는 경북 영천에서 조사한 결과인데, 풍화가 심하여 흙의 입자가 매우 미세하고(평균입경 0.2mm), 지자기의 수직성분이 425~475mG이다. [그림 5-2(b)]는 경남 합천에서 조사한 결과로서, 풍화가 심하지 않아 입자의 평균 크기가 5mm이고 모서리가 각진 형태를 하고 있는 입자들이 표토를 구성하고 있고, 지자기는 360~505mG이다. 자력의 평균값은 거의 비슷하지만, 변동(變動, fluctuation)은 두 경우에 전혀 다르다. 미세한 흙은 변동이 아주 작으나, 굵은 흙은 변동이 매우 크다. 왜 자력의 변동이 흙의 미세함과 관계가 있을까?

[그림 5-3]은 빈 공간에 의한 소자효과(消磁效果, demagnetization)를

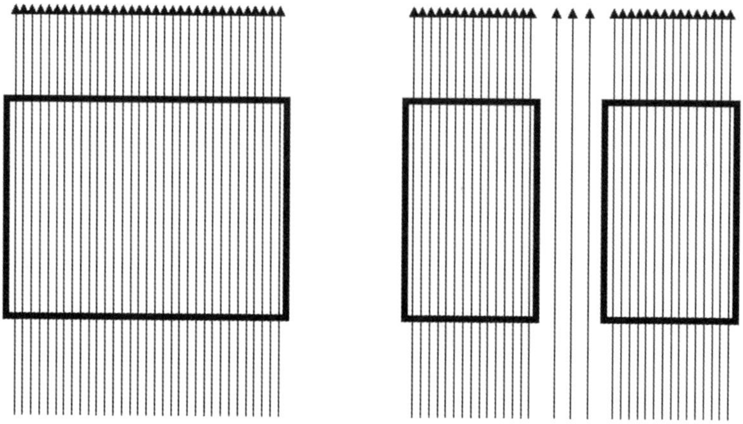

<그림 5-3> 매질의 균일성과 자력의 분포

보여준다. (a)에서 보는 것처럼, 땅 속에서 밖으로 나오는 자력선은 균일한 매질인 암반이나 흙을 통과할 때 분포가 균일하여, 지면에서의 자력분포는 당연히 균일하다. 그런데 균일한 암반이나 흙 속에 빈 공간이 있으면 자력의 분포는 어떻게 될까? 암반이나 균일한 흙의 투자율은 빈공간이나 공기 또는 진공에 비해서 약간 크다. 투자율이 크다는 것은 자력선을 모으는 능력이 크다는 것을 의미하므로, 균일하게 올라온 자력선은 빈 공간에 와서는 흙이나 암반보다 낮은 투자율 때문에 자력선의 밀도가 낮아진다. 낮아진 자력선 밀도는 자력선이 다른 곳으로 빠져나갔다는 것을 의미하는데, 빠져나간 자력선은 암반이나 흙이 있는 곳을 통하여 위로 올라온다. 따라서 빈 공간이 있는 곳의 지면에서는 자력선의 밀도가 낮아지게 된다. 이러한 것을 소자효과라 한다.

흙이 미세한 곳은 흙이 고르게 분포하여 밀도가 균일하고, 흙 입자와 입자 사이의 공간도 균일하다. 그래서 이 경우에는 흙을 균일한 매질로 생각할 수 있다. 따라서 자력의 변동은 균일하게 된다. 다만 암반의 결함이나 표면상태 또는 큰 규모의 흙의 밀도변화에 의해서 자력이 변한다.

반면에 굵은 흙은 입자의 크기가 균일하지 않을 뿐만 아니라, 밀도도 위치마다 다르며, 빈 공간도 불균일하고, 불규칙할 수밖에 없다. 즉 이 경우는 형태와 크기가 각각 불규칙한 빈 공간들이 불균일하게 분포되어 있는 경우와 같다. 자력의 커다란 변화는 암반의 구조와 표면상태 및 밀도 등에 의해서 결정되지만, 굵은 흙의 소자효과와 밀도의 불균일한 분포는 자력분포에 심한 변동을 일으킨다. 따라서 암반의 풍화상태는 자력의 변동으로부터 판단할 수 있다. 대체로 [그림 5-2(b)]처럼 자력의 변동이 크면 풍화의 초중기로, [그림 5-2(a)]처럼 변동이 거의 없으면 풍화의 말기로 생각할 수 있다.

혈의 구성

혈의 조건

혈은 어떤 조건을 만족해야 할까?

엄밀하게 표현하면 혈이 아닌 혈판 또는 혈심이다. 혈판은 어떤 조건을 만족해야 할까? 혈판은 적어도 혈판이 갖추어야 하는 조건을 만족해야 한다. 여기에 혈판이 되기 위한 새로운 조건들도 만족해야 할 것이다. 우선 혈판이 되기 위한 조건을 정리해 보자.

(1) 혈판은 단일 암반 위에 조성된다.

(2) 혈판이 위치한 암반 내부에는 구조적인 결함이 전혀 없다.

이상의 두 조건만 만족하면 혈이 될 수 있다. 이러한 조건을 만족하는 혈들은 비교적 많이 분포한다. 경상도 지역에서 조사한 바로는 비교적 많이 존재한다.

좋은 혈이 되기 위해서는 (1)과 (2)의 조건 외에도, 혈심에서의 장(場, field)의 분포가 균일해야 하는데, 이를 위해서는 다음의 조건을 만족해야 한다.

(3) 혈심에서는 풍화가 균일하게 진행되어야 한다. 불균일하게 풍화가 진행되면 암반 내부에 구조적인 결함이 발생할 수도 있다.

(4) 혈심이 위치한 암반의 표면은 평평해야 한다. 이를 위해서 혈심이 있는 곳의 암반은 암을 구성하는 성분이 균일하고 상이 균일하게 분포해야 한다. 만약 상들이 불균하게 분포하거나 조성이 불균일할 경우에는 ①풍화가 불균일하게 진행될 수 있으며, ②혈심이 위치한 곳의 암반표면이 고르지 않게 됨은 물론, ③표면이 불규칙해서 평평한 표면을 얻지 못하게 되고, ④이로 인해서 자력분포가 불균일하게 되며, ⑤불균일한 풍화는 암반 내부에 구조적인 결함을 만들 수도 있다. 이상 (1~4)의 조건을 만족하는 혈처를 좋은 혈이라 할 수 있다. 경상도 지역에서는 이런 좋은 혈들이 가끔 발견된다. 다른 지방에서는 아직 본격적인 조사를 해보지 않아서 어떤 결과가 나올지 모르지만 경상도 지역과 비슷한 결과를 얻을 것으로 예상된다.

우수한 혈이 되기 위해서는 (1~4)의 조건 외에도 두 가지의 조건을 더 만족해야한다.

(5) 혈판은 주위보다 약간 높아야 한다. 혈이 오래 보전되기 위해서는 물이나 바람, 열 혹은 외부로부터 유입될 수 있는 다양한 물질이나 유동(流動, flux)에 의해서 혈심이 변질되거나 형상이 변하는 것을 막아야 한다. 이를 위해서 주위에 비해서 약간 높은 곳에 혈심이 위치해야 한다. 하남풍수에서 주장하는 4종류의 혈의 모양이 이것에 해당한다. 즉 평지에서는 이런 조건을 만족하기가 쉽지 않다.

(6) 혈심은 혈판의 중앙에 위치하되, 주위에 비해서 약간 낮은 것이 좋다. (5)항에서 혈심이 주위에 비해 약간 높을 경우에는 바람이나 열 혹은 다른 종류의 유동이 진입할 수 있다. 이로부터 혈심이 안전하기 위해서는 혈판의 중앙이 주위에 비해서 약간 낮아야 한다. 약간 꺼진 혈심은 유동에 의해서도 혈심 내부에서는 장의 분포가 변하지 않고, 외부 환경이 변해도 혈심의 상태는 일정하게 된다. 특히 기온의 일교차나 연교차에 의해서도 혈심 내부의 온도 변화가 거의 없기 위해서는 지면에서 1m 이하가 적합하다.

지하의 흐름과 구동력

명혈은 어떤 조건을 만족해야 할까? 이상에서 말한 6조건 외에 무엇을 더 충족하면 명혈이 될까. 이건 단순한 문제가 아니다. 깊이 생각해보자.

물질이 이동하기 위해서는 구동력(驅動力, driving force)이 필요하다. 농도 차이나 압력의 차이, 밀도의 차이 등등이 구동력으로 작용하는데, 이외에도 포텐셜 차이(potential difference)도 주요 구동력이다. 이런 구동력 중에서 우리가 매일 느끼는 것이 지구 중심으로 작용하는 힘인 지구중력이다.

만약 비가 내렸다고 생각해 보자. 빗물은 땅을 적시고 대부분은 낮은 곳으로 흘러간다. 빗물은 땅 위는 물론이고 땅 속에서도 흐른다. 땅을 적신 빗물의 일부는 땅 속으로 스며들어 지하수로 바뀐다. 지하수도 지구중력 때문에 낮은 곳으로 이동하는데, 지구중력보다 큰 힘이 작용하면 그 힘의 작용대로 움직인다. 음택에 이를 적용하면 재미있는 결과를 얻는다. 대체로 경사진 곳에 위치한 음택에도 비가 내리고 땅속으로 스며든 지하수는 낮은 곳으로 흐른다.

빗물의 피해를 막기 위해 지상에는 어떤 수단을 마련하는가. 지상에는 봉분 위쪽에 좌우로 물길을 만들어 지면을 따라 흘러 내려오는 빗물이 봉분을 공격하지 못하도록 한다. 그뿐만 아니다. 봉분을 만들어 빗물이 혈심으로 직접 침투하지 못하도록 하고, 심지어는 잔디를 심어 혈심으로 침투하는 물의 양을 최소화 한다.

땅 속은 어떠할까? 우리가 눈으로 확인할 수는 없지만, 땅 속은 지상과 전혀 다를까 아니면 거의 유사할까.

혈을 논하기 위해서는 지상의 상황이 물론 중요하다. 그렇지만 음택은 사실 지하의 공간을 의미한다. 그래서 음택을 이야기 하려면, 음택을 논하려면, 음택을 정의하고 그 성질을 파악하려면, 지상뿐만 아니라 지하를 면밀하게 파악해야 하지 않을까. 지상에 있는 혈을 논하기 위해서 유사 이래로 풍수에 관심 있는 사람들은 이를 조사 연구하여 체계화하려는 노력을 하였다. 그래서 풍수를 논하는데 빠짐없이 등장하는 것이 바로 '용혈사수'龍穴砂水이다. 이 용혈사수는 지상공간에 대한 논의이며, 해결책이다. 무엇에 대한 대책이며 해결책인가. 바로 흐름 즉 유동에 대한 대책이며 해결책이다. 여름과 겨울에 전혀 성질이 다른 계절풍이 불어오는 유동의 변화가 극심한 우리나라에서는 이를 무시하고 살기는 힘들지도 모른다. 그래서 사는 집을 지을 때 유동을 고려하고, 심지어는 사자의 유택인 음택을 조성할 때도 유동을 고려한다.

지상의 유동을 고려하여 도입한 용혈사수는 지하의 유동을 조절할 때 적용되지는 않을까? 이해가 되지 않는다면 유동이나 흐름이 무엇인지 다시 생각해 보자. 지하의 유동은 지상과 마찬가지로 물이나 바람 또는 열 등을 비롯해서 여러 가지가 있다. 앞에서 예를 든 빗물의 경우를 보자. 땅으로 스며든 빗물은 투수층을 통과하여 결국에는 물이 통과하기 어렵거나 불가능한 불투수층의 표면에 도달한다. 이제 이 물은 지구중력의 영향으로 낮은 곳으로 흐르게 되는데, 만약 낮은 곳이 물이 통과할 수 없는 장벽으로 막혀있다면 물은 갇히게 된다.

음택이 있는 지하 암반의 표면은 경사져 있다. 음택이 주로 산기슭이나 비탈 또는 능선과 같은 경사진 곳에 있기 때문에 불투수층의 표면도 자연스럽게 아래쪽으로 기울어질 수밖에 없다. 그래서 대부분의 지하수는 불투수층의 표면을 따라서 낮은 쪽으로 이동한다. 그러다 지하수는 음택을 만나고 혈심에까지 다다른다. 혈심에 다다른 지하수는 암반의 표면형상에 따라 더 아래로 내려가 혈에서 빠져나가기도 하고, 혈심에 남아있기도 한다. 혈심에 들어온 지하수가 빠져나가기 위해서는 당연히 전순 쪽으로 지하수가 빠져나갈 수 있도록 암반이 열려 있어야 한다. 전순 쪽을 암반이 가로막고 있다면 그 옆으로라도 지하수가 빠져나갈 수 있는 틈이 있어야 한다. 만약 지하수가 빠져나갈 수 있는 장치가 없다면 어떻게 될까. 물론 빠져나갈 열린 곳이 없기 때문에 지하수는 그 속에 갇히게 되고, 모세관 현상에 의해 이 수분은 그 위의 흙을 적시며, 이로 인해서 음택의 광중도 수분으로 젖게 된다.

명혈도明穴圖

암반 표면을 따라 흘러 내려온 지하수는 항상 아래로 내려와 혈심이 있는 곳까지 도달할 수밖에 없는가. [그림 5-4]를 보자. 무슨 지상地上의 명산도明山圖를 나타낸 것처럼 보인다. 그런데 이것은 지상의 명산도가 아니고, 혈이 있는 땅 속의 암반표면의 형태를 나타낸 명혈도明穴圖이다. 지하의 명혈도. 이런 용어는 지금껏 어느 누구도 사용

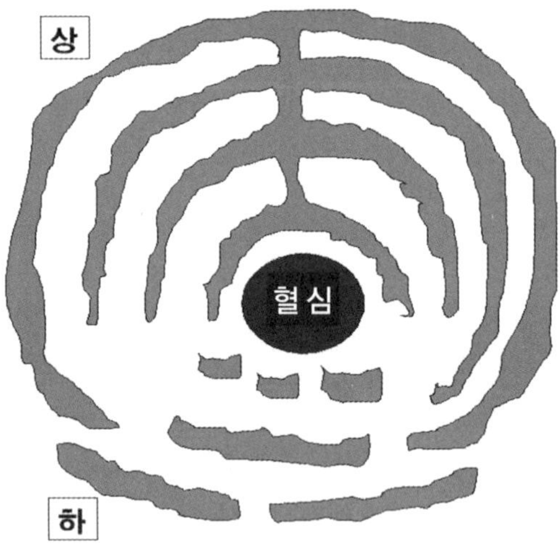

<그림 5-4> 명혈도

한 적이 없다. 그 누구도 땅속에 있는 명혈의 암반 표면을 본 적이 없기 때문에 이런 용어는 사용된 적이 없다.

명혈을 이야기하기 위해서는 명혈도가 있어야 한다. 혈은 땅 속에 관한 이야기이므로 땅 속의 명혈도가 되어야 한다. 표토인 흙 속에는 다양한 성분의 흙과 그들로 구성된 층들이 있다. 이들의 제일 아래쪽에는 이제 막 풍화가 되기 시작하는 암반의 표면이 있고, 그 아래에는 암반이 있다. 암반 위의 흙은 암반의 풍화반응과 속도 그리고 암반의 성질에 따라 변할 것이다. 어떤 부위는 풍화가 천천히 되고 어떤 곳은 풍화가 빨리 된다. 그래서 우리가 육안으로 관찰할 수 있는 산과 산의 줄기 또는 계곡처럼 암반의 표면도 높은 곳과 낮은 곳, 높은 곳의 흐름(능선)과 낮은 곳의 흐름(계곡)을 지하에 있는 암반표면에서도 관찰할 수 있다. 마치 [그림 5-4]에서 보는 그림처럼 배열할 수 있다. 물론 거의 대부분의 음택은 이런 배열을 보이지 않는다. 명산도와 그 형태가 같다. 암반의 표면이 만약 이런 형상을 이룬다면 어떨까?

명산도의 형태는 우리가 생각해 낼 수 있는 이상적인 용혈사수의 배치이다. 이상적인 것이라는 것은 실제로 구현하기 어려운 상상속의 존재라는 뜻이다. 즉 지상의 흐름을 통제할 수 있는 이상적인 배치이다. 지상에만 흐름이 존재하는 것이 아니라 지하에도 흐름은 존재한다. 그렇다면 지하의 흐름을 이상적으로 조절할 수 있는 암반 표면의 형태는 없는 것일까. 그것이 바로 명혈도이다. 지하의 흐름을 이상적으로 조절하는 명혈도. 이런 혈이야말로 당연히 명혈의 반열에 들 수 있다.

왜 명혈인가? 우선 위쪽에서 흘러 내려온 지하수는 산맥처럼 생긴 암반의 능선(명산의 용)이 좌우로 가로막고 있기 때문에 자연히 양 옆으로 흘러 아래로 빠져나간다. 중간에 내려온 지하수는 그것대로 옆으로 흘러 아래로 빠져나간다. 명산도에서 물이 빠져나가는 파구破口처럼 이 명혈도에도 파구가 있다. 바로 혈심 앞의 능선이 열려 있는 것이다. 이 열린 곳이 바로 혈에서의 파구에 해당한다. 그래서 혈심 바로 위에서 아래로 스며든 지하수나, 우연히도 위에서 흘러 내려온 지하수는 혈심으로 들어갔다가 아래로 내려와서 이 파구를 통해 혈심 밖으로 빠져 나간다. 파구 옆의 능선들은 아래쪽에서 들어오는 흐름을 차단한다. 양 옆에 있는 능선들은 그쪽에서 들어오는 흐름을 차단한다. 그래서 혈심은 어떤 흐름도 진입하기 힘들며, 설사 진입했다하더라도 파구를 통해 빠져나간다.

이런 현상으로부터 우리는 명혈이 되기 위한 새로운 조건을 찾았다. 그것은 바로 '혈의 암반표면은 명혈도와 같은 형태를 하고, 파구를 가진다' 이다.

명혈의 파구破口

명혈도에서 암반의 형태를 자세히 관찰할 필요가 있다. 혈심 위쪽에 있는 암반 표면의 형상에서 능선들은 반원을 그리면서 좌우가 거의 연결되어 있으며, 암반내부의 구조적 결함이 전혀 없는 단일 암반으로 이루어져 있다. 혈심 앞쪽의 능선들은 대부분 서로 연결되지 않고 단절되어 있다. 즉 위쪽은 연결되어 있고, 아래 쪽은 단절되어 있는 위아래가 서로 다른 형상을 하고 있다. 이것은 그 경계에 내부 결함이 존재한다는 것을 의미한다. 그 내부 결함은 바로 균열이나 파단면이다. 이런 결함들에는 빈틈이 있으므로 물이 쉽게 들어갈 수 있으며, 또한 물이 쉽게 밖으로 빠져나갈 수 있도록 한다.

명혈도의 혈심으로 다시 돌아가자. 혈심 아래에 있는 암반은 평평하다. 그래서 이곳에 들어온 지하수는 그 흐름이 원활하지 않아서 파구를 통해 쉽게 빠져 나가지 못한다. 이 물이 빠져 나가기 위해서는 혈심 아래의 암반이 아래쪽으로 약간 기울어져야 한다. 그래도 파구를 통해 밖으로 빠져 나가기가 쉽지 않다. 그런데 혈심 앞에 존재하는 내부결함은 빈 틈으로 물이 쉽게 빠져나가도록 한다. 그래서 이 빈 틈인 내부 결함은 실질적인 파구로 작용할 가능성이 있다. 혈심 아래에 차있는 지하수가 많을 때는 대부분 파구를 통해서 밖으로 빠져 나가지만, 나머지 잔류 지하수는 바로 이 실질적인 파구인 내부결함을 통해서 밖으로 빠져나갈 수 있다. 그래서 완벽한 파구는 능선에 의한 파구와 실질적인 파구인 균열(혹은 파단면)로 구성된다. 이로부터 명혈이 되기 위한 또 하나의 조건을 찾을 수 있는데, 그것은 '혈심 앞에는 내부결함(균열이나 파단면)이 존재한다'이다.

명혈의 조건

이제 우리는 명혈의 조건을 찾아냈는데, 이를 정리하면 다음과 같다.

[혈 - 5급]

(1) 혈판은 단일 암반 위에 조성된다.

(2) 혈판이 위치한 암반 내부에는 구조적인 결함이 전혀 없다.

[좋은 혈 - 4급]

(3) 혈심에서는 풍화가 균일하게 진행된다.

(4) 혈심이 위치한 암반의 표면은 평평하다.

[우수한 혈 - 3급]

(5) 혈판은 주위보다 약간 높다.

[매우 우수한 혈 - 2급]

(6) 혈심은 혈판의 중앙에 위치하되, 주위에 비해서 약간 낮다.

[명혈 - 1급]

(7) 혈의 암반표면은 명혈도와 같은 형태를 하고, 파구를 가진다.

(8) 혈심 앞에는 내부결함(균열이나 파단면)이 존재한다.

명혈의 암반

이상 (1~8)의 조건을 만족하는 명혈의 암반은 어떤 형태를 할까? 그리고 그곳의 자력분포는 어떻게 나타날까?

[그림 5-5]는 명혈의 조건을 만족하는 암반의 형태를 나타낸 것이다. 암반은 주위에 비해 약간 높고 위로 튀어나와야 한다. 즉 융기한 암반이라야 한다. 암반이 융기하면 [그림 3-23]에서 알 수 있는 것처럼 상단부에 바위가 밖으로 돌출하게 되고, 그 부근의 암반내부에는 구조적 결함이 많이 존재하게 된다. 이것은 마치 입수의 흔적처럼 나타난다. 이때 결함들이 혈심의 암반상태에 영향을 주지 않아야 하는데, 이를 위해서는 혈판이 일정규모 이상의 크기를 가져야 가능할 것이다. 무엇보다 중요한 것은 혈심과 혈판의 암반 내부에 어떤 결함도 존재하지 않아야 한다는 것이다. 풍화반응은 암반의 표면 어디에서건 일어난다. 혈심이 되는 암반표면에서도 풍화반응은 일어난다. 그런데 혈심이 되기 위해서는, 특히 명혈의 혈심이 되기 위해서는 풍화가 균

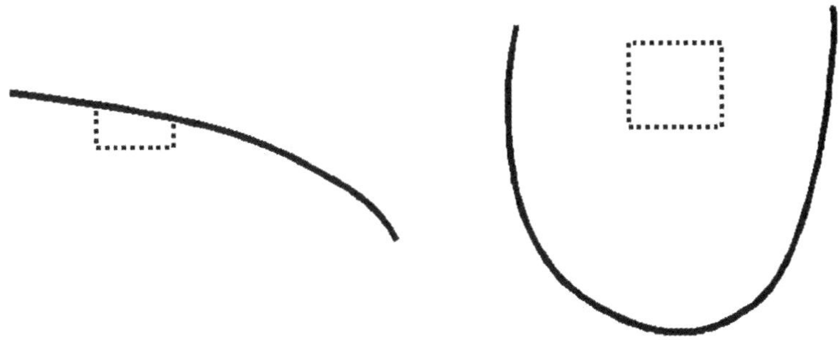

<그림 5-5> 명혈의 암반형태

일하게 진행되어야 한다. 그래서 마치 평평한 바위표면처럼 풍화되어야 한다. 또 한 가지 요구되는 것은 그림에서 보는 것처럼 혈심은 주위에 비해 약간 낮아야 한다는 것이다. 그래서 가운데가 약간 들어간 형태이면서 표면은 평평해야 한다.

명혈을 이루는 암반이 이상의 조건을 만족하면 이곳에서의 자력분포는 [그림 5-6]과 같이 나타나는데, 그 특징은 다음과 같다

① 혈심은 바로 이웃한 곳보다 약간 낮은 자력을 가지면서 균일한 값을 가진다.

② 혈심에서 멀어질수록 자력은 점차 낮아진다.

③ 혈심 주위는 풍화가 균일하게 진행된다.

④ 입수부에서의 분포는 명산도와 같은 형태이다.

⑤ 혈판과 혈심을 제외한 곳에서는 암반내부의 결함이 존재하여도

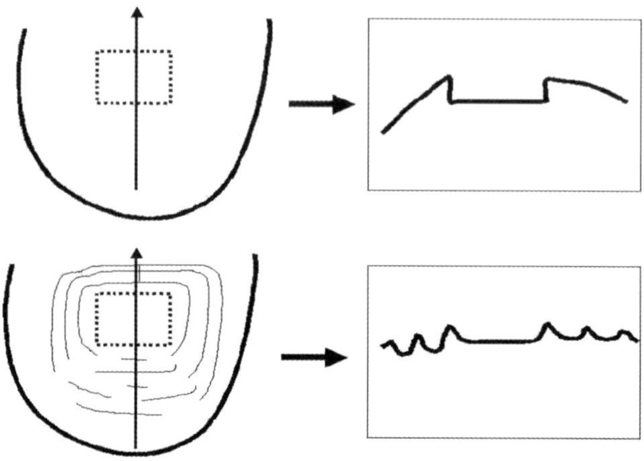

(a) 2차원 분포 (b) 화살표를 따른 변화

<그림 5-6> 명혈의 자력분포

무관하므로 이에 대한 결과인 (+)/(−) 피크 쌍이 나타난다. 특히 입수에 해당하는 곳에서는 반드시 나타난다.

혈의 판정 순서

지하 암반의 표면형태는 자력분포로부터 확인할 수 있다. 즉, 풍화가 덜 진행된 부분은 지표면에서 얕은 곳에 있고, 높은 자력을 보인다. 풍화가 많이 진행된 곳은 지표면에서 아주 깊은 곳에 있으며, 낮은 자력을 보인다. 그래서 높은 자력을 나타내는 띠는 땅 속에 폭이 좁고 높이가 낮은 산맥에 해당한다.

높은 자력 띠가 동심원을 이루면 이와 같은 형태의 작은 지하산맥이 동심원처럼 배열되어 있는 것과 같다. 이런 배열은 땅 속에서 발생하는 수분이나 공기 혹은 열의 이동과 같은 여러 종류의 흐름을 막아 준다.

그런데 이 경우에 또다른 의문이 하나 생긴다. 강수(눈이나 비)와 같이 위에서 스며든 물과 같은 물질 이동에 대해서는 어떻게 보호받을 수 있을까. 땅 속으로 스며든 물질은 중력으로 인해서 낮은 곳으로 이동하게 되는데, 만약 동심원이 완전히 막혀 있다면 혈 밖으로 빠져나갈 수가 없게 된다. 그래서 동심원의 아래 부분에는 부분적으로 열려 물질 이동이 일어날 수 있도록 배열되면 수직으로 이동한 물질도 자연스럽게 혈심에서 빠져나갈 수 있을 것이다. 이것이 바로 파구이다. 그래서 지상의 용혈사수는 혈이 있는 지하에도 존재한다.

일반적으로 단일암반으로 이루어지지 않은 음택이 95% 이상이며, 단일 암반일지라도 암반내부에 구조적 결함이 없는 경우는 1% 이내에 지나지 않는다. 일단 이 두 가지 조건을 만족하는 음택은 혈을 이루고 있다고 판정할 수 있다. 그 외에 4가지 조건을 추가로 만족하면 대단히 우수한 혈이며, 여기에다 혈이 있는 지하의 구조가 용혈사수를 만족하면 명혈이라 할 수 있다. 혈의 평가는 이와 같은 순서로 이루어져야 합리적이며 과학적이라 할 수 있다.

명혈 기행

명혈

(1) 광주 이씨 시조 묘 – 이당李唐

이집과 최원도

고려 말에 회안(淮安 : 현재의 경기도 광주)지방의 고을 관리로 있던 이당李唐은 고을 원의 딸과 결혼하여 아들 오형제를 두었다. 다섯 아들은 어려서부터 신동으로 소문이 났을 뿐만 아니라 과거에 모두 급제하였다. 그 중 2남인 둔촌遁村 이집李集은 포은 정몽주와 함께 학문으로 이름을 날렸는데, 그의 8대손은 한음 이덕형이다. 둔촌 이집이 살던 곳은 현재 그의 호를 따라 서울시 둔촌동이라 불린다.

이집과 영천인 최원도永川人 崔元道 사이의 우의는 남달랐다.

고려 말 당시 횡포가 심했던 신돈의 화를 피하기 위해 이집은 늙은 아버지와 함께 경상도 영천에 있는 친구 최원도에게 찾아갔지만, 최원도는 크게 노하여 꾸짖었다

"망하려면 혼자 망할 것이지 어찌하여 우리 집안까지 망치려 하는가. 친구에게 화를 전하려 이곳까지 왔단 말인가"

사태가 이렇게 되자 이집은 매우 난처해하며

"몸을 의탁하러 온 것은 아니니 먹을 것이나 좀 주게"

하고 부탁해 보았으나, 최원도는 더욱 화를 내며 친구와 친구의 부친을 동네 밖으로 내몰았다.

최원도에게 쫓겨난 이집은 친구가 진심으로 이렇게 하지 않았을 거라 생각하고 한밤중에 다시 친구의 집 부근으로 가만히 숨어들어 길가 덤불에 몸을 숨겼다. 쫓아낸 친구가 걱정되어 몰래 친구를 찾아 나선 최원도와 이집은 서로 반갑게 만났다.

이렇게 하여 이집 부자는 최원도의 집 다락방에서 4년 동안 지냈다. 이 사실은 오로지 최원도 혼자만 알았다. 심지어 가족들에게도 비밀로 하자니 여간 힘들지 않았다.

우선 밥과 반찬의 양을 늘려도 주인 혼자서 다 먹어 치우는 것이 시중을 드는 몸종에게는 매우 이상하게 느껴졌다. 여러 달을 의아하게 생각하던 몸종이 하도 궁금하여 하루는 주인이 그 음식을 다 먹는지를 직접 눈으로 확인하려고 문틈으로 엿보다가 깜짝 놀라고 말았다.

처음 보는 사람 둘과 함께 최원도가 식사를 하고 있기 때문이었다. 몸종은 이 사실을 최원도의 부인에게 고하였고, 부인은 남편에게 그 연고를 물었다.

최원도는 부인과 몸종에게 사실을 말하고 나서 비밀엄수를 당부하였다.

사실을 알게 된 몸종은 며칠을 고민하다가 비밀에 대한 부담감으로 스스로 자결하였다. 몸종의 이름은 "제비"였는데, 최원도 부부는 아무도 모르게 그녀를 뒷산에 묻어주었다. 지금도 이집의 아버지 이당의 묘 바로 오른쪽 위에 몸종의 작은 묘가 있으며, 양쪽 집안 조상의 묘제 때 제비의 묘에도 함께 제사를 지낸다고 한다.

몸종이 자결하고 얼마 후에 이집의 아버지인 이당이 최원도의 다락방에서 별세하였다. 최원도는 자기 어머니의 묘 바로 아래에 친구 부친의 묘를 썼다. 경상북도 영천시 북안면에 있는 이당의 묘가 바로 그것이다.

광주 이씨 시조 묘

광주 이씨 시조 묘를 가장 먼저 소개하려는 것은 많은 풍수가들이 이 음택을 최고로 꼽는 데 주저하지 않기 때문이며, 저자 또한 그들의 의견에 동의하기 때문이다. 저자가 동의하는 것은 풍수적인 이유가 아니며, 그의 뛰어난 후손들 때문도 아니고, 오로지 지반 공학적으로 몇 가지 점에서 음택이 위치한 곳이 완벽하다는 점이다. 이를 요약하면 다음과 같다.

(1) 음택이 위치한 곳에 있는 암반의 규모가 대단히 크다. 대체로 저자가 조사한 음택의 암반 규모는 작게는 직경 2~3m에서 크게는 직경 15~20m 정도였다. 그런데 이곳은 가로와 세로가 각각 약 30m에 달하여 규모로 볼 때 조선조의 여느 왕릉에 뒤지지 않는다. 규모가

크다고 좋은 음택인 것은 물론 아니지만, 이 음택은 규모가 클 뿐만 아니라 특히 단일 암반 위에 자리잡고 있다는 점이 대단히 특이하다.

(2) 커다란 암반에 결함이 발견되지 않는다. 암반이 아무리 견고하다 할지라도 대부분 경우에 지각운동에 의해서 여러 종류의 크고 작은 결함들이 생길 수밖에 없다. 그럼에도 불구하고 이 음택이 있는 암반 혹은 지반에서는 결함이 거의 발견되지 않을 정도로 완벽하다. 그렇다고 음택이 있는 산줄기龍 모두가 다 완벽한 암반으로 이루어졌다는 것은 아니다. 적어도 이 음택의 혈심과 그 주위에서는 결함이 전혀 발견되지 않는다.

(3) 지하에 존재하는 암반의 표면 상태가 완벽에 가까운 형태를 이룬다. 우리가 눈으로 보는 지표와 지하 1~5m에서의 상황은 전혀 다르다. 음택 그 중에서도 혈판(또는 혈심)에서 가장 중요한 것은 암반의 표면 상태이다. 암반의 표면인 암반과 흙의 경계는 암의 풍화작용이 계속 진행되고 있는 곳이다. 이곳의 상태에 따라 혈심의 상태가 변할 것임은 자명하기에 풍화반응이 일어나는 곳의 표면상태가 음택의 평가에서 대단히 중요하다. 암반의 표면상태가 완벽할수록 뛰어난 음택이다. 이런 측면에서 볼 때 이 음택은 저자가 지금까지 조사한 곳 중에서 가장 뛰어난 곳으로 판명된다.

이상의 세 가지 이유 외에도 여러 이유들이 있지만, 이런 점들만 해도 다른 어떤 음택보다 이곳이 우수하다. 이러한 이유를 도출한 근거는 다음에 자세히 나와 있다.

이 음택의 모양은 [그림 6-1]과 같다. 앞의 묘는 광주 이씨 시조 묘, 뒤는 영천인 최원도의 모친 묘이다. 광주 이씨 묘의 봉분에 가려서 보이지 않지만 뒤쪽에 몸종 제비의 묘가 있다. 전형적인 유혈로, 묘의 전면에 상석이 놓여 있고, 전면에서 볼 때 우측에 묘비가 있다. 지자기 조사는 묘의 우측 하부에서 상부로, 우에서 좌로 옮기면서 행하였다. 봉분이 있는 곳은 봉분이 너무 높아 조사하지 않았다. 조사대상은 가로 20m, 세로 20m의 정방형으로 봉분이 포함된다. 측정간격은 세로로 4-5cm, 가로로 100cm가 되도록 하였다. 측정한 물리량은 지자기의 수직성분으로 측정의 해상도는 0.4mG (10000G = 1T: 0.4mG = 4×10^{-5}T)이다. 이곳에서의 지자기 수직성분의 평균값은 350mG이었다. 조사한

<그림 6-1> 광주 이씨 시조 묘

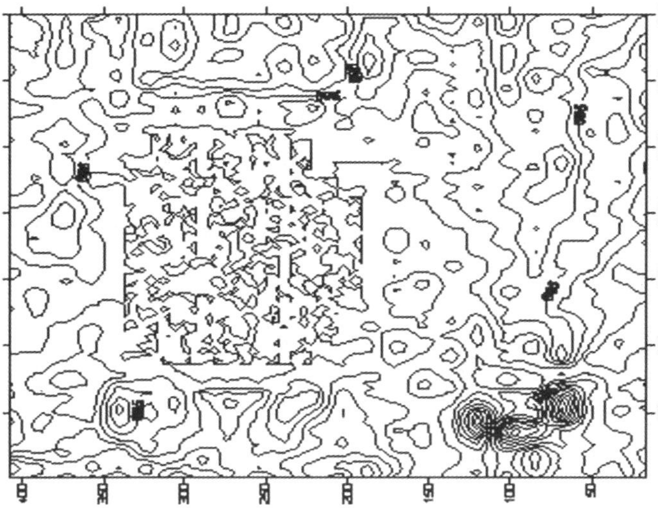

<그림 6-2> 광주 이씨 시조 묘의 자력분포(등고선형)

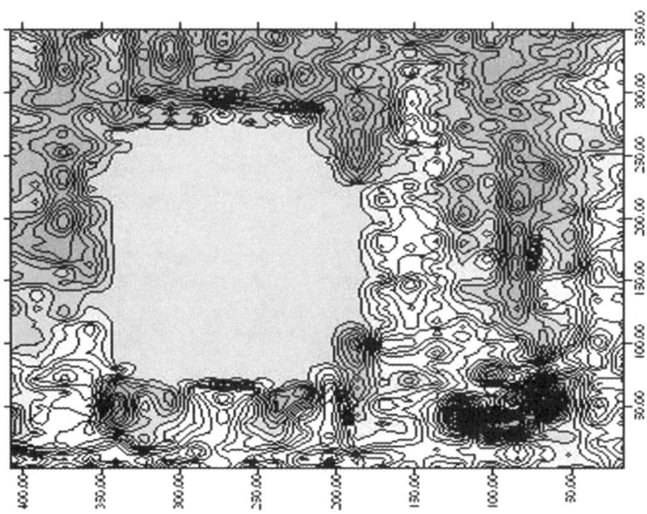

<그림 6-3> 그림 6-2의 정밀분포

<그림 6-4> 그림 6-2의 입체형 분포

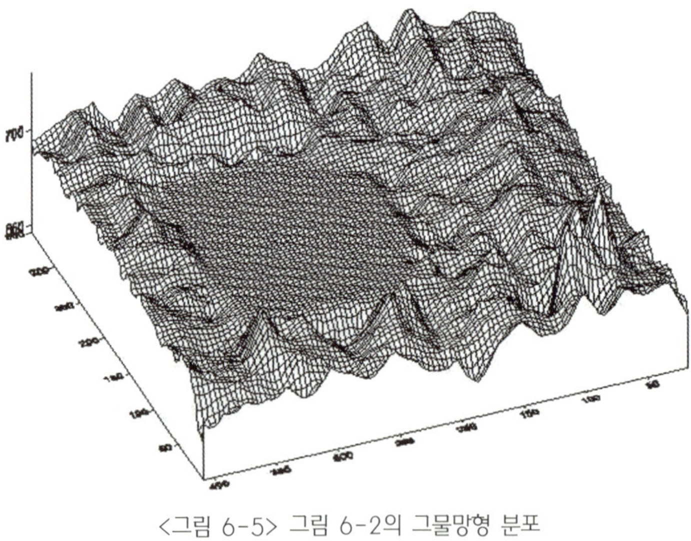

<그림 6-5> 그림 6-2의 그물망형 분포

값을 Exel과 Winsurf 및 Surf8 프로그램 등으로 데이터 처리한 결과 [그림 6-2]~[그림 6-5]와 같이 나타났다.

[그림 6-2]의 우측 하단 구석부분에 등고선이 밀집한 곳이 있는데, 이곳은 비석의 기단이 있는 부분이다. [그림 6-4]와 [그림 6-5]에서 보면, 이곳에서 극심한 (+)/(−) 피크 쌍이 공존하는 것으로 보아 비석의 기단 하부는 철근과 콘크리트를 사용하여 만든 것으로 추측된다.

그림의 하단부와 상부에도 비교적 큰 등고선과 (+)/(−)피크 쌍이 존재하는데, 이곳에는 철근 콘크리트가 없으므로 지반을 이루는 암반 자체의 특성으로 보인다. 이러한 지자기 이상은 비교적 틈이 많이 벌어진 균열이나 규모가 작은 단층에 의해서 생기는데, 두 경우 모두 암반에 생긴 틈을 뜻하므로, 이곳에는 비교적 큰 틈이 존재한다는 것을 알 수 있다. 이러한 사실은 조사한 부분이 ① 모두 동일한 암반에 해당하며, ② 하단부와 상부 사이에 있는 암반의 내부에는 결함이 존재하지 않는다는 명혈의 조건 중에서 조건 (1)과 (2)를 충족한다.

혈판의 크기를 알아보기 위해서는 봉분 주위에 있는 암반의 표면을 조사해야 한다. [그림 6-2]에서 자력분포의 형상을 고려하여 풍화가 동일하게 진행된 곳을 표시하면 [그림 6-6]과 같이 된다. 풍화가 균일하게 진행되는 부분에서 혈판을 구획하면 그림에서 사각형으로 나타낸 부분이 되는데, 그 크기는 가로 14m, 세로 10m로 대단히 큰 규모이다. 대체로 혈심은 혈판의 중심에 해당하므로, 그림에서 알 수 있듯이 봉분은 혈심과 일치하지 않는다. 혈심은 오히려 봉분의 오른쪽 중앙으로 추정되지만, 조사된 봉분은 혈심에서 약간 왼쪽으로 치우쳐 있다. 이 봉분이 혈판을 벗어난 것은 아니고, 혈판의 중앙인 혈심을

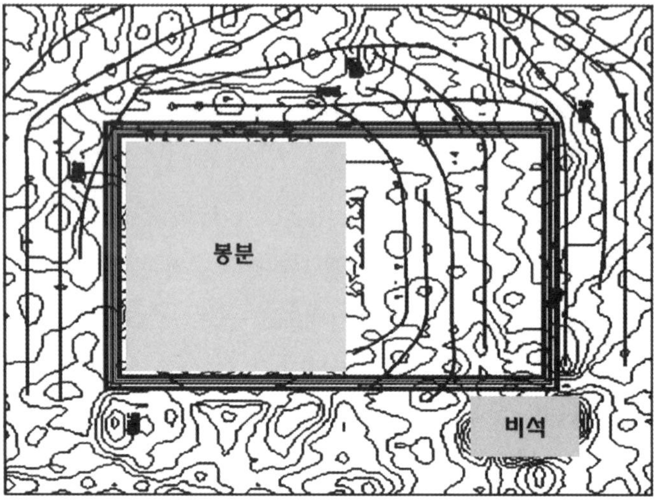

<그림 6-6> 그림 6-2의 지하 암반에서 풍화가 균일하게 진행된 곳

정확하게 차지하지 못하고 있다.

혈판 바로 아래에 있는 (+)/(−)피크 쌍이 혈판의 경계와 평행하게 발달해 있다. 그것은 이 혈판이 융기되어 생성될 때 다른 암반과의 마찰에 의해서 균열이 생겼음을 의미하며, 이 피크 선들은 바로 균열 선을 의미한다. 즉 이 균열 선을 따라 암반이 깨져있다는 뜻이다.

혈판 바로 위에도 아래와 마찬가지로 (+)/(−)피크 쌍이 혈판의 경계와 평행하게 발달해 있다. 이것도 혈판 아래와 마찬가지로 혈판이 융기될 때 생성된 균열로 보이며, 피크 선인 균열 선을 따라 암반이 깨져있다. 혈판 주위에 발달해 있는 자력분포의 등고선을 연결하면 이 연결선들이 혈판을 감싸듯이 겹겹이 둘러싸고 있다.

혈판 주위에 있는 암반표면의 풍화상태는 [그림 6-3, 6-4, 6-5]에서 확인할 수 있다. 풍화가 많이 진행된 곳과 적게 진행된 곳을 연결하면 이들은 마치 산맥과 골과 같다. 등고선 분포에서 확인한 것과 같이 이런 산맥과 골은 혈판을 주위에서 비교적 규칙적으로 둘러싸고 있다.

특이한 점은

① 혈판에 해당하는 부분의 자력분포가 비교적 균일하며,

② 자력의 세기도 주위에 비해서 낮다는 점이다.

이것은 혈판에 해당하는 암반표면의 풍화는 비교적 균일하며, 혈판이 주위에 비해서 고도가 약간 낮다는 것을 의미한다. 이것은 명혈의 조건 중에서 조건 (3, 4, 6)에 해당한다.

명확하지 않지만, [그림 6-5]의 오른쪽 끝 부분에서는 혈심에서 멀어질수록 자력이 점차 감소하고 있다. 이를 확인하기 위해서 봉분의 위쪽 입수지역을 다시 정밀하게 조사하였다. 그 결과는 [그림 6-7]에 나타나 있는데, 이것은 봉분 위쪽의 20×7m^{2}면적에 대한 자력분포를 나타낸 것이다. 자력분포에서의 높고 낮음은 실제 형상과 같다. 다만 높이에 대한 길이를 정확하게 나타낼 수 없지만, 그 변화의 경향은 정확하게 일치한다. 유일하게 실제 형상과 다른 곳은 (+)/(−)피크 쌍이 있는 곳인데, 이곳은 암반의 내부결함인 균열이나 단층과 같이 암반이 깨진 것을 나타낸다. [그림 6-7(a)]는 입체적으로 나타낸 입수지역에서의 자력분포이다. 좌측에 (+)/(−)피크 쌍이 존재하는바, 이곳의 암반이 깨져있음을 알 수 있다. 산맥의 주름은 규칙적으로 배열되어 있는데, 이를 정리한 [그림 6-7(b)]에서 배열형태를 자세히 알 수 있다. 주름은 우측 상부에서 좌측 하부로 연결되어 있으며, 주름의 폭(파의 파장에 해당함)은 대체로 5m 가량 된다. [그림 6-7(c)]는 분포의 측면도이다. 자력은 우측이 높고 좌측으로 갈수록 낮아진다. 중앙과 우측

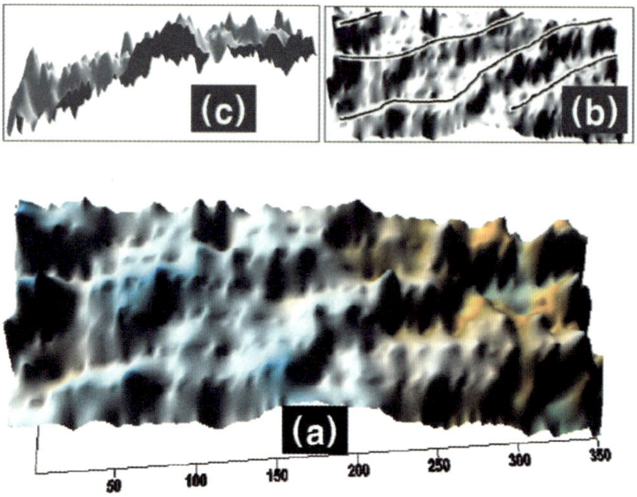

<그림 6-7> 입수부분에서의 자력분포

을 보면 위로 볼록한 원호와 같은 형태인데, 이는 암반이 위로 돌출한 둥근 형태라는 것을 뜻한다. 위로 나온 부분의 중심은 측정부의 중앙이 아니며, 봉분이 있는 부분의 위쪽도 아니다. 이 중심은 [그림 6-6]에 나타나 있는 혈판의 중심과 거의 일치하고 있다. 좌측 끝 부분은 깨진 암반으로 인해서 (+)/(−)피크 쌍이 중첩해 있다. 이는 명혈의 조건 (7)과 같다.

이상의 결과에서 혈판은 주위에 비해 높은 곳에 위치한다는 사실을 알 수 있는데, 이는 명혈의 조건 (5)와 일치한다.

마지막으로 혈심 바로 앞에 있는 파단면은 암반의 내부결함을 나타내는데, 이것은 또 다른 파구에 해당하며, 그 앞쪽으로 능선이 잘 발달되어 앞쪽에서 불어오는 흐름을 잘 차단해 준다. 이것은 조건 (8)에 해당한다.

광주 이씨 시조 묘는 명혈의 조건 (1~8)을 모두 잘 만족하고 있어 명혈에 해당하며, 혈판의 크기도 가로 14m, 세로 10m나 되는 거대한 규모이다. 다만 봉분이 혈판의 중심에 위치하지 못하고 약간 좌로 치우친 것이 흠이다.

(2) 파평 윤씨 시조 묘

윤신달尹莘達

파평 윤씨의 시조 윤신달尹莘達은 태조 왕건을 도와 삼국을 통일하고 고려를 건국하는 데 공을 세운 개국공신이다. 그는 경기도 파주 파평산 기슭에 있는 용연지라는 못 가운데 있던 옥함玉函속에서 출생했다고 하며, 그가 옥함에서 나올 때 손바닥에는 윤尹이라는 글자가 새겨져 있어서 성을 윤尹으로 하였다는 기록이 전한다. 후손들이 그를 시조로 받들고 본관을 파평으로 하였다.

윤신달 묘소와 관련하여 윤씨 문중에서 전해 내려오는 설說이 있다. 그는 후삼국의 격동기인 918년, 신숭겸 등과 함께 왕건王建을 도와 궁예弓裔를 추방하고, 고려 창건에 공을 세웠으며, 견훤의 아들 신검을 토멸討滅하여 후삼국을 통합하여 개국開國 2등 공신인 벽상삼한익찬공신壁上三韓翊贊功臣의 서훈敍勳과 태사太師 삼중대광三中大匡의 관직을 하사받는다. 얼마 후 태조 왕건이 죽고, 944년에 혜종惠宗이 즉위하였는데, 혜종은 그를 두려워한 나머지 신라 땅을 다스리는 경주대도독慶州大都督으로 내려 보내고, 그의 아들 윤선지尹先之를 인질로 삼아 개경에서 봉직奉職하도록 하였다. 973년(광종 24)에 81세로 경주에서 별세하여 그곳에 장사를 지냈다.

그러나 이 묘소는 후손後孫들이 모두 경주에서 먼 개경과 그 인근에 거주하여 제대로 돌보지 못하였는데, 이 지방에 살던 이하지가 묘비墓碑를 동강내어 땅 속에 파묻고는 투장偸葬을 하였다. 그 후 오랜 세월이 지나고, 조선조朝鮮朝 영조英祖 연간에 이르러서 이곳에 살던 참봉 윤도尹燾가 전래되는 야설野說을 인지認知하였고, 1737년(영조 13)에 윤양래尹陽來가 경상감사로 부임하여 7일 동안 전 묘역을 샅샅이 파헤친 뒤, 동강낸 묘비를 발견하여 봉분을 개축하고 석물石物을 세웠다고 한다. 포항시 북구 기계면 봉계리 552번지에 소재한다.

명확하지 않은 혈심 위치

파평 윤씨 시조 묘의 특징은 잃어버린 후에 다시 찾아내어 묘를 개축했다는 점이다. 그래서 이 음택을 논할 때 가장 먼저 해결해야 하는 일은 바로 혈판과 혈심을 찾아내는 것이다. 조선 후기에 묘비를 다시 찾아내어 봉분을 개축하였기 때문에, 봉분의 위치는 그 당시의 풍수지리설에 따라, 개축에 참여한 풍수사의 생각에 따라 적절하고 새롭게 조성되었을 것이므로 현재의 위치는 원래와 동일하지 않을 수도 있다. 그래서 저자는 봉분의 위치를 고려하지 않고, 혈의 조건 (1~8)에 따라 혈판과 혈심을 찾아내기로 하였다.

[그림 6-8]은 음택의 입수에 해당하는 언덕에서 아래로 본 음택과 봉분을 나타내며, [그림 6-9]는 이 음택의 영역(혈)을 직사각형으로 나타낸 것이다. 우선 탐사의 방향을 설정하기 위해서 봉분 주위의 자력

<그림 6-8> 파평 윤씨 시조 묘 전경

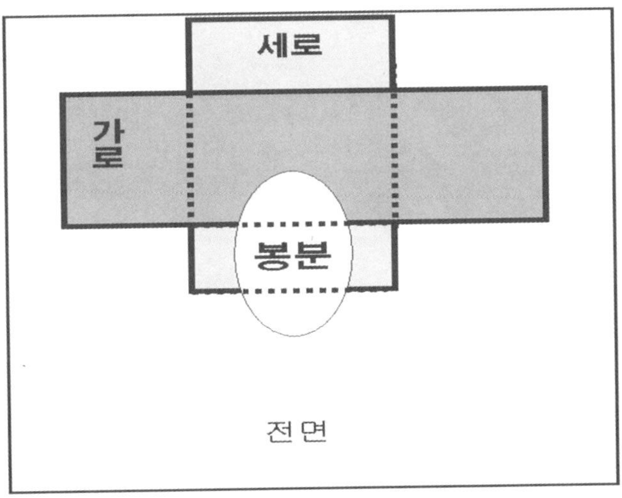

<그림 6-9> 그림 6-8에서 음택의 혈

분포를 개괄적으로 조사하였다. 그 결과 봉분 중심에서 앞쪽으로는 파쇄대가 형성되어 있었으며, 봉분 좌측 및 우측에도 가장자리 부분에는 많은 (+)/(-)피크 쌍들이 존재하는 것으로 보아 파쇄대나 많은 균열들이 존재하는 것으로 보인다. 그래서 이 음택은 눈으로 보이는 혈의 크기에 비해서 실제로 확인할 수 있는 혈판의 크기는 대단히 작다. 그것은 아마도 노년기 지형이라서 풍화가 많이 진행되었고, 풍화에 의해서 암반 내부에 변화가 많이 일어났기 때문이다. 그리고 암반 자체가 주위에 비해서 월등하게 솟아오르지 않은 것도 형성된 지 오래된 노년기 지형의 특징이다.

이 음택의 혈판을 찾아내기 위해서 ① 암반형상, ② 혈판위치, ③ 혈심위치, ④ 명혈의 성립여부 등의 순서로 조사 및 분석하였다.

[그림 6-9]의 가로방향으로 자력탐사를 시행하였는데, 탐사면적은

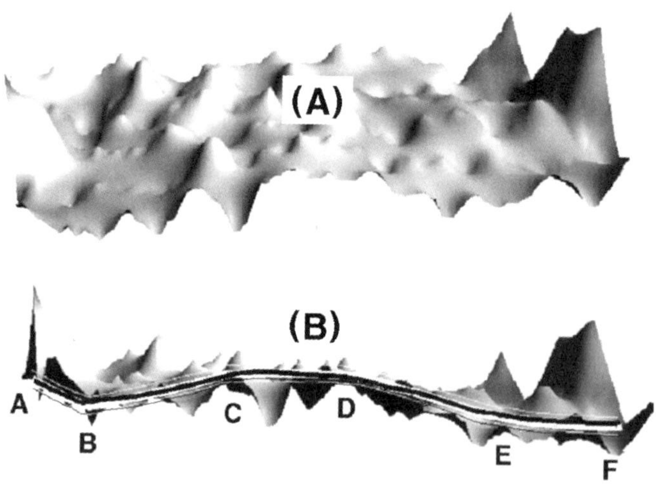

<그림 6-10> 그림 6-9의 '가로'에 대한 자력분포

가로 20m, 세로 7m이었다. 그 결과는 [그림 6-10]인데 (A)는 전체분포를 나타낸 것이며, (B)는 측면에서 본 분포를 나타낸다. 측면에서 본 것은 자력의 좌우변화를 나타내는데, 봉분 앞에서 위로 보았을 때 좌측과 우측에는 파쇄대가 각각 형성되어 있고, 파쇄된 정도는 좌측에 비해서 우측이 심하다. 점B에서 점C로 이동하면 자력이 점점 증가하며, 점C와 점D 사이에서는 거의 균일하고, 그리고 점D와 점E 사이에서는 다시 감소한다. 즉 점C와 점D 사이에서 높고, 여기에서 멀어질수록 감소하는 형태를 나타내므로, 점B와 점E사이의 암반은 대체로 위로 볼록한 형태를 취한다. 이것은 명혈의 조건 (5)에 해당한다. 따라서 혈은 점C와 점D 사이에 위치할 것으로 예상된다.

혈판 분석

혈판이 혈의 중앙에 위치할 것이라는 예비결과를 바탕으로 하여 [그림 6-9]에 나타나 있는 것처럼 중앙을 기준으로 가로 7m, 세로 15m의 직사각형에 대해서 자력탐사를 시행하여 [그림 6-11]의 결과를 얻었다. 왼쪽 그림은 자력분표를 입체적으로 나타낸 것이며, 오른쪽 그림은 등고선으로 나타낸 것이다.

먼저 혈판이 될 만한 곳 즉 자력 변화가 아주 작은 곳을 찾아보자. E와 D지역은 자력 변화가 아주 작은 곳인데, 그 규모는 E지역에서 5m×5m, D지역에서 2m×3m으로 추정된다. E지역의 오른쪽 절반은 봉분의 중앙선과 일치하지만, D지역은 봉분의 중앙에서 벗어나 있다. 위의 두 곳을 제외한 나머지는 자력 변화가 심한 곳이다. 자력의 심한 변화 중에서 (+)/(−)피크 쌍은 암반내부의 구조적 결함과 관계있으므

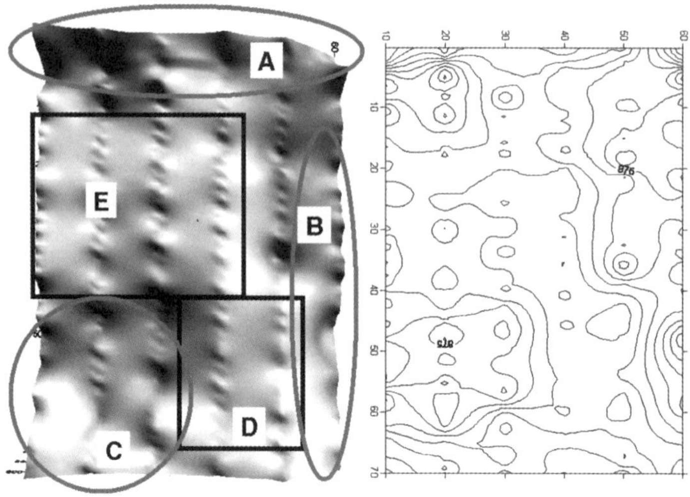

<그림 6-11> 그림 6-9의 '세로'에 대한 자력분포

로 혈판 내부에는 없어야 한다. 그림에서 아래쪽 끝은 봉분의 중앙에 해당하는데, 등고선 그림에서 이곳이 대체로 위로 치켜드는 형상을 하므로, 봉분 중앙에 균열이 존재하는 것으로 보인다.

A지역은 입수에 해당하는 곳으로 암반에 틈이나 파쇄대가 존재하여 (+)/(−)피크 쌍들이 존재하므로 혈판과 다른 암반의 경계로 보인다. B지역은 [그림 6-10]에서 점E~점F 구간에 해당하는 파쇄대 혹은 균열 지역으로 암반의 경계에 해당한다.

가장 흥미를 끄는 곳은 바로 C지역이다. C지역은 봉분의 중앙을 통과하는 곳에서 좌측으로 살짝 비킨 곳이다. 바로 이곳에서 커다란 (+)/(−)피크 쌍을 발견할 수 있다. 이것은 [그림 6-10]에서 나타나지 않은 새로운 (+)/(−)피크 쌍인데, 지금까지는 찾아볼 수 없던 새로운 형태이다. 즉, 피크가 나타나는 곳의 면적이 2m×4m로 상당히 넓고,

(+)/(－)피크 쌍 간의 차이가 균열, 단층, 그리고 파쇄대에서 확인되는 것보다 상당히 작다. 더욱이 이 결함은 지면에서 매우 가까운 곳에 위치하며, 그 면적이 상당히 넓고, 다른 결함과 연결되지 않고 단독으로 고립되어(isolated) 있다. 그래서 이것은 지각활동에 의해서 생긴 암반의 내부결함이 아니고, 암반의 풍화작용으로 형성된 것으로 현재 결함생성이 진행 중인 것으로 추측된다. 이러한 결과는 이 지역이 노년기 지형인데다, 풍화반응이 활발하게 일어나기 때문이다.

가로방향으로 지판을 다시 조사하기 위해서 [그림 6-10]의 결과를 다시 정리하였는데, 그 결과는 [그림 6-12]에 나타나 있다. 등고선으로 나타낸 그림에서 A지역과 B지역은 암반에 균열이 있는 곳으로 단일 암반의 경계라 하였다. 다행히도 이 두 지역을 제외한 C지역에서는 (+)/(－)피크 쌍이 발견되지 않는다. 따라서 C지역은 혈판의 조건을 갖추고 있는 것으로 보인다.

혈판 평가

이제 혈판의 조건 (1~8)에 따라 혈판을 평가하고 혈심을 찾을 차례이다. 제일 먼저 살펴볼 것은 혈판으로 자격을 갖추고 있는가 하는 점이다. 이 점에 대해서는 이미 [그림 6-10]에서 E지역과 D지역이 혈판으로서 자격을 갖추고 있음을 확인한 바 있다. 즉 단일암반에 해당하며, 암반 내부에는 구조적 결함이 없기 때문에 조건 (1)과 (2)는 충족된다.

조건 (3)과 (4)도 어느 정도 충족되는 것으로 보인다. 혈판에 해당하는 D와 E지역은 풍화가 비교적 균일하게 진행되고 표면도 평평한 것으로 보인다. 그런데 [그림 6-11]의 C지역이 문제이다. 만약 C지역이 풍화반응에 의해서 발생한 것이라면 혈판에 해당하는 D와 E지역이 문제의 C지역에 인접하고 있기 때문이다. 풍화반응에 의해 D와 E지역도 서서히 암반내부에 결함이 발생할 수 있기 때문이다. 두 곳 중에서 면적이 좁은 D지역이 더욱 위태롭다 할 수 있다. 그래서 일단 면적이 좁은 D지역은 혈판에서 제외하고, E지역만 혈판으로 고려하기로 한다. 그렇다고 D지역이 지금 현재 문제가 있다는 것은 아니며, E지역도 풍화반응에서 자유롭다는 것은 아니다. 이로부터 이곳은 조건 (3)과 (4)도 만족한다.

조건 (5)에 의하면 혈판은 주위보다 약간 높아야 한다. [그림 6-10]에 의하면 지역 E는 위로 볼록한 암반의 거의 중앙에 위치하므로 조건 (5)에 합치하는 결과이다.

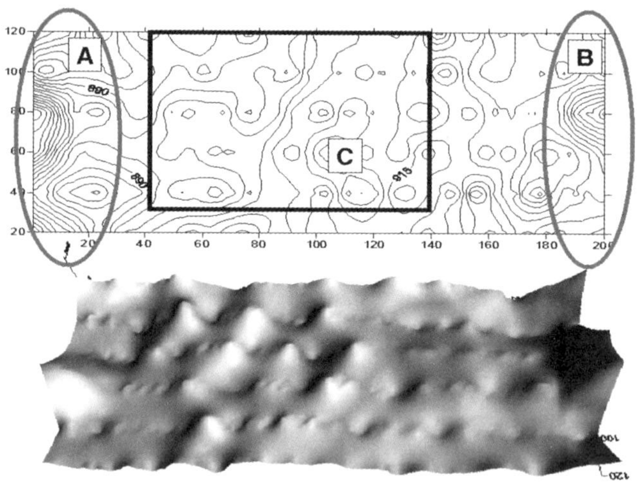

<그림 6-12> 그림 6-10의 등고선형과 입체형

조건 (6)은 혈심에 관한 것으로 그 내용은 '혈심은 혈판의 중앙에 위치하되, 주위에 비해서 약간 낮다'이다. 이를 확인하기 위해서 가로와 세로방향으로 측정한 것을 입체형과 그물망형 및 측면형으로 다시 나타내었는데, 그 결과는 [그림 6-13]에 나타나 있다. E지역은 그림에 점선으로 나타나 있는데, 그 중앙은 다른 곳에 비하여 더욱 솟아있다. 주위에 비하여 약간 낮은 곳이 아닌 약간 높은 곳이어서 조건 (6)과는 상반된다.

이 음택의 문제점을 다시 정리하면 다음과 같다.

① 시야로 확인되는 혈의 규모에 비해서 혈판의 크기가 너무 작다.

② 혈판이 풍화반응으로부터 자유롭지 못하다. 이곳이 명혈일지라도 풍화반응으로 인해서 그 수명이 길지 않다.

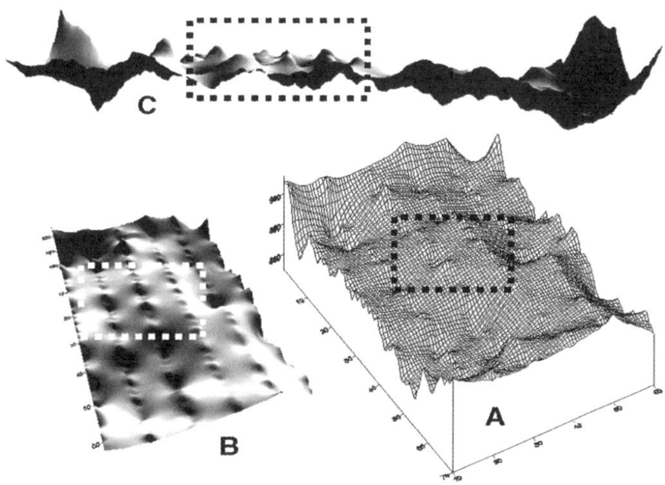

<그림 6-13> 그림 6-10에 대한 혈심분석

③ 혈심이 혈판의 중심에 위치하지만 주위보다 약간 낮지 않고 오히려 높다.

그러나 이 음택은 명혈의 8조건 중에서 5조건을 충족한다.

(3) 동래 정씨 정사鄭賜의 묘

정사와 그의 음택

경북 예천군 지보면 익장益庄마을에 정사(鄭賜, 1400~1453)의 묘가 있다. 그의 아버지는 구령龜齡이고, 어머니는 박문로朴文老의 딸이다. 1420년(세종 2년)에 사마시에 합격한 뒤, 이어서 식년문과에 병과로 급제하였다. 감찰, 정언, 검열을 역임하고 이조, 예조, 형조의 낭관을 지냈다. 1448년 예문관 직제학으로 있으면서 경상도로 가서 일본에서 오는 단목(丹木), 동, 철 등을 수령하였다. 진주목사를 지내면서 고을을 잘 다스려 경상도 용궁의 완담향사浣潭鄕祠에 정광필鄭光弼 등과 함께 봉안되었다. 찬성에 증직되었다.

고려조에 대족大族으로 성장한 동래 정씨는 조선시대 전 기간에 걸쳐 17명의 상신相臣을 배출하였다. 이것은 전주 이씨의 22명, 안동 김씨의 19명에 이어 세 번째로 많은 것이다. 이 밖에 대제학 12명, 호당湖堂 10명, 공신 6명, 판서 20여 명과 문과급제자 198명을 배출했다. 왕족인 전주 이씨와 세도척족勢道戚族인 안동 김씨 다음으로 많은 정승을 배출하면서도 외척으로 세력을 얻지 않았다는 점이 특징적이다. 정사의 묘는 중종 때의 명제상이자 그의 손자인 정광필光弼을 시작으로 12명의 정승을 배출하였다.

여기서 정사의 묘와 관련된 이야기를 소개하고자 한다. 그는 진주목사로 재임하던 54세에 별세하였는데, 그를 선영이 있는 예천 용궁 땅에 장사지내기 위해 상주인 5형제는 당시 음양학에 밝기로 유명한 풍수사를 앞세우고 배로 운구하여 낙동강을 거슬러 왔다. 마침 이곳에 이르러 명산을 발견하고 묘 터를 찾았는데, 한 발 앞서 누군가가 묘를 쓰다가 광중에 물이 가득 고여 묘 쓰기를 단념하고 돌아가려는 참이었다. 그들에게서 이 묘 터를 얻은 풍수는 동서로 3곳에 우물을 파고 물 고인 광중에다가 왕겨를 넣었다. 그러자 물과 겨는 3곳의 우물로 빠져나가고 광중은 굳어져 그를 모셨다.

그의 후손들은 묘의 입수 양옆에 작은 봉분 두 개를 만들어 놓았다. 그들은 이 음택의 뒷산 이름이 옥녀봉이므로, 그 형상이 옥녀가 내려와 누워 있는 모양으로 생각하고 있다. 그런데 낭군이 될 낙동강 건너의 앞산이 다리를 꼬고 앉아 이곳을 거들떠도 보지 않는 형세라 옥녀의 유방을 만들어 놓았다. 작은 봉분 두 개는 바로 옥녀의 예쁜 가슴에 해당한다. 그러면 옥녀의 미인계로 앞산의 낭군이 꼰 다리를 풀고 옥녀에게 관심을 보이지 않을까.

혈판의 크기

혈이 한눈에도 상당히 넓다. 그렇다면 혈판도 그에 비례해서 넓을까? 우선 궁금한 점을 해결하기 위해서 혈이 있는 곳을 자력탐사하였다. 일단 봉분의 중심선을 대칭축으로 하여 가로 15m, 세로 30m의 직사각형에 대하여 탐사를 하였는데, 그 결과는 [그림 6-14]와 같다. 봉

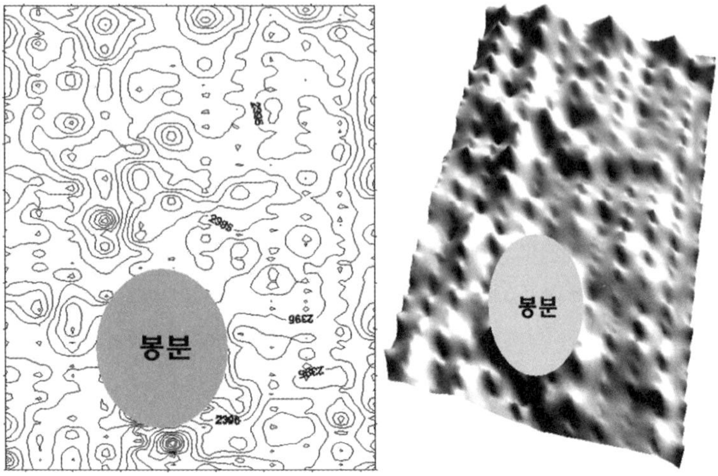

<그림 6-14> 동래 정사의 묘에 대한 자력분포

분의 높이가 낮아 봉분 위에서도 측정을 행하였지만 데이터의 오차를 고려하여 분석 시에는 이곳의 분포를 배제하였다.

왼쪽 그림은 등고선 형태이며, 오른쪽은 입체 형태이다. 상단에는 파쇄대가 형성되어 있는데, 이곳은 바로 옥녀의 가슴이 있는 곳이다. 이곳과 봉분 사이에 또 다른 파쇄대가 넓게 형성되어 있으며, 전면에서 봤을 때 봉분의 왼쪽 중간에도 파쇄대가 있으며, 봉분 앞쪽에 심각한 파쇄대가 존재한다. 결국 이곳이 만약 혈이라면 혈판의 크기는 봉분주위의 조그만 면적에 해당한다. 겨우 측정한 면적의 1/4만이 혈판으로서의 고려대상이고, 나머지는 중요하지 않다.

파쇄대가 연결되어 있지 않고 고립된 것은 이것이 풍화반응에 의해서 형성되었거나, 암반이 풍화반응에 의해 공격을 많이 받고 있다는 것을 말하며, 그것은 이곳이 노년기 지형이라는 의미이다. 따라서 노넌기 지형이며 파쇄대가 많이 존재한다는 것은 앞으로도 풍화반응으로부터 자유롭지 못할 것이라는 것을 시사한다.

파쇄대는 지하에 많은 빈 공간을 포함한다. 일반적으로 눈이 녹은 물이나 비가 땅 속으로 스며들면 대부분 지하의 빈 공간이나 틈에 갇히게 되는데, 그 중에서 빈틈이 가장 많은 파쇄대에 갇히게 된다. 이렇게 갇힌 물은 비가 온다고 해서 밖으로 쏟아져 나오지 않는다. 다만 비가 그친 후에도 땅 속에 항상 수분을 머금고 있기 때문에 흙 알갱이나 바위틈 사이의 모세관을 따라 항상 퍼지게 되는데, 이를 모세관 현상이라 한다. 그래서 파쇄대 위쪽의 흙은 모세관을 따라 올라온 물로 항상 촉촉하게 젖어있는 상태가 된다. 그래서 광중 아래에 파쇄대가 존재하면 광중이 언제나 젖어있게 된다. 광중이 젖어있는 것과 광중에서 물을 퍼내는 것은 관계가 없다.

일화에서 광중 안에 물이 고인다는 것은 오히려 광중이 있는 곳에는 파쇄대가 없다는 뜻이다. 파쇄대가 밑에 있다면 물이 아래로 빨려 들어가서 오히려 물이 사라지게 될 것이다. 왜냐하면 파쇄대는 빈 구멍들이 모인 곳이니까. 물이 고이려면 주위에서 물이 흘러 들어와야 하므로, 판은 약간 기울어졌으며, 물이 고였으므로 광중 아래에 빈틈은 없다. 따라서 일화는 여러 가지로 과학적인 의미를 가진다. 그 중에서 가장 중요한 것은 광중 아래의 암반에 파쇄대나 빈틈이 없다는 것이다.

혈판의 분석

혈판으로서 고려의 대상이 되는 것이 혈의 전체 규모에 비해서 대

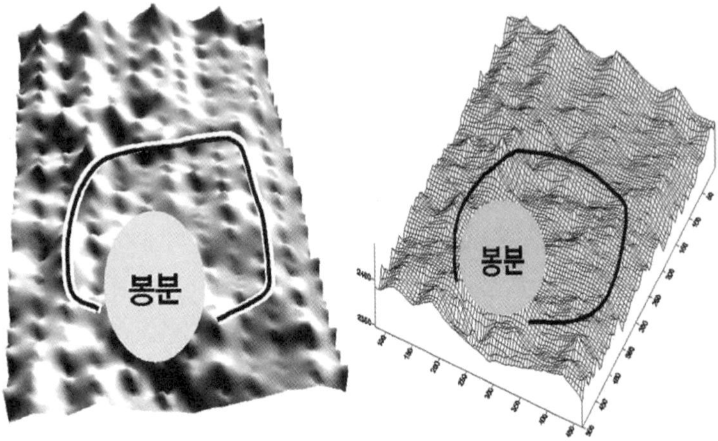

<그림 6-15> 그림 6-14의 정밀한 표현

단히 좁은 편이지만 보통의 음택에 비해서는 2배 이상으로 훨씬 크다. 이를 입체형태의 분포와 그물형 분포에서 다시 확인하였는데, 그 결과는 [그림 6-15]와 같다. 그런데 봉분 전체를 포함한 주변이 아니라 봉분의 일부는 제외되는 것처럼 보인다. 그래서 [그림 6-16]의 등고선 분포에서 면밀하게 조사하였다. 조사한 지역의 상부는 균열 혹은 파쇄대임이 분명하고, 중앙부위에서도 균열이 관찰된다. 그래서 봉분의 대부분과 그 주변을 포함하는 지역이 고려 대상이 되는 혈판으로 보인다.

이를 기본으로 하여 혈판이 명혈로서의 조건을 만족하는지를 분석해 보자. 혈판으로서의 기본요건인 내부결함이 전혀 없는 단일 암반으로 혈판이 구성되어야 한다는 조건 (1)~(2)는 이미 충족되었다. 다음으로 이 혈판이 조건 (3)과 (4)를 만족하는가는 명혈이 되는 데 대단

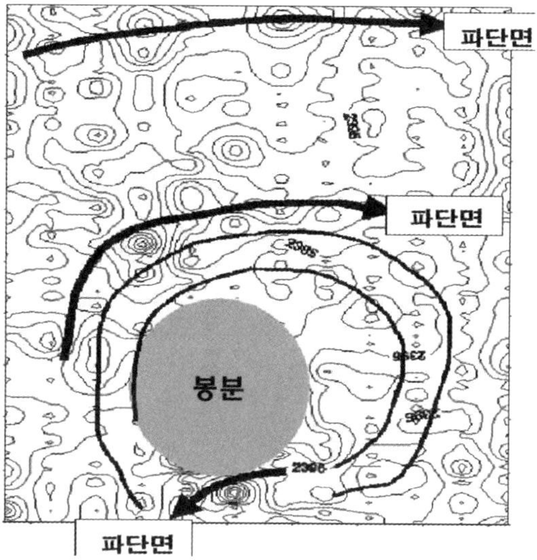

<그림 6-16> 그림 6-15에 대한 혈판과 암반분석

히 중요하다.

이 조건들은 [그림 6-15]와 [그림 6-16]으로부터 판단할 수 있다. 암반을 구성하는 광물의 상相이 균일하게 분포하고 풍화가 균일하게 진행되어야만 암반의 표면이 평평하게 된다. 암반의 표면이 평평하면 자력분포에서 등고선은 비교적 크고 넓게 형성되며, 입체형에서는 거의 평판처럼 나타나야 하는데, 두 그림은 이러한 결과를 보여주고 있다. 이곳이 노년기의 지형이며 풍화가 많이 진행되었음에도 불구하고 풍화가 비교적 균일하게 진행되고 있으며, 풍화된 표면이 평평하다는 것은 이곳이 명혈의 조건 (3)과 (4)를 충족함을 의미한다.

다음으로 조건 (6)을 확인해 보자. 혈심은 혈판의 중앙에 위치하되, 주위에 비해서 약간 낮다. [그림 6-16]에서 확인할 수 있는 것은 봉분이 혈판의 중앙에서 약간 벗어나 있다는 것이다. [그림 6-15]와 [그림

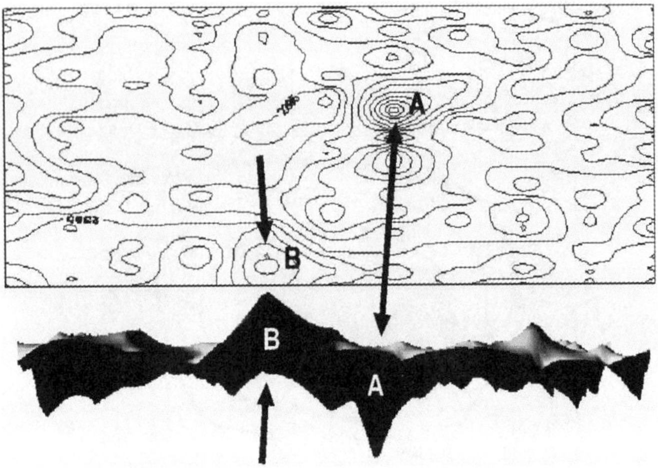

<그림 6-17> 그림 6-16에서 봉분 앞의 자력분포

6-16]으로부터 판단해 보면 혈판은 주위에 비해서 약간 낮다. 따라서 봉분이 혈판의 중심인 혈심에서 약간 벗어나긴 했지만 혈심이 주위에 비해 약간 낮아야 하는 조건 (6)을 대체로 만족한다고 할 수 있다.

조건 (5)인 '혈판은 주위보다 약간 높다'는 것을 확인할 필요가 있다. 봉분 바로 위쪽에는 파쇄대 혹은 균열선이 관찰되므로 혈판의 굴곡을 확인하기는 어렵다. 그래서 봉분 바로 앞을 다시 정밀 조사하여 혈판의 굴곡을 분석하고자 하였다. [그림 6-17]은 봉분 앞의 가로 15m, 세로 6m에 대하여 자력분포를 조사한 결과이다. 봉분 바로 앞의 점A와 점B를 연결하는 곡선을 따라 균열이 발견된다(어쩌면 파쇄대에 해당할 지도 모른다). 그림의 하부에 있는 측면 분포도에서 암반이 휘어진 현상은 찾을 수 없고 거의 일직선을 형성하고 있다. 즉 혈판에 해당하는 암반이 눈으로 확인할 수 있을 정도로 위로 돌출하지 않았음을 알 수 있다. 노년기 지형 때문이거나, 애초에 높이 돌출하지 못하여 주위에 비해서 우뚝 솟은 암반과 혈판을 형성하지 못했을지도 모른다.

이상의 분석결과를 정리하면 다음과 같다.

① 이 음택이 있는 곳은 혈판으로서의 조건은 충족된다.
② 명혈로서 갖추어야 할 조건 8개 중에서 조건 (5, 7)을 제외하고는 모두 충족한다.
③ 혈판이 위로 돌출하지 못한 점이 대단히 아쉽다.
④ 혈이 있는 영역 내부에 풍화반응에 의해서 파쇄대나 균열이 형성되어 혈판의 규모가 줄어들었다.
⑤ 풍화반응에 대해서 자유롭지 못하므로 혈로서의 수명은 예측이 불가능하다.

이상의 분석과 정리 속에 내포된 문제점에도 불구하고 이 음택은 우수한 음택으로서 갖추어야 할 조건을 대부분 충족하고 있으므로, 최고의 혈은 아닐지라도 대단히 수월한 곳 중의 하나임은 확신할 수 있다.

(4) 두사충이 잡은 명지 명혈

벽오 이시발과 풍수사 두사충

우리 풍수의 야사에는 의외로 명나라에서 귀화한 풍수사 두사충杜

師忠에 대한 기록이 자주 등장한다. 물론 그가 활약한 임진왜란과 그 후가 주된 시대적 배경이다. 여기서 소개하려고 하는 것은 경주이씨 오촌공파(익제공파 → 오촌공파 → 화곡공파) 족보에 실려 있는 내용이다. 참고로 저자는 익제공파-오촌공파-참의공파이다. 보첩에 따르면 참의공은 화곡공의 동생이다. 다음의 내용은 오촌공의 종손인 상엽 씨의 부탁으로 죽산인 안형렬 씨가 쓴 글이다.

선조 25년(1592년)에 임진왜란이 일어나자 왜군이 조선반도를 장악하려고 물밀듯이 밀려오자 왕은 의주로 몽진을 가고 조정에서는 중국의 명(明)에 원군을 요청하였다. 그래서 요동성에 있던 이여송李如松이 지원을 위해서 6만 대군을 끌고 왔다. 당시 명나라에서는 전쟁을 할 때 풍수사風水師를 데리고 와서 지리(地理, 산과 들의 형태와 오행을 살피는 것)를 살피게 한 후에 진지를 구축하였다. 이때 이여송을 따라온 풍수사가 두사충이었다. 어느 전투에서 두사충이 말한 대로 진지를 구축하고 전투를 한 결과 명군이 패하였다. 이여송은 패전의 책임을 두사충에게 물어 그를 참수하라 명하였다. 이때 접반사로 이여송군에 파견되어 있던 조선 관리 이시발(李時發, 문과, 병조판서, 증영의정)은 이여송에게 찾아가서 두사충의 사형을 중지하도록 설득하였다. 두사충을 사형시키면 왜군을 도와주게 되어 명군에게는 손해이며, 특히 '앞으로는 누가 진지를 구축할 것인가'라는 문제를 제기하였다. 이시발의 의견대로 이여송은 두사충을 살려주었다. 이에 두사충은 碧梧 이시발로부터 목숨을 구제해 준 은혜를 입었다.

두사충은 이시발에게 찾아가서 청하였다.

"공이 나를 살려주신 은인입니다. 소생이 배운 것은 지리地理밖에 없으니 좋은 터나 찾아드리고자 합니다."

이시발은 감사하지만 조정일이 있어서 동행하지 못하니 아우인 시득(時得, 무과 급제, 豊川부사)을 동행하게 하였다.

이시득은 두사충을 따라 한양에서 충청도 진천 초평까지 이백십리 길을 산천을 살피면서 내려왔다. 두사충은 두타산 산자락에 앉아서 "한양에서 여기까지 내려오는 동안에 여기가 가장 좋은 듯합니다. 지역은 와우형臥牛形이고, 여기에 터를 잡으면 '不農不商三百年基地'가 될 것입니다."

그리하여 이시발의 후손은 여기로 이주하여 정착하였다. 진천군 초평면은 와우형 즉 소가 누워있는 모습에서 나온 이름이다. 소에게는 풀草이 있어야 하는데 풀밭草坪이 바로 와우형국의 안쪽이다. 이곳의 경주 이씨는 영상 좌상 8판서를 배출하였으며, 이시발의 두 아들은 경주 이씨 두 파(화곡, 춘전)의 중시조가 되었다.

이시득은 두사충에게 청하였다.

"이곳은 형님의 기지가 될 곳이니 수고스럽지만 제가 정착할 곳도 잡아주십시오"

"어떤 자리를 구하십니까"

"제 후손들이 조정에 나가 고관대작으로 이름을 날리느니 보다는 조용한 곳에서 학문이나 연마하는 것으로 족합니다."

두사충은 진천 초평에서 걷기 시작하여 칠십리 길을 간 후에 멈춘다.

"여기가 적당합니다. 고관대작은 아니지만 부富는 떨어지지 않을 것입니다."

그곳은 현재 청원군 남일면 고은리高隱里이다. 이시득은 벼슬을 버리고 이곳 청원에 은거하였다. 그의 후손은 이곳에 정착하여 관직에 뜻을 두지 않고 학문 강론에 여념이 없었다. 이를 두고 사람들은 이곳을 '高士隱居之地'라 하였는데, 이것이 줄어 현재의 고은리高隱里로 되었다.

그 후 명군이 중국으로 돌아갔으나, 두사충은 조선에 귀화하여 대구시 수성구 만촌동에 정착하였으며, 그의 묘는 그들의 세거지인 만촌동 형제봉 산자락에 있다.

두타산 초평의 쌍오정

저자는 2004년 봄에 지인들의 간청으로 저자의 15-13대조 산소를 공개한 적이 있다. 사실은 그때까지도 선고의 강력한 요구에도 불구하고 선대 산소에 무관심하였기에 그 산소엘 단 한 번도 가본 적이 없었다. 그런데 산소를 공개할 수밖에 없는 입장이 되자, 전국 각처에서 온 약 20여 명의 풍수사들에게 자진해서 공개했다. 산소에서 길흉화복을 평하는 것이 불경(?)스러울까봐 스스로 가승보를 조사 분석하여 미리 정보를 제공하였다.

저자의 15대조는 증좌찬성 梧村公이며, 14대조는 병조판서 증영의정 碧梧公이다(이들을 기념하는 雙梧亭이 초평면 지전리에 있다). 벽오공은 사육신인 취금헌 박팽년의 외손자인 再思堂 원黿의 증손자인데, 재사당은 영남사림의 태두인 점필제 김종직의 제자라는 이유로 무오사화 때 귀양을 갔다가 갑자사화 때 사약을 받았으며, 중종 때 신원되었다. 그래서 그의 형제와 아들과 손자들은 모두 벼슬을 버리고 산 속으로 숨었다. 그의 증손들은 세상 밖으로 나와 학문을 연마하였는데, 아쉽게도 오촌공은 재능을 마음껏 발휘하지 못한 채 25세의 젊은 나이로 세상을 떠났다. 그의 아들인 벽오공은 21세에 대과 급제,

22세 출사, 30세 경상감사 등등으로 화려하게 지내다 광해군의 인목대비 폐비에 반대상소를 올리다 귀양을 갔다. 인조반정으로 병조판서에 복귀했다가 이듬해 이괄의 난을 평정한 후에 바로 병사하였다. 그의 여섯 아들 중에서 2, 3, 5자는 대과에 급제하였는데, 이 중 3자는 장원을 하였고, 4자는 무과에 급제하였다. 그런데 특기할만한 것은 1~3자는 적자이지만, 4~6자는 서자라는 사실이다. 물론 서자가 문과에 급제하였다는 사실에 놀랄 필요는 없다. 자세한 내용은 저자의 저서 '한국역사를 뒤흔들었던 여성들(도원미디어, 2002)'에서 확인하면 된다. 3자의 호는 화곡인데, 그와 아들 손자 등 3대에 걸쳐 3정승 1문형 8판서가 나왔다. 그래서 그들 후예는 화곡공파로 분파하였다. 저자의 선조일족은 어쩔 수 없이 서자이면서 과거에 급제하고 병자호란에서 전사하신 참의공의 높은 뜻을 기려 참의공파로 분파하였다. (남들은 알아주지 않지만, 저자는 이런 선조를 매우 자랑스럽게 생각한다) 그래서 재사당공, 벽오공, 참의공 등과 고종 때의 헤이그 밀사사건의 주인공인 이상설공의 높은 뜻을 기려 진천은 충렬의 고장이 되었다(비록 저자는 경북 고령 출신이지만 이것 역시 자랑스럽게 여긴다).

저자가 갑자기 이 저서의 집필의도에 맞지 않게 가계도를 설명하는 것은 이 모든 것이 두타산자락에 있는 음택과 그곳의 기지에서 비롯된 것으로 망상할 수도 있기 때문이다. 이런 생각에 바탕을 두고 선조의 음택을 분석하고자 한다. 다만 저자의 알량한 자존심은 선조의 음택을 감히 평하지 않으며, 음택 전역을 조사함을 허락하지 않는다.

혈판의 평가

혈판에는 오촌공(상), 벽오공(중), 몽령공(하) 등 3대가 자리하고 있는데, 자력분포는 상하의 세로방향과 입수부위만을 조사하였다. 세로방향으로 측정한 결과는 [그림 6-18]인데, CD구간은 오촌공, BC구간은 벽오공, AB구간에는 몽령공의 자리이다. 자력이 A에서 D로 갈수록 점차로 증가하는데, 이는 혈판의 D가 높고 A가 낮다는 것을 뜻한다. 즉 혈판은 묘의 뒤에서 앞으로 경사져 있으며, 혈판은 단일 암반이다. CD와 BC구간에서는 자력의 변동(fluctuation)이 작으나 AB구간은 변동이 심하다. 이는 최소한 AB구간은 동일한 암반이지만 균열이나 파단면이 존재하는 곳이므로 혈판으로서는 부적합하다는 의미이다. 따라서 이 결과들로부터 평가하면 다음과 같은 결론을 내릴 수

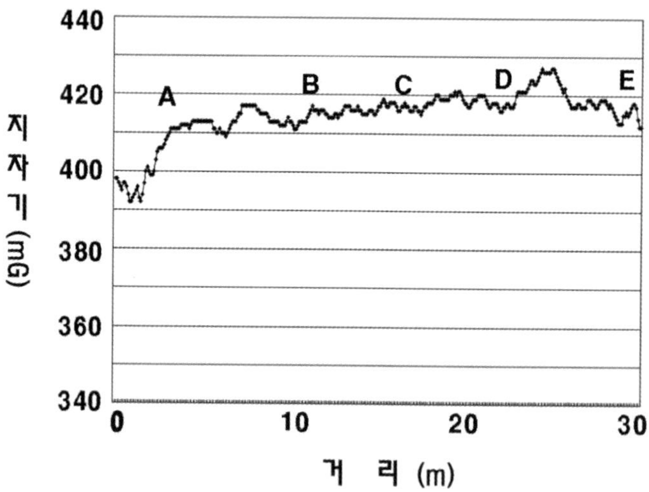

<그림 6-18> 오촌공 산소에 대한 혈판조사

있다.

① CD, BC 구간은 혈판이 앞쪽으로 약간 경사져 있으며, 혈판으로서의 조건인 단일암반으로 이루어져 있다.

② AB구간은 BCD구간과 동일한 암반이지만, 내부에 균열이나 파단면과 같은 결함을 지니고 있으므로 혈판으로 성립되지 않는다.

③ BCD구간이 혈판이므로, AB구간은 (+)/(−)피크 쌍이 존재하는 BCD혈판의 전순에 해당한다.

DE구간은 혈판 BCD의 입수에 해당하는데, 이를 확인하고 혈판의 굴곡형태를 관찰하기 위해서 이 부분을 정밀조사 하였다. [그림 6-19]가 그 결과인데, 지금까지와는 조금 다른 형태를 보여준다. 위쪽 그림 (A)에 있는 측면도에서 자력은 좌측이 높고 우측으로 갈수록 점차로 낮아진다. 이는 혈판의 좌측이 높고 우측이 낮다는 것을 의미한다.

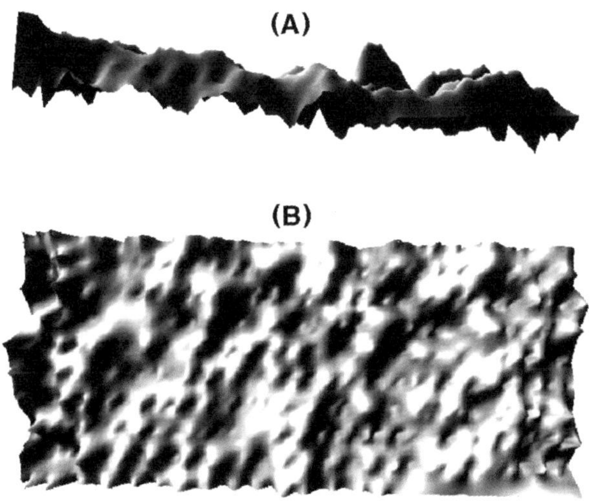

<그림 6-19> 그림 6-18의 입수에 대한 자력분포

[그림 6-18]과 [그림 6-19]를 종합하면 혈판은 좌측과 위가 높고 우측과 아래가 낮은 형태의 평판이다. 균열이나 파단면과 같은 암반의 내부결함도 입수의 좌측에만 존재하며, 그 나머지에는 내부결함이 존재하지 않으며 풍화가 균일하게 진행된 것을 알 수 있다.

이상의 결과들을 명혈의 조건과 비교하면 다음과 같다.

① 혈판은 단일 암반 위에 조성되어 있다.

② 혈판이 위치한 암반 내부에는 구조적인 결함이 전혀 없다.

③ 혈심에서는 풍화가 균일하게 진행되고 있다.

④ 혈심이 위치한 암반의 표면은 평평하다.

⑤ 혈판은 주위보다 약간 높아야 하는데, 주위와 같은 높이이다.

⑥ 혈심은 혈판의 중앙에 위치하되, 주위에 비해서 약간 낮은 것이 좋은데, 실제로는 차이가 없다.

이상의 평가로부터 이 혈은 명혈이 되기 위한 8가지 조건 중에서 4가지를 만족하고 있으므로 뛰어난 혈임에는 분명하지만 명혈로서는 부족한 점을 지니고 있다.

(5) 경남 산청

경남 산청, 합천, 함양, 거창 지역은 북으로 가야산, 서로 지리산, 서북으로 덕유산과 남덕유산 등으로 둘러싸여 많은 혈을 보유하고 있다고 한다. 이 지역은 저자가 살고 있는 곳에서 접근도 용이하지만, 실제로 조사 연구할 만한 혈들을 어느 지역 못지않게 많이 보유(?)하고 있다. 예로부터 영남의 인물은 안동과 함양에서 찾는다 하였다. 함양에 이웃한 산청은 지리산 산자락에 있으며, 산고수려한 지역이다.

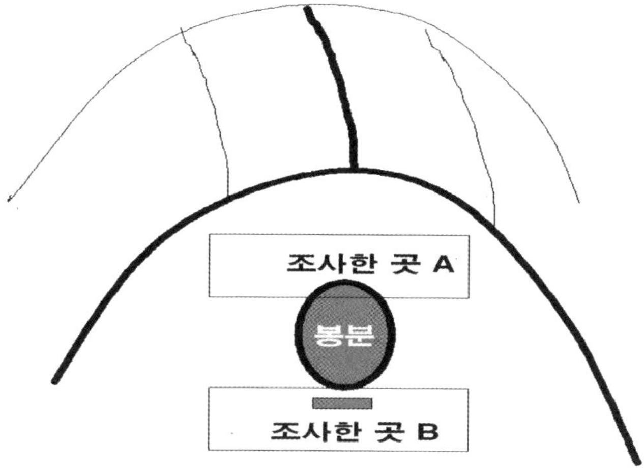

<그림 6-20> 경남 산청의 명혈

풍수와 인물이 어떤 관계가 있는지는 아직 과학적으로 밝혀진 바는 없지만, 조선왕조에는 남명 조식선생을 비롯한 많은 인물들이 산청에서 나왔다. 미국의 작가 나다니엘 호손은 '큰 바위 얼굴'에서 매일 장엄한 바위를 보면서 바위 같은 심성을 키운 그가 지역의 일꾼이 된다는 내용을 기술했는데, 동서를 불문하고 환경이 그곳에 사는 사람들의 인성을 좌우할 것이라는 생각을 가지고 있는지도 모른다.

[그림 6-20]은 거의 알려지지 않은 혈이지만, 탐사를 통해서 대단히 우수한 혈로 밝혀진 경우이다. 이 혈은 경남 산청군에 있는데, 수백년간 이곳에 있던 산소는 서울에 있는 후손들의 가족묘원 조성으로 인해서 몇 년 전에 수도권으로 옮겨지고 지금은 새로운 주인이 자리하고 있다. 음택이 비탈진 곳에 위치하여 봉분의 위쪽과 앞쪽은 조사하였지만 봉분 위는 조사하지 못했다.

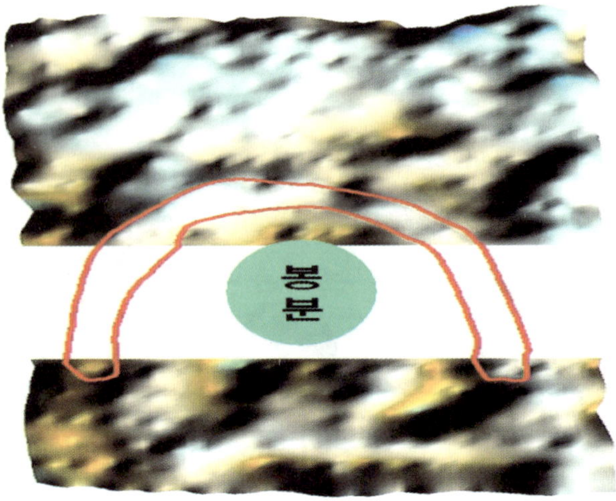

<그림 6-21> 그림 6-20의 혈에 대한 자력분포

[그림 6-21]은 조사한 자력분포의 입체형 분포인데, 여기서 밝은 색은 높은 자력을 나타내고, 어두운 색은 낮은 자력을 나타낸다. 봉분 위쪽에서는 약간 특이한 형태를 보이고 있는데, [그림 6-4]에 나타나 있는 광주 이씨 시조 묘의 봉분 위쪽에서의 분포와 거의 유사하다. 물론 광주 이씨 시조 묘의 경우에는 그 폭이 20여m나 되지만 여기서는 약 10m 정도에 지나지 않는다. 광주 이씨 시조 묘는 봉분 바로 위쪽에 풍화된 지하 암반에 의해서 나타난 자력분포도에서 높은 자력을 가지는 폭 50-100cm정도의 넓은 띠가 둥근 원형을 그리며 봉분주위에 배열되었는데, 마치 여러 개 동심원의 중심에 혈심이 위치하는 형태를 보였다.

이 혈의 입수지역에는 두 겹 이상의 둥근 능선이 배열되어 있고, 봉분 우측에 세로로 높은 능선이 길게 발달해 있다. 세로방향의 긴 능선은 매우 특이하다. 그런가 하면 혈심 바로 앞에 파단면과 열린 파구가 존재한다.

평가

혈을 판정하는 기준을 다시 자세히 살펴보자. 우선 혈이 되기 위해서는 '① 혈판은 단일 암반 위에 조성된다, ② 혈판이 위치한 암반 내부에는 구조적인 결함이 전혀 없다'는 조건을 만족하는지를 확인해야 한다. 이 음택에 대한 자력의 등고선 분포인 [그림 6-22]를 보면 파단면이나 균열이 연결된 것을 찾을 수 없다. 그래서 이 음택은 혈로서 요구되는 두 가지 조건을 만족하므로 혈이라 할 수 있다.

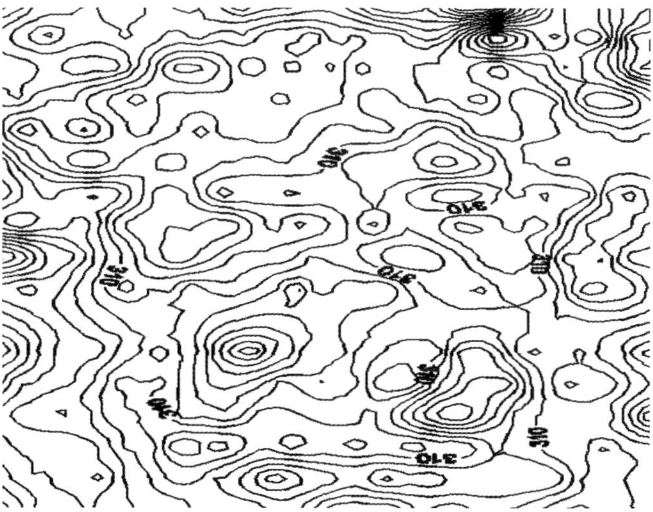

<그림 6-22> 그림 6-21에 대한 등고선 분포

다음은 혈로서의 우수성을 판정하는 단계이다. 각 조건을 다시 기술하면, '③ 혈심에서는 풍화가 균일하게 진행된다, ④ 혈심이 위치한 암반의 표면은 평평하다, ⑤ 혈판은 주위보다 약간 높다, ⑥ 혈심은 혈판의 중앙에 위치하되, 주위에 비해서 약간 낮다' 등인데, 이에 대해서는 분석을 신중하게 하지 않으면 오판의 여지를 남길 수 있다. [그림 6-22]에서 봉분 주위에서는 (+)/(−)피크 쌍을 발견할 수 없으며, [그림 6-21]과 그물형 분포인 [그림 6-23]에서도 피크 쌍을 발견할 수 없으므로 조건 ③인 '혈판에서 풍화가 균일하게 진행되고 있음'을 확인할 수 있다. [그림 6-24]는 측면에서 본 자력분포인데, 봉분이 위치하는 곳의 암반 표면은 평평한 것으로 추측되는데, 이는 전면에서 본 암반의 형상인 [그림 6-25]에서도 확인할 수 있다. 그리고 암반은 봉분 뒤쪽이 약간 높고 앞쪽이 낮아서 뒤에서 앞으로 경사져 있음을 알

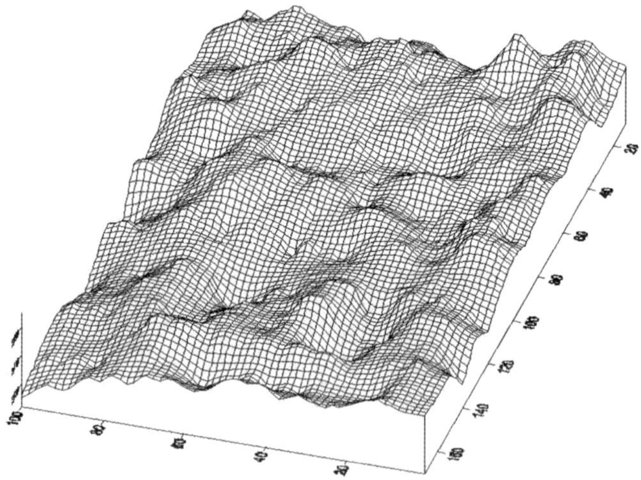

<그림 6-23> 그림 6-21에 대한 그물형 분포

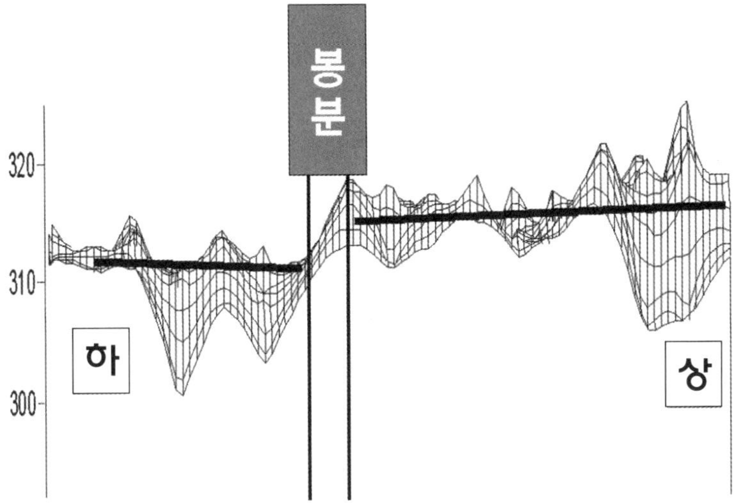

<그림 6-24> 그림 6-21의 측면 분포

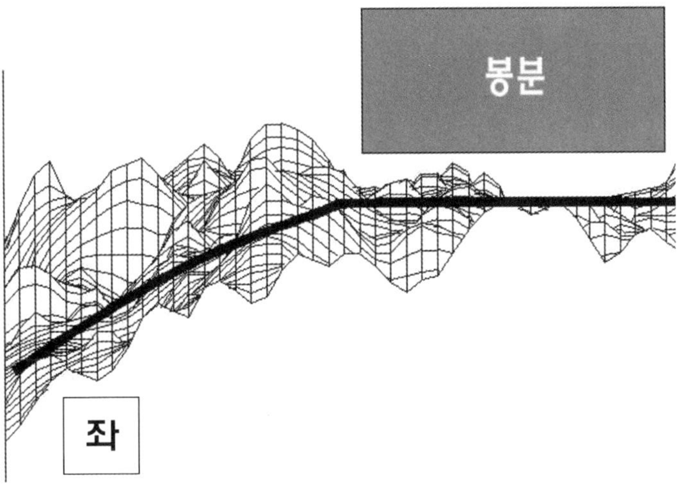

<그림 6-25> 그림 6-21의 전면 분포

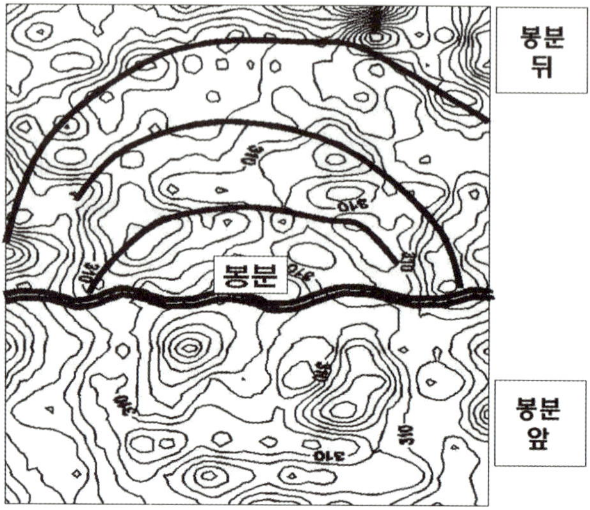

<그림 6-26> 그림 6-22의 명혈도 분포

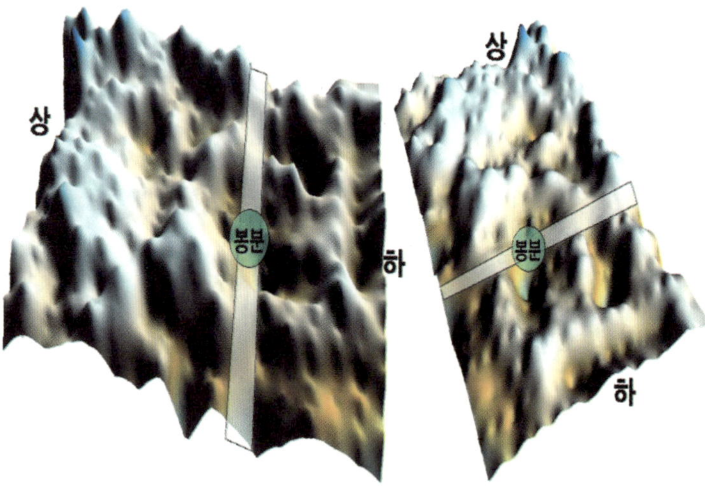

<그림 6-27> 그림 6-26의 입체형 분포

알 수 있다. 또한 암반은 봉분이 있는 가운데가 약간 높고 양쪽이 낮은 형태이고, 더욱이 봉분이 위치한 혈심은 주위에 비해서 약간 낮은 형태인데, 이러한 사실은 [그림 6-25]에서 명확하게 확인할 수 있다. 이로부터 이 음택은 조건 ④, ⑤, ⑥들을 모두 만족한다.

최종적으로 이 혈이 명혈인지를 확인하는 것만 남았다. 조건 ⑦과 조건 ⑧은 '혈의 암반표면은 명산도와 같은 분포를 이루어야 하고, 혈심 앞에는 내부결함(균열이나 파단면)이 존재하여야 한다'이다. 이러한 사실은 등고선 분포에서 가장 명확하게 확인된다. [그림 6-22]를 다시 나타낸 등고선 분포가 [그림 6-26]인데, 이 분포에서 조건 ⑦과 조건 ⑧을 조사하자. 암반 표면의 능선을 이으면 봉분을 둘러싼 3~4개의 반원형 곡선이 나타난다. 그리고 봉분 앞에는 두 개의 짧은 균열이 존재하는데 이것은 새로운 파구에 해당한다. 이 균열 아래쪽에 독립된 암반의 표면 능선이 있음도 확인된다. 이처럼 혈의 암반 표면은 혈심을 중심으로 명산도와 같은 형태를 하고 있고 파구를 만드는 내부결함도 존재하는데, 이로써 조건 ⑦과 조건 ⑧도 만족하고 있다.

지금까지 잘 알려지지 않은 혈이 명혈로 밝혀진 것은 전혀 의외의 일이다. 다만 지금 이 혈은 규모면에서 광주 이씨 시조 묘의 절반의 크기를 가지고 있으며, 혈심을 둘러싼 암반표면의 능선 수가 적다는 차이점이 있다. 이 혈의 암반표면을 좀 더 입체적으로 나타내면 [그림 6-27]과 같다. 이 두 그림은 암반을 쳐다보는 각도가 다른데, 이로부터 혈의 형태적 특징을 면밀하게 확인할 수 있다.

(6) 경남 합천댐 안

경남 합천은 산청, 함양, 거창과 이웃한 경남 서북지역의 경관이 수려한 지역 중의 하나이다. 일찍이 삼국시대에는 신라 무열왕 김춘추의 사위 품석이 백제의 침략에 성을 사수한 바 있는 유서 깊은 곳이다. 수십 년 전에는 이곳을 흐르는 황강의 홍수피해를 막기 위해서 합천댐을 만들었는데, 그로 인해 많은 곳이 수몰된 바 있다. 그럼에도 불구하고 역사를 자랑하는 수몰되지 않은 음택들이 댐 지역 안에 있는데, 그 중의 한 음택에 대해서 자력탐사를 하고 그 결과를 분석하였다. 이 음택은 원래 수백 년 동안 보전되어 오다가 최근에 가족묘원을 조성하느라고 이장된 곳인데, 그 곳에다 어떤 이가 새로 산소를 조성하였다. 풍문에 의하면 산소 조성 후 2년 내에 어마어마한 부를 축적

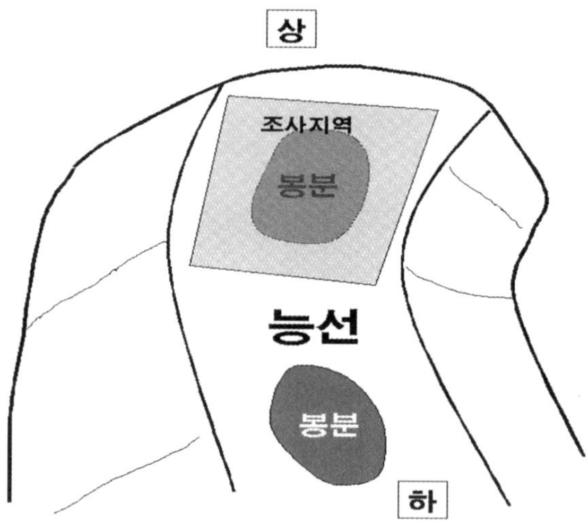

<그림 6-28> 경남 합천댐 안에 있는 혈

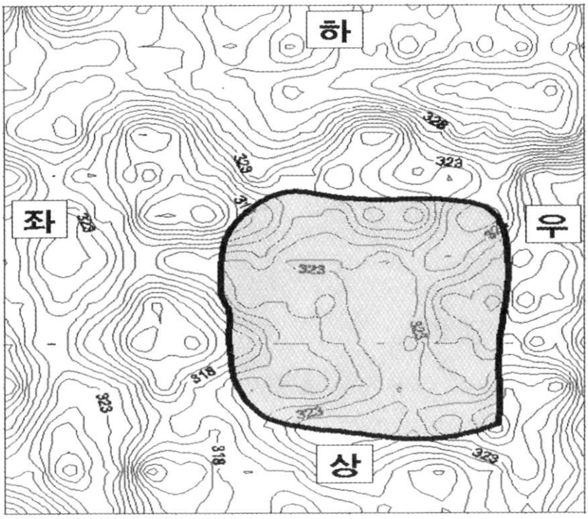

<그림 6-29> 그림 6-28의 혈에 대한 자력분포

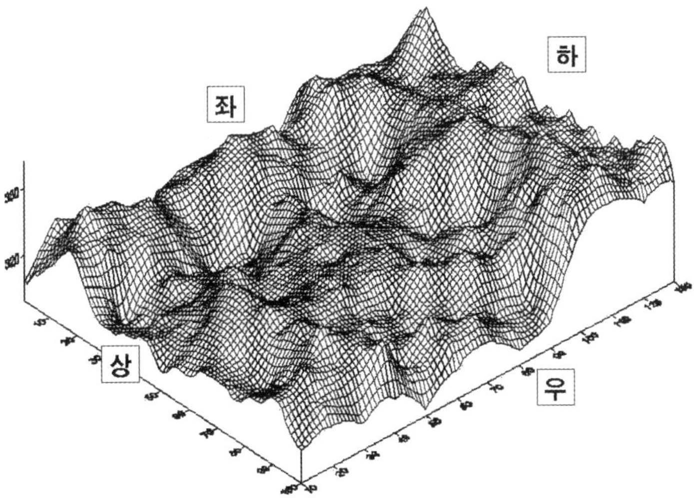

<그림 6-30> 그림 6-29의 그물형 분포

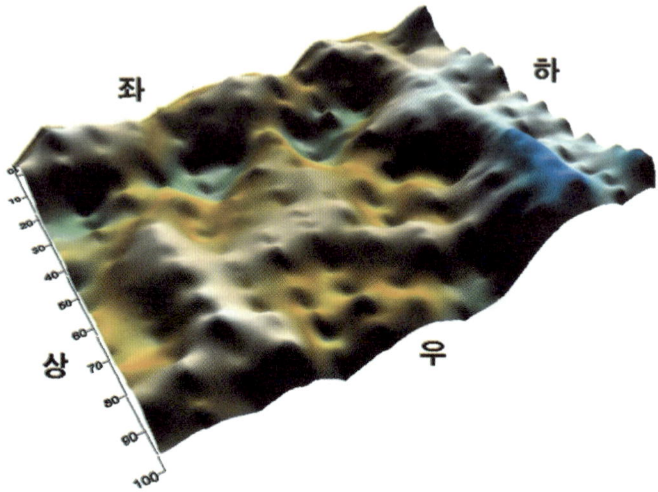

<그림 6-31> 그림 6-29의 입체형 분포

했다는 믿거나 말거나 한 이야기도 있다.

[그림 6-28]은 합천댐 안의 호수를 내려다보는 능선에 위치한 많은 음택들 중에서 좋은 혈로 판명이 난 곳의 개략적 위치를 나타낸 것이다. 봉분을 포함한 직사각형의 면적에 대하여 조사하였는데, 그 크기는 가로 10m, 세로 10m 정도이다. 자력의 등고선 분포를 나타내면 [그림 6-29]와 같이 되는데, 가운데 회색으로 칠해져 있는 부분은 자력의 강도가 거의 같은 평탄지역에 해당한다. 암반 표면의 형상을 파악하기 위해서 그물형 분포와 입체형 분포를 [그림 6-30]과 [그림 6-31]에 나타내었다. 봉분의 위쪽과 좌측 및 앞쪽은 봉분이 있는 곳에 비해서 약간 높으며, 암반의 표면은 마치 중심인 봉분 둘레를 담장으로 둘러싼 것과 같은 형상을 하고 있다.

평가

봉분이 있는 곳의 암반은 단일 암반이며, 구조적 결함이 내부에 존재하지 않으므로, 이곳은 혈의 조건을 만족하고 있다. 능선에 있으므로 혈심은 당연히 주위에 비하여 약간 높은 곳에 위치하고, 주위에 비해 약간 낮으며, 풍화가 균일하게 진행되고 있으며, 혈심은 평평하게 이루어져 있으므로, 조건 ③~⑥을 모두 만족한다.

이제 이 혈이 명혈인가 하는 문제가 남아있다. 우선 '지하 암반의 표면 형상이 명혈도와 같은가'라는 점에 대해 확인할 수 있는 자료가 충분하지는 않지만, 현재의 자료로부터 판단할 때 명혈 조건을 만족하기에는 다소 불충분하다 할 수 있다. 다음으로 파구로 작용할 수 있는 결함과 파구가 조성되어 있는가에 대한 분석을 해보자. 이 혈의 경우에는 파구 쪽이 열려 있지 않고 능선이 막혀 있으므로 이 조건 ⑧도 만족하지 않는다.

이상의 분석결과들을 종합하면 다음과 같은 결론을 내릴 수 있다. 이 음택은 혈임에 확실하며, 조건 ③~⑥들도 만족하는 아주 우수한 혈이다. 그러나 아쉽게도 명혈에서 요구되는 조건은 충족되지 않는다.

(7) 경남 함양

경남 함양은 서로는 지리산, 북으로는 남덕유산과 덕유산, 북동으로는 멀리 가야산으로 둘러싸여 있는데, 예로부터 경북 안동지방과 쌍벽을 이룰 정도로 많은 인물들을 배출한 곳이다. 이곳에서는 3개의 성씨 외에는 행세를 못할 정도로 훌륭한 인재들이 많이 나올 정도로 산이 웅장하면서도 아름답다. 주위의 다른 지역은 웅장하면 아름답지 못하고, 아름다우면 장중한 맛이 없는데, 이곳만은 유독 두 가지를 동시에 지니고 있다. 일부 풍수가들에 의하면, 이곳의 땅 빛이, 색깔이 다르다고 한다. 저자는 땅의 색깔이 무엇인지, 빛이 무엇인지를 모르기 때문에 이 말에 대한 평을 할 수는 없지만, 이 말은 아마도 이곳에서 나온 많은 훌륭한 인재들 때문에 이곳이 높게 평가 받는다는 뜻으로 해석할 수 있다. 이쯤 되면 이곳의 혈에 대해 관심이 생긴다.

[그림 6-32]는 가로 18m, 세로 10m의 직사각형 음택에 대하여 자력분포를 조사한 결과를 등고선 분포로 나타낸 것이다. 이곳은 약 400여년 전 조선 중기에 조성된 음택인데, 약 5년 전에 수도권으로 이장되어 지금은 다른 주인이 이곳을 차지하고 있다. 그 당시의 입장에서 본다면 아마도 호랑이가 출몰했음직한 첩첩산중이 그곳이었다. 지금

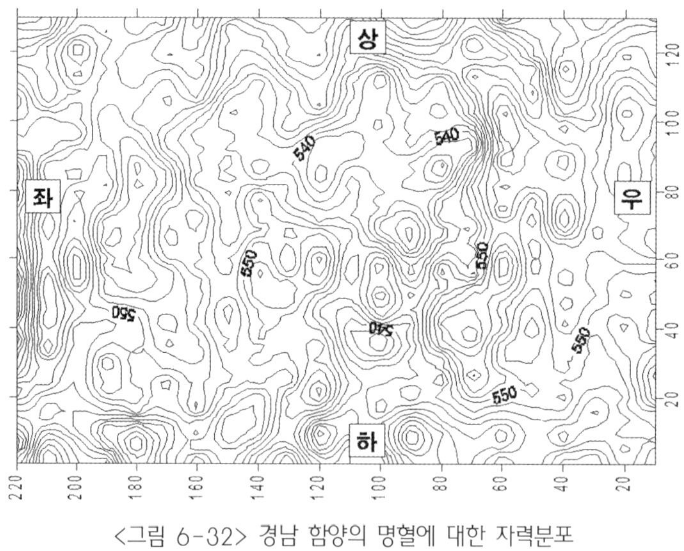

<그림 6-32> 경남 함양의 명혈에 대한 자력분포

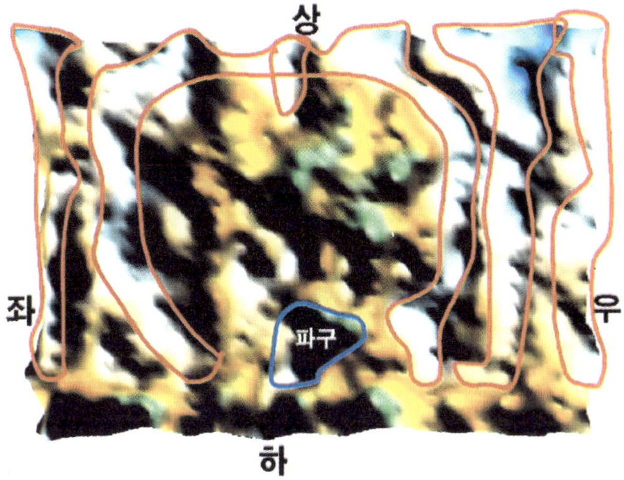

<그림 6-33> 그림 6-32의 입체형 분포

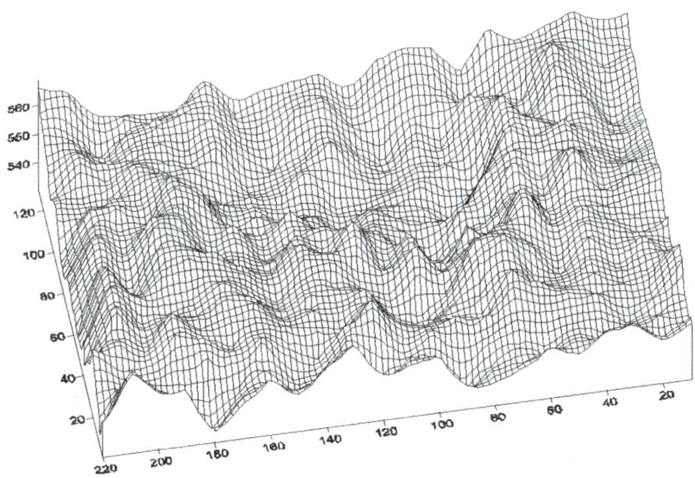

<그림 6-34> 그림 6-32의 그물형 분포

이야 교통이 발달하고 문명이 발달한 관계로 접근이 용이하고, 별로 깊은 산중이라는 생각이 들지 않지만, 그래도 휴대 전화가 힘겹게 연결될 정도로 깊은 산중이다. [그림 6-32]를 바탕으로 입체형 분포와 그물망 분포를 만들었는데, 그 결과는 [그림 6-33]과 [그림 6-34]에 있다. 봉분이 위치한 중앙을 둘러싼 밝은 원형은 암반의 표면이 높은 능선을 나타내고, 어둡게 나타난 곳은 자력이 낮고 암반의 표면이 주위보다 낮은 곳을 나타낸다. 봉분의 우측에는 3개의 능선이 봉분을 둘러싸고 있는 것을 알 수 있으며, 이 능선들은 모두 봉분 앞쪽에서 끊어져 있다. 즉 능선이 봉분 앞에서 서로 닫히질 않고 열려 있다.

각도를 달리하여 나타낸 [그림 6-35]에서 능선의 형상을 좀 더 자세하게 관찰할 수 있다. 3개의 능선이 봉분을 둘러싸고 있으며, 앞쪽은 열려 있고 균열이 있어 새로운 파구를 만들고 있다. 새로 산소를 조성

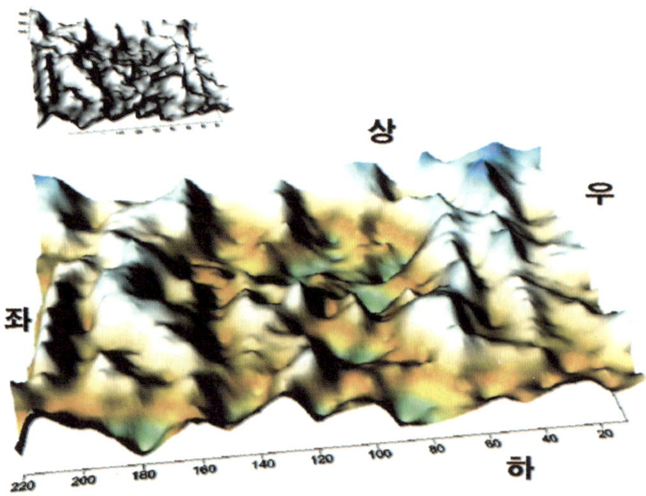

<그림 6-35> 명혈도를 분명하게 드러내는 암반의 표면

할 때의 보고서에 의하면 봉분 주위를 둘러싼 암반의 능선과 바닥 간에는 약 1m 가량의 높이차이가 있었다고 한다. 따라서 약 1m 가량의 바위 담장이 봉분이 위치하는 중앙을 둘러싸고 있는 셈이다. 암반 표면의 외형으로만 판단하면 이곳이 어쩌면 명혈이 될 수 있을 것이라는 가능성을 가지고 있다.

평가

음택을 평가할 때는 물론 정해진 순서로 행해야 한다. 그래야만 음택의 품위를 객관적으로 판단할 수 있기 때문이다. 그러면 평가를 시작해 보자. 봉분이 위치한 곳에서는 (+)/(−)피크 쌍들이 전혀 존재하지 않기 때문에 이 음택이 단일 암반으로 구성되어 있다는 것은 이론의 여지가 없다. 마찬가지로 같은 곳에 있는 암반 내부에는 구조적 결함이 존재하는 피크 쌍이 발견되지 않는다. 따라서 이 자리는 조건 ①과 조건 ②를 만족하므로 혈로 판단된다.

다음 단계로 혈의 품위를 판단하기 위해서 조건 ③~⑥을 다시 명시한 후에 하나씩 판정해 보자. 각 조건들은 다음과 같다.

③ 혈심에서는 풍화가 균일하게 진행된다

④ 혈심이 위치한 암반의 표면은 평평하다.

⑤ 혈판은 주위보다 약간 높다.

⑥ 혈심은 혈판의 중앙에 위치하되, 주위에 비해서 약간 낮다.

혈심에 해당하는 암반표면에 있는 담장모양의 능선으로 둘러싸인 내부, 즉 혈심의 상태가 혈의 품위를 결정하는 데 가장 중요하다. 먼저 혈심을 살펴보자. 혈심 위쪽은 그런대로 평평하지만, 아래쪽은 좀 특이하다. 이를 자세히 파악하기 위해서는 등고선 분포를 정밀하게 분석할 필요가 있다. [그림 6-36]은 [그림 6-32]를 정밀 분석한 것이다. 혈심의 위쪽은 평평한 분포를 보이는바, 균일하게 풍화가 진행되고 있음을 알 수 있는데, 혈심의 아래쪽은 아직도 풍화가 진행되고 있어 토양층 속에 아직 흙이 아닌 작은 바위나 돌들이 발견될 수 있다. 실제로 이곳을 정비할 때 저자도 참석하여 관찰하였는데, 예측대로 20cm 내외의 작은 돌들이 몇 개 출토되었다. 즉 암반에 연결된 바위나 암반의 표면이 아니라 토양 속에 풍화가 아직 진행 중인 작은 돌들이 존재하였다. 따라서 혈심 전체적으로 판단하면 풍화는 균일하게 진행되고 있다. 물론 혈심은 평평한 표면을 가진다. 이 암반은 [그림 6-2]와 같으며, 산의 능선에 혈이 조성되어 있어 혈심은 주위에 비해서 높다. 혈심은 담장으로 둘러싸여 주위보다 약간 낮다. 이상의 분석

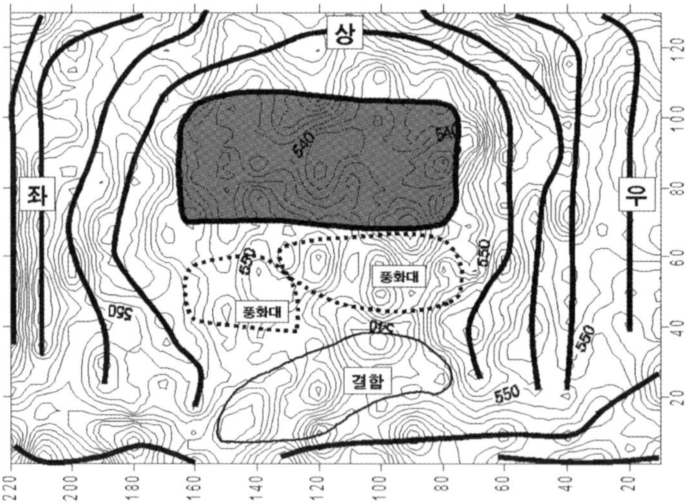

<그림 6-36> 그림 6-32에 대한 명혈도 분석

결과는 이 혈이 조건 ③~⑥을 모두 만족하고 있다는 것을 보여준다.

마지막으로 이 혈이 '명혈에 해당하는가'를 평가하는 것만 남았다. 혈이 있는 지하 암반의 표면이 명산도와 같은 형상을 하는가와 파구의 형성 여부 및 새로운 파구로서 내부결함의 존재 여부 등 세 가지를 확인하여 명혈 여부를 판단하는 것이다. 우선 등고선 분포에서 많은 능선이 존재하는가를 알아보자. [그림 6-36]에서 혈심을 둘러싼 능선은 3-4개로 확인되며, 이들은 모두 입수부위에서 만나는 것으로 추정된다. 물론 이 능선들은 혈심 앞에서 닫히지 않고 모두 열려 있는데, 이로 인해서 능선들은 서로 연결되지 않고 독립적으로 존재하여 파구를 형성하고 있다. 또한 혈심과 파구 사이에 (+)/(−)피크 쌍이 2곳 발견되는데, 이것은 균열이나 파단면에 해당하는 것으로 작은 규모의 내부결함이다. 이것은 새로운 파구를 만든다.

이상의 분석결과를 정리하면 다음과 같다. 이 음택은 혈로 판정되며, 조건 ③~⑥을 만족할 뿐만 아니라, 명혈로서의 조건 ⑦과 조건 ⑧도 충족한다. 따라서 이 음택은 명혈에 해당하는 것으로 판명된다. 광주이씨 시조 묘에 비하면 혈심을 둘러싼 능선의 수가 적고, 그 면적이 약 1/4정도가 되는 작은 규모의 명혈인 것이다.

좋은 혈처

지금까지는 대체로 상당한 혈들만을 소개했는데, 혈에는 이런 것만 있는 것이 아니다. 중간 품위의 혈도 있고 기초 품위의 혈도 있다. 앞에서 이미 기술하였지만, 99% 이상에 해당하는 거의 대부분의 혈들은 비혈이며, 남은 혈들 중에서 거의 대부분은 기초품위의 혈에 해당한다. 그래서 이제는 이런 혈들을 소개하고자 한다.

(8) 영천군 신령과 용소

대구시와 경북의 경계에는 팔공산이라고 하는 비교적 높은 바위산이 있으며, 경북 영천에는 우리나라 유일의 천문대가 있는 보현산이 있다. 팔공산과 보현산 주위에는 다수의 혈들이 있다고 한다. 이번에는 이 두 산을 연결하는 중앙에 위치한 경북 영천군 신령에 있는 작은 혈을 소개하려고 한다.

[그림 6-37]은 자력분포를 등고선과 입체형으로 나타낸 것이다. 그

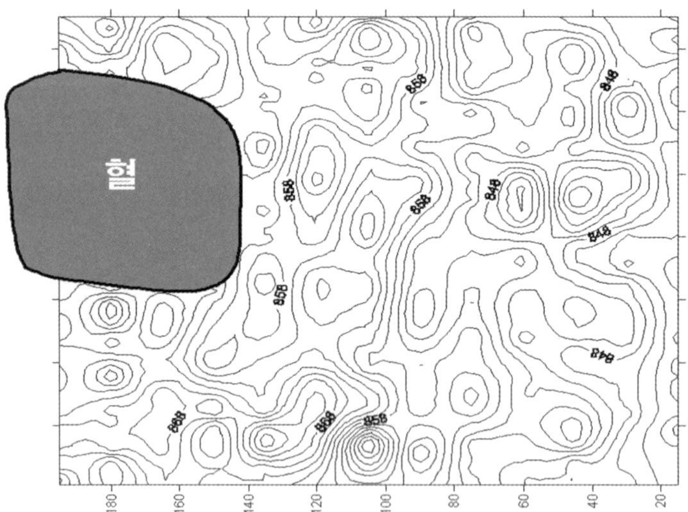

<그림 6-37(a)> 경북 영천 신령의 혈

림 (B)에 있는 선의 중앙에 봉분이 있었다. 원래 이곳에 있던 산소는 200여 년 만에 다른 곳으로 이장을 하였다. 이 그림에서 선 (A)와 (B)는 쌍을 이루는 피크이므로, 이들은 연속된 파단면을 나타낸다. 따라서 지금까지는 봉분이 파단면 위에 놓여 있었던 것이다. 실제의 혈은 그림에 나타나 있는 것처럼 왼쪽 상단부이다.

이곳은 주위에 비해 약간 높으며, 면적은 좁으나 풍화가 균일하게 진행되고 있고, 무엇보다 단일 암반으로 구성됨은 물론 내부에 구조적 결함이 없으므로 혈에 해당한다. 이 외에도 풍화가 균일하게 진행되고 있으며, 혈심이 위치한 암반의 표면은 평평하다. 혈판은 주위보다 약간 높다. 혈심은 혈판의 중앙에 위치하며, 주위에 비해서 약간 낮다. 그러나 원래 봉분이 위치하던 곳을 중심으로 조사했기 때문에 명혈로서의 조건을 만족하는지는 판단할 수 있는 자료가 없다. 그래

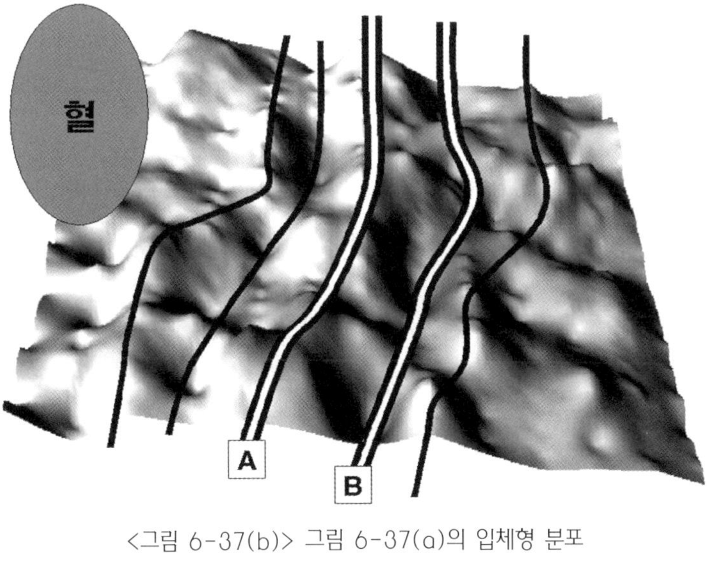

<그림 6-37(b)> 그림 6-37(a)의 입체형 분포

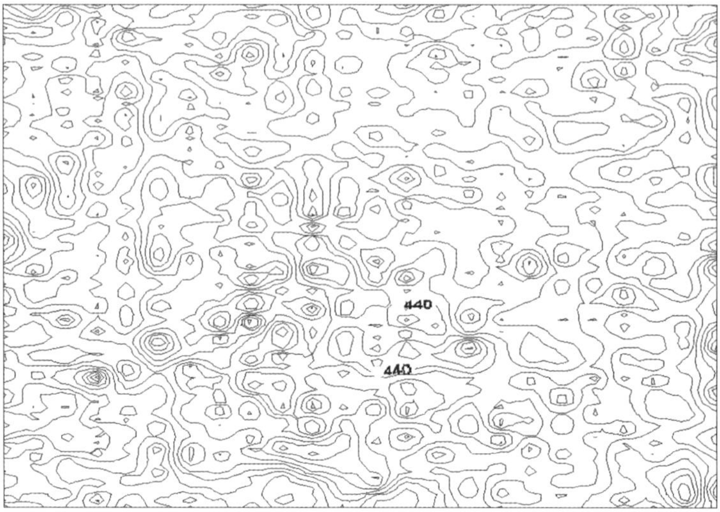

<그림 6-38(a)> 경북 영천 용소의 혈

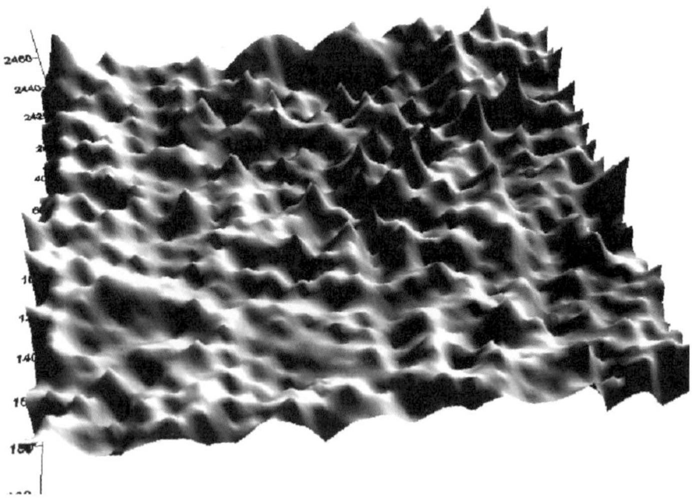

<그림 6-38(b)> 그림 6-38(a)의 입체형 분포

서 좀 더 자세한 조사 분석을 통해서 결론을 내려야 하지만 1~2개의 능선이 관찰되는바 명혈이 될 가능성은 배제할 수 없다.

[그림 6-38]은 경북 영천 용소에 있는 약 200여 년 된 음택에 대해서 조사한 자력분포를 등고선과 입체형으로 나타낸 것이다. 이 음택도 약 5년 전에 이장을 하여 현재는 아무 것도 남아있지 않다. 전체가 단일 암반으로 구성되어 있고, 이 내부에 구조적 결함이 관찰되지 않는 것으로 보아 혈로 판명된다. 풍화도 균일하게 진행되고 있으며, 암반의 표면도 평평하다. 그러나 혈판이 주위에 비해서 높게 조성되지 못하고 같은 높이인 것으로 보이며, 혈심이 중앙에 위치하지 않고 않다. 따라서 이 혈은 조건 ③과 조건 ④만을 만족하는 좋은 혈로 판명된다.

(9) 경기 가평

대구에 거주하는 저자는 경상도 지역을 제외하고는 타 지역에 탐사할 기회가 그리 많지 않다. 특별한 목적이 없는 한 주말에만 간신히 틈을 만들 수 있는바, 탐사기회가 그리 많지 않을 뿐 아니라, 풍수를 전공하는 박사과정 학생들과 동행을 하다보면 시간 조정이 용이하지 않다. 그래서 많은 경우에 대구 인근의 음택에 대하여 탐사를 하고 있다.

호남지방과 중부권의 서쪽은 대체로 노년기 지형이라는 특징을 가지는바, 영남권과는 지형적인 차이를 가지고 있다. 한편 경기도와 강원도가 인접한 곳은 노년기가 아닌 장년기적인 특징을 가지고 있는데, 경기도 가평이 특히 그러하다. 그래서 이번에는 가평의 남이섬 옆에 위치한 어느 음택을 소개하고자 한다. 363번 도로 옆의 능선에 위치한 이 음택은 해발 498m인 주발봉 자락에 있다.

[그림 6-39]는 이곳에 대한 자력분포를 나타낸 것인데, 지금까지의 분포와는 조금 다른 형상을 하고 있다. 능선에 위치한 이곳은 폭(가로)이 약 5m, 길이(세로)가 약 8m 정도 된다. 전체적으로 지반은 단일 암반으로 이루어져 있고, 내부에 구조적 결함이 발견되지 않으므로 혈의 조건을 갖추고 있다. 그리고 등고선 분포에서 굵은 폐곡선으로 나타낸 곳이 혈심에 해당한다. 다른 혈심의 모양은 대체로 원형, 타원형, 다각형 등과 같이 비교적 대칭성을 가지지만, 이곳은 특이하게도 길이가 길면서도 대칭성을 가지지 않는다. 혈심에 해당하는 곳은 주위에 비해서 자력이 낮고 그 변화가 거의 적은 곳인데, 암반의 표면

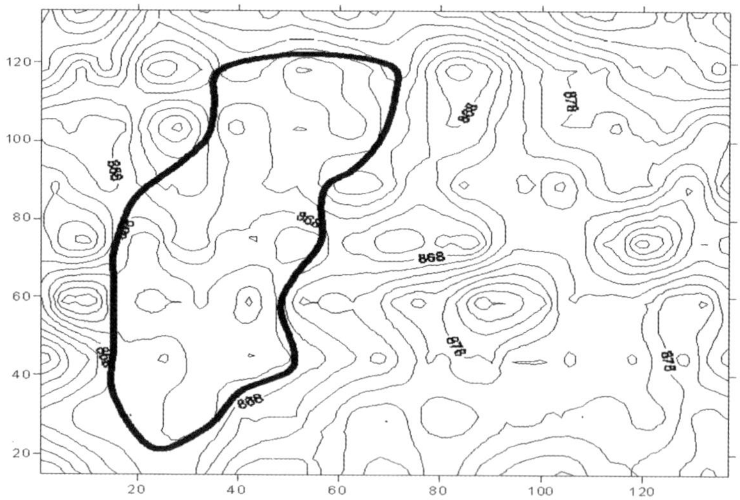

<그림 6-39(a)> 경기 가평의 혈

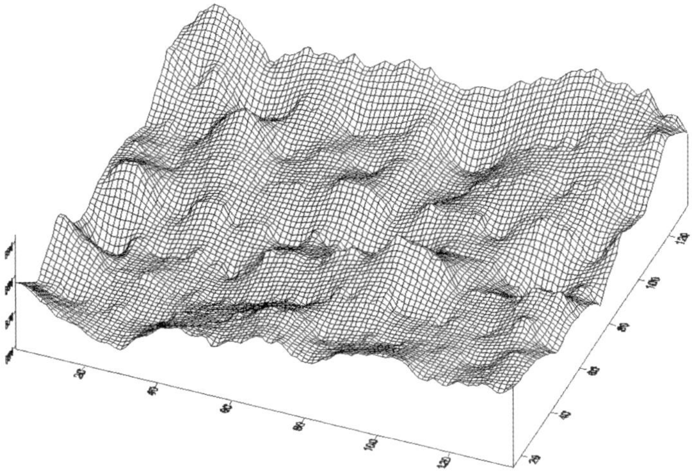

<그림 6-39(b)> 그림 6-39(a)의 그물형 분포

상태가 반반하고 풍화가 균일하게 진행되었으며, 능선에 위치하여 주위에 비해서 높은 곳에 위치하면서도 혈심은 낮은 곳에 있는 특징을 보여준다. 따라서 혈의 품위 면에서는 적어도 ③~⑥의 조건을 만족하고 있다. 아쉬운 점은 혈판이 명혈도의 구조를 하거나 파구를 가지고 있지 못한 것이다. 그래서 이 혈은 대단히 우수한 혈에 해당한다. 그런데 10여 년 전에 이곳에 있던 음택을 이보다 약 15m 아래로 이장을 한 상태로 지금은 빈자리로 남아있다.

(10) 퇴색한 혈

원래는 뛰어난 혈이었다가 지각운동이나 풍화반응에 의해서 암반이 손상되어 혈로서의 기능을 상실할 수 있으며, 그래도 다행스럽게도 뛰

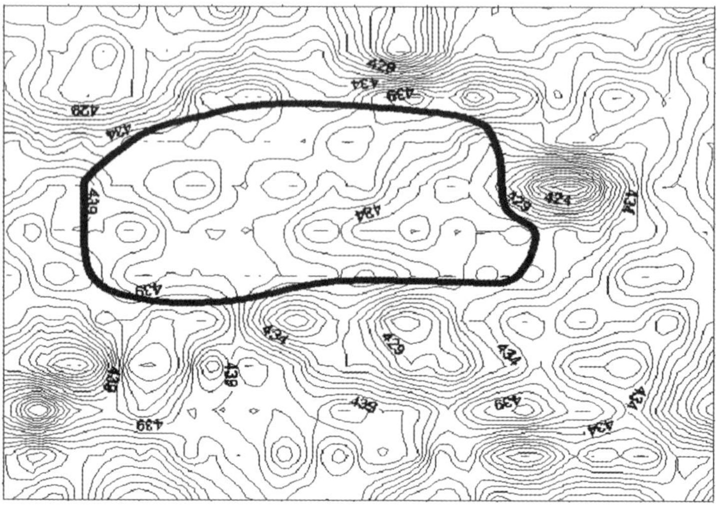

<그림 6-40(a)> 경남 합천 율곡의 혈

<그림 6-40(b)> 그림 6-40(a)의 입체형 분포

어나지는 아닐지라도 혈로서의 자격은 갖추는 경우도 있다. 여기에서는 후자의 경우로서, 명혈은 아니지만 거의 명혈에 가까운 아주 우수한 혈이 풍화반응에 의해서 평범한 혈로 변한 경우를 소개한다.

합천 율곡의 산골짝 깊숙이 자리하고 있는 아주 오래된 음택에 대한 자력탐사결과는 [그림 6-40]에 있다. 이 음택도 약 300여 년 전 조선 중기에 조성된 것으로, 관리상의 어려움으로 최근에 다른 곳으로 이장하여 현재는 비어 있다. 이 음택의 크기는 가로 15m, 세로 15m 정도로 중 정도의 규모이다. 이렇게 큰 규모의 단일 암반 위에 조성되어 있는데, 특이하게도 풍화작용에 의해서 많은 균열이 발생하여 혈심의 일부만이 구조적 결함이 전혀 없는 단일 암반으로 남아 있다. 이 혈이 풍화되기 전에는 아주 우수한 혈에 해당하는 조건 ①~⑥을 모두 충족하였지만, 현재로서는 혈심의 일부가 아직 단일 암반으로 남아 있어 조건 ①과 조건 ②를 충족하는 혈인 것으로 판단된다.

(11) 거꾸로 보는 명혈

이야기

11월 중순부터 4월 중순까지 5개월 동안 매주 토요일과 일요일에 시행되는 야외탐사에는 어떤 특이한 징크스가 있다. 주말의 첫 음택이 좋은 혈처에 해당하면 그날 만나는 음택과 그 다음날 만나는 음택들도 대부분 좋은 혈처가 되는 경우가 대부분이다. 그런데 시작부터 아주 나쁜 음택과 만나면 그 주의 탐사는 대부분 나쁜 음택을 만나게 된다. 주말 이틀간 대략 4~10여 기의 음택에 대한 탐사를 끝내고 나면 몸은 이미 파김치가 되지만, 디지털로 입력된 측정치들을 분석하느라고 약 3일에 걸쳐 씨름을 한다. 그래도 좋은 혈처를 만난 경우에는 분석하는 것이 하나도 힘들지 않을 뿐만 아니라 기분도 상쾌하다. 그렇지만 그 반대의 경우에는 온몸에 피로가 엄습한다. 인간이 감정의 동물이라서 그런 것인지 어떤 때는 참 신기한 느낌이 들 때가 있다.

2005년 2월 중순에는 경북 의성과 영천에 있는 음택들을 조사한 적이 있다. 공교롭게도 모두 다 우리민족의 상잔과 관련된 집안의 산소들이었다. 영천에서는 매우 충격적인 이야기를 들었다. 우리가 조사한 음택의 후손들께서 겪었던 뼈아픈 상처를 간단하게 먼저 소개하고자 한다. 물론 믿거나 말거나 한 이야기이다.

그 산소에는 세 분의 음택이 한 줄로 나란히 배열되어 있다. 이분들의 아드님은 당대에 천석꾼 이상이 되는 갑부가 되었다. 이분들의 후손은 모두 머리가 뛰어나고 영리하며 상당한 수준의 부에 힘입어 해방 전에 이미 일본에 유학을 한 분도 몇 분 있었으며, 몇 분은 서울로 유학을 했다고 한다. 그 후에도 많은 후손들이 대구로 진출하여 명문 고등학교를 졸업하고 서울로, 해외로 유학을 하는 등 모두가 다른 사람들의 부러움을 살 정도로 공부도 잘 했다. 이들에게 불행이 닥친 것은 해방 이후에 민족의 아픔인 좌우익간의 다툼이 시작되었을 때이다. 그래서 그 산소의 손자는 대구사태에서 좌익 지구대의 대장이라는 이유로 총살형으로 별세하였고, 10여 명이나 되는 많은 후손들이 입북하였다. 그곳으로 간 사람들 중에서 어떤 사람은 군에서 출세를 하고, 어떤 이는 높은 당 서열에 오르는 등 상당수가 상당한 지위에

올랐다. 그들이 모두 머리가 뛰어나고 영리하며 공부를 많이 한 인텔리였기 때문이다. 그들의 후손들도 현재 그곳에서 존경받는 사람이 되어 있다고 한다. 이곳에 남은 후손들은 체제 때문에 많은 핍박을 받았다. 명문대학을 졸업해도 장래가 보장되지 않았다. 이제는 사라졌지만 연좌제로 인해서 뜻을 펴 볼 수 있는 기회조차 주어지지 않았다. 1950-60년대에 그들의 재산은 수천 석에 이르렀다. 그러나 이마저 제대로 활용할 수 없었다.

전환기의 최고 충신

우리는 의지가 강한 사람을 '강골'이라는 말로 그 특징을 강조한다. 조선 초기의 사육신이나 일제치하의 의병과 같은 분들을 강골이라 한다. 강골은 아무나 될 수 있는 것이 아니다. 의지만 강하다고 가능한 것도 아니다. 풍수가들은 이런 강골의 후손이 나오는 곳이 별도로 있다고 한다. 주위가 온통 바위산으로 둘러싸인 곳이라 한다. 그러고 보니 저자의 선조 산소도 바위로 둘러 싸여서 강골이 되었을까? 어쨌든 그 산소도 온통 바위들로 둘러 싸여 있다. 거기에다 그 산소는 퇴적암으로 된 바위산 위에 그냥 얹혀 있다. 그것도 봉분 양쪽은 깎아지른 듯한 절벽이다. 우뚝 솟은 절벽 위의 산소 그 자체이다. 그러니 주위의 풍광이 수려하다. 주위를 완전히 제압하고도 남을 기세가 등등한 당당한 산소이다. 천하가 발아래에 놓인 산소인 것이다.

풍수가들에 의하면 전순이 혈심보다 높으면 후손 중에 체제에 승복하지 않는 사람이 나올 가능성이 있다고 한다. 의성에서 탐사를 했던 산소도 좌익인 후손이 몇 있었는데, 전순의 연장선상에 토산이 언덕처럼 있었다. 전순이 혈에 비해 훨씬 높았다. 영천의 그 산소는 퇴적암이 앞으로 치켜들었다. 아주 약하게 작은 각도를 유지하며 치켜들었다. 그런데 이곳은 단층활동에 의해서 산이 만들어졌기 때문에 [그림 4-23]처럼 표면에 바위가 몇 개 나와 있다. 이 바위는 물론 혈판보다 그 높이가 훨씬 높기 때문에, 그 산소의 입장에서는 전순이 높다. 그래서 체제에 승복하지 못하는 후손들이 나왔을까?

풍수가들은 말한다. 전순이 높을수록 체제에 승복하지 못하는 정도가 훨씬 강해진다. 그들은 또 이렇게 말한다. 바위의 영향은 실제 높이에 3배를 한 높이와 같다. 그 산소는 실로 어마어마한 높이의 전순을 두고 있는 것과 같은 것인가. 그래서 후손들 중에서 북으로 간 사람들이 모두 그 체제에서 나름대로 성공하여 자리를 잡은 것인가? 그들이 전환기의 충신은 아닐까. 생각의 틀을 바꾸면 모두가 이해될 수

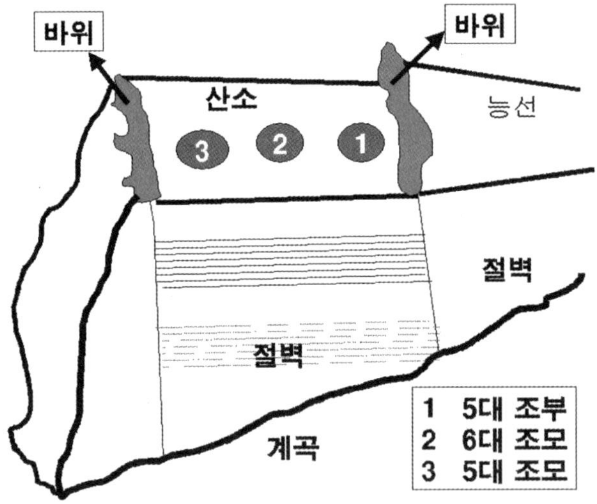

<그림 6-41(a)> 퇴적암 위의 산소

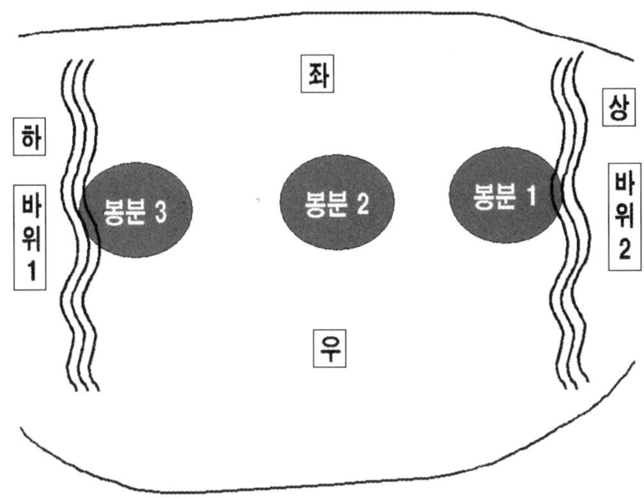

<그림 6-41(b)> 그림 6-41(a)의 산소 상세도

있는 이야기가 아닐까. 이처럼 길흉화복은 상황에 따라 해석이 달라지는 상대성을 가지는가. 길흉화복의 해석을 위해서 그 인과관계를 규명하는 것보다, 이런 사례들을 모아 통계학적으로 처리를 해 보면 흥미 있는 결과를 얻을 수 있을지도 모른다.

분석과 평가

산소는 [그림 6-41]에 있는 그림처럼 3기가 능선에 한 줄로 배열되어 있다. 제일 위는 5대 조부, 가운데는 6대 조모, 제일 아래인 앞쪽에는 5대 조모이다. 일반적인 배치라면 앞에서부터 5대 조모, 조부, 6대 조모의 순일 것이지만, 이곳은 이런 상식을 이미 깨트리고 있다. 물론 거기에는 사연이 있었다.

자력분포를 조사한 면적은 능선방향으로 20여m, 가로방향으로 5m 가량이다. 특이한 점을 보면, 위에서 아래로 갈수록 자력이 높았는데, 이것은 암반의 표면이 앞쪽으로 치켜 올라있다는 것을 뜻한다. 즉 봉분의 뒤쪽이 낮고 앞쪽이 오히려 높은 모양이다. 산소의 제일 뒤쪽과 제일 앞쪽에 강력한 파쇄대가 있었는데, 아마도 틈이 아주 넓은 파단면이 있거나 단층면이 있을 것으로 예상되었는데, 산의 옆에서 관찰한 바로는 단층의 경계가 그곳에 위치하였다. 지자기 교란은 제일 앞쪽 산소의 앞부분에 가로로, 제일 뒤쪽 산소의 뒷부분에 가로로 걸쳐 있었다. 특이할 만한 것은 산소의 제일 앞쪽과 뒤쪽에 바위가 있는 것이다. 이 바위는 [그림 3-23]에 있는 단층과 관계있다. 즉 위쪽의 암반이 아래쪽 암반의 위로 올라간 형태의 단층구조에서 앞으로 올라간 암반의 끝부분이 지표면 위로 올라와 바위를 만들고 있는 것이다.

이 음택들은 퇴적암 위에 놓인 것으로, 폭이 좁고 길이도 길지 않은 단일 암반에 놓여 있으나, 산소 1과 산소 3은 암반 내에 구조적 결함을 포함하고 있기 때문에 혈에 해당하지 않는다. 산소 2는 내부구조에 결함이 없는 단일 암반에 놓여 있어 혈로서 갖추어야 할 조건을 충족하고 있다. 내부 결함과 지자기 교란 및 단층면을 고려할 때 가운데 있는 산소 2는 혈에 해당하는 것이 분명하다. 그렇다고 우수한 혈로서 갖출 조건은 충족되기 힘들 것으로 추측된다.

비혈 기행

비혈은 혈이 아닌 것을 말한다. 혈은 무엇인가. 바로 두 가지의 조건을 만족해야 한다. 명혈이 되기 위한 여덟가지의 조건을 다시 보자.

(1) 혈판은 단일 암반 위에 조성된다.

(2) 혈판이 위치한 암반 내부에는 구조적인 결함이 전혀 없다.

(3) 혈심에서는 풍화가 균일하게 진행된다.

(4) 혈심이 위치한 암반의 표면은 평평하다.

(5) 혈판은 주위보다 약간 높다.

(6) 혈심은 혈판의 중앙에 위치하되, 주위에 비해서 약간 낮다.

(7) 혈의 암반표면은 명산도와 같은 형태를 한다.

(8) 혈심 앞에는 내부결함(균열이나 파단면)이 존재한다.

이 중에서 조건 (1)과 (2)가 바로 혈이 되기 위한 기본 조건이다. 즉

이 두 조건을 동시에 만족하지 않으면 혈이 아닌 비혈인 것이다. 아무리 용혈사수가 뛰어나다 할지라도 혈이 되기 위해서는 반드시 이 두 가지 조건을 만족해야 한다. 이 8조건은 모두 봉분이 있는 지하에 관한 것이다. 지하의 암반 상태로 평가하는 것이다. 암반은 표면의 흙으로 덮혀 있기 때문에 지상에 있는 사람이 눈으로는 쉽게 관찰 할 수 없다. 그래서 많은 혈들이 비혈로 판명되기도 하고, 또 비혈로 알려진 것이 혈로 판명나기도 한다.

이 비혈 기행에서는 혈이나 명혈로 알려진 것과 알려지지 않은 것들에 대하여 지하 암반 구조를 조사 분석하여 그 결과를 발표하고자 한다. 이들 중에서 어떤 음택들은 원래 혈이었지만 그동안 일어났던 지각운동에 의해서 지반 구조가 바뀌었을 수 있다. 또 어떤 음택들은 지하의 암반 구조를 모르기 때문에 혈로 판명한 것들일 수 있다.

암반 위의 표토 즉 흙은 얇게는 50cm 정도인 경우도 있으나, 두꺼운 곳은 수m에 이르는 경우도 있다. 앞에서 기술한 것과 같이 이제 풍화가 되기 시작하는 곳이 있는가 하면, 풍화가 완료된 곳도 있다. 물론 풍화의 정도는 눈으로 관찰할 수도 있지만, 눈으로 관찰할 경우에는 잘못 판단할 수도 있다.

산의 모양이 위에서 아래로 경사진 경우에 지하의 암반도 반드시 위에서 아래로 경사지게 될까? 물론 대부분의 경우에는 산의 경사와 암반의 경사는 일치할 것이다. 그러나 우리가 관찰하는 외형은 풍화반응과 (빗)물이나 바람에 의해 이동하고 남은 흙에 의해서 형성된 것이다. 그래서 때로는 산의 경사와 암반의 경사가 다를 수도 있다. 이런 경우에는 표토의 두께가 일정하지 않음은 물론 높은 곳의 표토는 매우 두텁고, 낮은 곳은 매우 얇을 경우이다. 이런 이상 지형은 노년기 지형이나 산의 기슭에서 가끔 발견된다.

다시 비혈인 음택으로 돌아가 보자. 비혈은 단일 암반이 아닌 곳에 음택이 위치하거나, 단일 암반일지라도 암반 내부에 구조적 결함이 있는 경우인데, 당연히 혈심에 결함이 위치한 경우이다. 이런 음택을 혈로 판단할 수밖에 없는 이유는 바로 암반 위에 덮혀 있는 토양 때문이다.

여기서 소개하고자 하는 비혈들은 다음과 같다.

① 두 암반의 경계에 놓인 경우

② 세 암반 이상이 서로 만나는 경우

③ 단일 암반이지만 암반 내부에 규모가 작은 구조적 결함을 가지는 경우

④ 단일 암반이지만 암반이 아래로 떠내려가는 경우

⑤ 단층면에 놓인 경우

⑥ 파쇄대에 놓인 경우

등과 같이 다양한 형태의 비혈인데, 이런 다양한 음택들을 조사하고 그 결과를 분석하였다. 일순 심각하게 생각할 지도 모르나 저자가 조사하고 분석한 결과에 의하면 우리 땅에 있는 수많은 음택들 중에서 이런 경우에 해당하지 않는 곳은 1% 미만일 것으로 추정한다(물론 자세한 통계는 다음에 발표할 책에서 다룰 예정이다). 그러므로 우리가 주위에서 발견하는 음택들 모두가 이런 경우에 해당한다고 보면 거의 틀림이 없다.

여담이지만 길가에 화려하게 치장된 음택들은 모두 비혈에 위치하고 있다고 보면 된다. 그래서 자연을 파괴하거나 자연에 영향을 주지

않으려면 매장을 하지 않는 것이 좋으며, 애써 명혈이나 혈을 찾으려고 노력하지 않는 것이 현명할 지도 모른다. 저자도 5대조까지의 9기를 조사하였는데, 그중에서 3기만 혈에 해당하였는데, 33%는 대단히 운이 좋은 경우라 할 수 있다. 물론 명혈에 해당하는 경우는 전혀 없었다. 안타깝지만.

두 암반의 경계

신안동 김씨

조선조 후기에 김번의 후손은 상신(相臣 : 삼정승) 15명, 대제학大提學 6명, 왕비王妃 3명, 판서判書 35명을 배출하였다. 잘 알려진 대로 조선 후기에 조정의 요직 대부분을 장악한 신안동 김씨들은 왕위계승을 좌우하였다. 참고로 조선시대 각 성별로 주요 벼슬을 한 수를 정리하면 다음과 같다.

전체 363인의 相臣중에서 전주이씨 22인, 동래정씨 16인, 신안동 김씨 15인, 청송심씨 13인, 청주한씨 12인 등이 다수를 차지한다. 대제학의 품계는 정2품인데, 홍문관과 예문관의 대제학이 성균관 대사성이나 지성균관사를 겸임하면 문형文衡이라 불렀는데, 문형은 벼슬 중에서 으뜸으로 쳤다. 136인의 대제학 중에서 연안 이씨 7인, 광산 김씨 7인, 전주 이씨 7인, 대구 서씨 6인, 의령 남씨 6인, 신안동 김씨 6인 등이 다수이다. 고급관리의 등용문인 문과급제자文科及第者의 수는 전주 이씨 766명, 안동 권씨 357명, 파평 윤씨 332명, 남양 홍씨 318명, 안동 김씨 309명 등이다.

김번 선생의 묘는 경기도 남양주시 와부읍 덕소리 석실마을에 있는데, 조선 8대 명당으로 알려져 있다. 안동 김씨安東 金氏는 본관이 같으면서 시조를 달리하는 두 파가 있는데 그것은 구안동舊安東 김씨와 신안동新安東 김씨이다. 그 중에서도 신안동 김씨는 장동 김씨壯洞金氏라고도 하는데, 이는 신안동 김씨의 실질적인 중시조에 해당하는 김번 선생이 지금의 서울 효자동 근처(청와대 바로 옆)인 장동壯洞에서 출생한데서 유래한다.

신안동 김씨는 병자호란(1636년) 전후前後인 17세기 초부터 고종이 즉위(1864년)하여 흥선대원군이 실권을 장악할 때까지 조선조 후기 250여 년 동안 왕권보다 더 막강한 권력을 행사한 것으로 유명하다. 신안동 김씨가 갑자기 명문거족이 된 데에는 많은 사람들이 그 이유를 덕소에 있는 김번의 묘로 인하여 발음發蔭을 한 때문으로 풀이하고 있다.

신안동 김씨의 시조는 김선평金宣平이다. 927년에 후백제의 견훤왕이 신라를 침입하여 포석정에서 경애왕을 살해하고 경순왕을 신라왕으로 세웠다. 경순왕 4년(930년)에 고창(지금의 안동) 성주 김선평(신안동 김씨 시조)은 권행(權幸, 안동 권씨 시조), 장정필(안동 장씨 시조)과 의논하여 향병을 모으고, 고려 태조 왕건을 도왔다. 그해에 그들은 고창에서 견훤을 토벌하는 큰 전공을 세웠는데 이를 병산대첩이라 한다. 이 공으로 세 사람은 삼한벽상공신 삼중대광 태사아부(三韓壁上功臣 三重大匡 太師亞父) 즉 태사가 되었는데, 이들을 3태사라 한다. 이들은 모두 태조 왕건으로부터 사성을 받아 각 성의 시조가 되었다.

김번 선생

1479년에 한양 장동에서 태어나고 1544년에 졸하였다. 그의 부친 영수永銖는 사헌부장령을 지냈으며, 그는 1513년(중종 8)에 식년문과에 급제하고 평양서윤을 지냈다.

그의 아들 생해生海에게 3남이 있었는데, 대효大孝, 원효元孝, 극효克孝가 그들이다.

김번의 손자인 극효에게 5남이 있는데, 상용(尙容, 우의정, 1561~1637: 장남)과 상헌(尙憲, 좌의정 : 4남)이 정승을 지냈다. 김번의 증손인 상용은 병자호란 때 강화도가 청군에게 함락하자 성의 남문루에 있던 화약에 불을 질러 77세의 나이로 자결했다. 또 다른 증손인 상헌은 병자호란 때 청나라에 항복하지 말고 끝까지 싸울 것을 주장하였던 대표적인 척화파斥和派인데, 청나라와의 강화를 반대하다 청의 수도인 심양으로 잡혀가면서 유명한 시조 '가노라 삼각산아……'를 남겼다.

김번 선생의 묘는 물병에 물이 차 있는 것처럼 생긴 옥호저수玉壺貯水형으로, 일부 풍수가들 사이에 조선 8대 명당으로 알려져 있다. 이곳은 김번의 백부인 학조대사學組大師가 정한 것으로 알려져 있으며, 원래 이 자리는 김번의 처가인 남양홍씨 소유의 방앗간 터였다. 그의 묘를 쓰기 위해 광중을 파는데 누런 자갈이 나오자 그 일부인 21개를 도로 묻었는데, 그의 후손 중 상신 15명과 대제학 6명을 합쳐서 21명의 큰 벼슬이 났다고 한다. 후손 중에서 판서가 35명 있지만 신안동 김씨 집안에서는 판서 정도는 벼슬 축에도 들지 않았다고 한다.

입수 부분

김번 선생의 묘소 전경은 [그림 7-1]에 있다. 이곳에서도 봉분 위에 대한 조사는 용이하지 않아서 생략하였다. 측정한 자력분포를 등고선 형태로 나타내면 [그림 7-2]와 같은데, 상단의 A와 하단 부근의 B에는 (+)/(−)피크 쌍들이 많이 존재하며, 봉분의 좌측 가운데에 아주 큰 (−)피크가 있다. 이를 자세히 알아보기 위해서 자력분포를 입체적으로 나타내었는데, 그 결과는 [그림 7-3]과 같다. 상단에는 (+)피크가 가로방향으로 한 줄로 나열해있다. 이것은 조금 특이하다. 이것을 제대로 이해하기 위해서는 자기세계(magnetic world)의 특이성을 알아야 한다.

자기와 유사한 전기를 먼저 살펴보자. 이미 우리가 잘 알고 있는

<그림 7-1> 김번 선생 묘소 전경

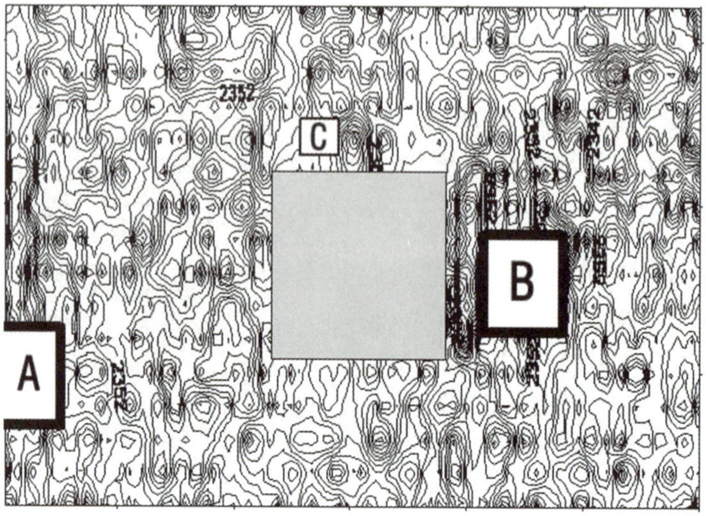

<그림 7-2> 김번 선생 묘소의 자력분포

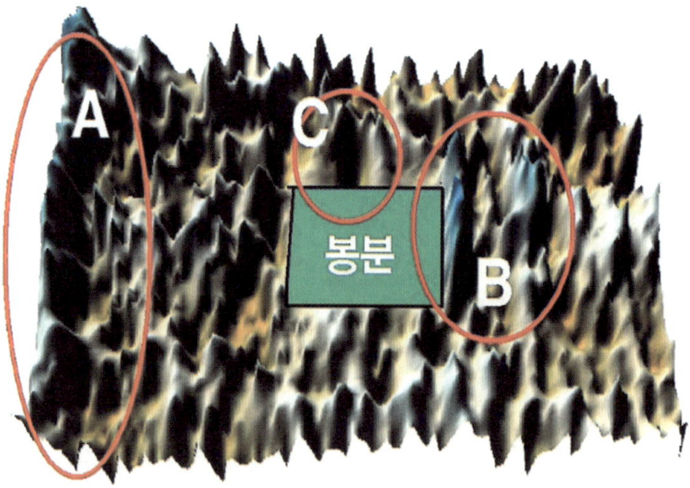

<그림 7-3> 입체형 분포

것처럼, 전기의 경우에는 (+)전하(plus charge)나 (−)전하가 단독으로 존재할 수 있으므로, 양전하나 음전하를 따로 떼어 놓을 수 있다. 그래서 양전하를 띠는 이온을 양이온, 음전하를 가진 이온을 음이온이라 하며, 이들은 분리가 가능하다. 전하의 흐름을 전류라 하는데, 전류가 발생하며 그 주위에 자기장이 생긴다. 자기장은 전기와 밀접한 관계를 가지고 있지만, 이때 발생한 자기는 N극과 S극을 동시에 가진다. 즉 전기는 (+)와 (−) 중에서 하나만을 선택할 수 있지만, 이 중 하나가 움직여서 발생하는 전류에 의해서 발생한 자기는 양극(N과 S극)을 가진다. 이런 점에서 자기는 전기와 전혀 다르다. 즉 자기는 항상 NS 또는 (+)/(−)쌍으로 존재한다. NS쌍을 자기쌍극자라 하며, 자기의 근원은 이런 자기쌍극자이다. 그래서 만약 N과 S를 분리하면 자력을 잃게 되며, 더 이상 자석이 되지 못한다. N극이 존재하기 위해서는 반드시 S극이 존재해야 하고, S극은 반드시 N극과 같이 있게 된다.

총자력의 크기가 같을 경우에 어떤 특정한 지역에서 자력 이상이 있으면 어떻게 되는가. 다시 말해서 총자력이 일정한 지면에서의 자력분포를 생각해 보자. 만약 지하에 자석이 하나 묻혀 있으면 지면에서의 총자력은 어떻게 될까? [그림 7-4]에 그 답이 있다. 그림 (A)는 지하에 자석이 없을 경우인데, 지면에서 자력분포는 균일하다. 그림 (B)는 지하에 자석이 있을 경우인데, 지면에서 자력의 분포는 전혀 달라진다. 즉 N극 부근에서는 자력이 증가하고, (S)극 부근에서는 자력이 감소하는 (+)/(−)피크 쌍으로 나타난다. 이제 자석에 의해서 교란된 것을 계산해 보자. 자석은 항상 NS쌍극자 단위로 구성되어 있기 때문에 한 개의 자석이 만드는 (+)와 (−) 자력은 같은 크기를 가진

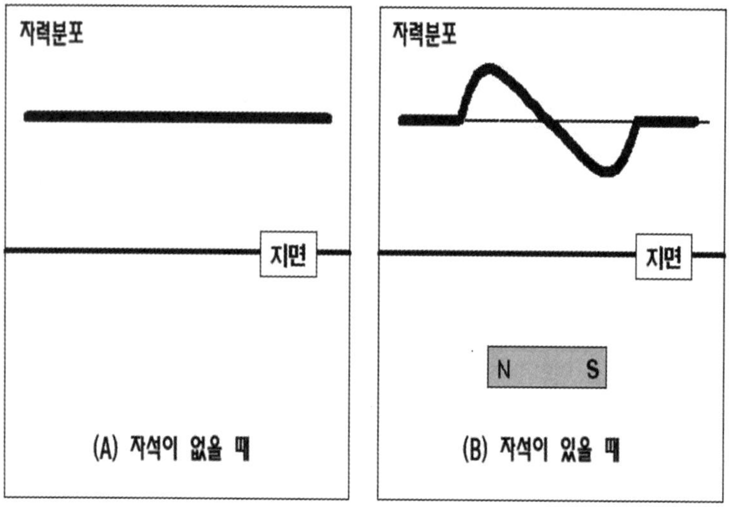

<그림 7-4> 자석에 의한 자력분포 변화

다. 그래서 자력분포에서도 언제나 전체 (+)값과 전체 (−)값이 같기 때문에 두 가지 전체 값의 합은 항상 0이므로, 전체 총자력에 관계없이 (+)피크와 (−)피크의 면적은 그 형태와 관계없이 일정하다. 따라서 총자력은 [그림 7-4]에서도 지하에 자석이 있든 없든 간에 총자력은 같다. 이것은 자력분포에서 (+)피크나 (−)피크가 단독으로 존재할 수 없다는 뜻이다. 이것이 자력분포의 특징이다.

이제 다시 [그림 7-3]를 분석하자. 입수가 있는 (A)부분에 (+)피크들이 거의 한 줄로 가로로 나열해 있다. 자력피크는 단독으로 존재할 수 없으므로 그림에는 나타나지 않았지만 입수위쪽에 (−)피크들이 존재할 것이다. 그래서 이 (+)/(−)피크 쌍을 형성하며, 이들은 최소한 파단면에 해당하며, 단층면이나 심한 경우는 파쇄대에 해당할 수 있다. 즉 (A)지역은 입수에 해당하고 암반 내부에 가로방향으로 길게 결함이 있다.

봉분 앞

봉분 바로 앞의 (B)부분에는 아주 많은 (+)/(−)피크 쌍들이 존재한다. 그물 형으로 나타낸 [그림 7-5]에도 잘 나타나 있는 것처럼 이 피크 쌍들은 전형적인 파쇄대구조를 뜻한다. 즉 봉분 바로 앞은 파쇄대이다. 파쇄대는 암반이 수없이 많이 깨진 곳을 의미한다. 봉분 바로 앞에 있는 피크들은 가로로 나열되어 있고 그 높이도 다른 것들에 비해 훨씬 높다. 그래서 봉분 앞을 면밀하게 조사하기 위해서 결과를 그래프로 다시 나타냈는데, 그 결과는 [그림 7-6]이다. 봉분 바로 앞에는 높이가 아주 높은 (+)피크들이 있는데, 이에 대응하는 (−)피크들이 존재하지 않는다. 그러면 대응하는 (−)피크들은 어디로 갔을까?

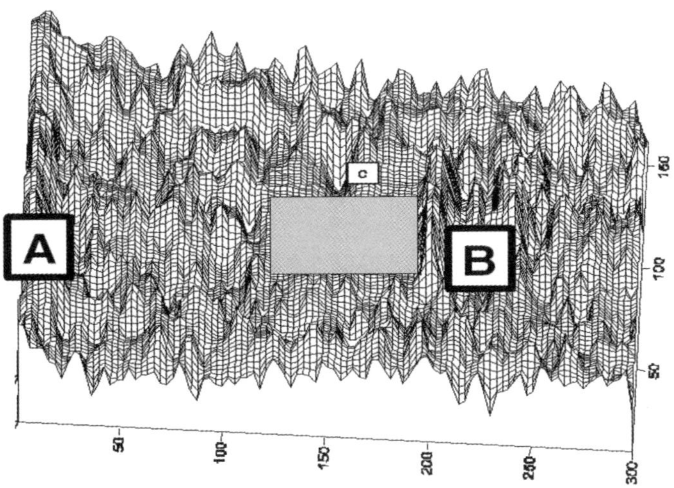

<그림 7-5> 그림 7-2의 그물형 분포

봉분 앞의 (+)피크와 그에 대응하는 (−)피크의 행방. 이것을 이해하는 것이 이 혈을 이해하는 데 대단히 중요하다. 반드시 (+)피크와 그와 형태는 대칭이 아니더라도 총면적만은 같은 (−)피크는 서로 이웃해야 한다. 이 분포도에 존재하지 않으면 측정하지 못한 봉분 속에 반드시 있을 수밖에 없다. 이것은 봉분 바로 안쪽에 (−)피크들이 가로로 한 줄로 나열해 있다는 뜻이다. 이것을 정리하면 봉분 안쪽에는 (−)피크들이 가로로 나열해있고, 봉분 바로 앞에는 (+)피크들이 가로로 나열해 있다. 중요한 것은 이것이 암반내부의 어떤 결함의 존재를 나타내는가이다. 한 줄로 나열된 강력한 (+)/(−)피크 쌍. 이것은 바로 단층면이나 커다란 균열을 의미한다.

커다란 파단면을 나타내는 [그림 3-14]에서 파단면을 가로지르는 그래프로 다시 나타내면 [그림 7-7]이 된다. 이것은 바로 봉분 앞의 (+)피크와 그 내부에 존재할 (−)피크를 나타낸 것과 거의 유사하다.

[그림 7-5]의 (B)와 [그림 7-6]의 (나) 부분에는 (+)/(−)피크들이 불규칙하게 배치되어 있다. 이들도 나름대로 (+)/(−)쌍을 형성하고 있으며, 앞에서 설명한 것처럼 이들은 파쇄대를 나타내는 분포이다. 그렇다면 이 파쇄대와 봉분 바로 앞의 한 줄로 나열한 커다란 피크 쌍들에 의한 커다란 암반내부의 결함은 서로 연결된 것일까, 아니면 독립된 것일까? 이것은 아마도 [그림 7-2]에서 분석하는 것이 유리할 것으로 보인다. 등고선 분포에서 파쇄대는 좌하에서 일정한 폭을 가지고 대각선 방향으로 발달해 있다. 봉분 앞의 피크 쌍은 분명히 파쇄대의 연장선상에 놓여 있는 것으로 보이는바, 이 둘은 서로 연결되어 있는 것으로 보인다.

[그림 7-2]는 파쇄대가 어떻게 놓여 있는지를 명확하게 보여준다.

그런데 특이한 점은 이 파쇄대가 봉분 안으로 침투해 있다는 점이다. 봉분의 아래쪽 반은 파쇄대로 점령되었을 것으로 추측된다. 만약 파쇄대가 봉분 안으로 점령되었다면 이 묘는 어떻게 평가될까?

봉분 옆과 기타

봉분의 옆은 어떨까? [그림 7-2]에서 봉분의 좌측 중앙에 있는 점 (C)를 보자. 이 점에서는 등고선이 조밀하게 분포해 있다. 등고선이 조밀하다는 것은 (+)피크나 (−)피크를 의미한다. 입체적으로 나타낸 [그림 7-3]이나 그물 형으로 나타낸 [그림 7-5]에서 점 (C)의 형태는 (−)피크이다. 이곳도 마찬가지로 대응하는 (+)피크가 주위에 발견되지 않는다. 아마도 (+)피크는 봉분 안에 있을 것으로 보인다. 섬 (C) 주위에는 피크로 판단되는 것들이 수많이 놓여 있는데, 이들이 피크라면 이곳은 새롭게 해석되어야 한다.

봉분의 좌상과 봉분 바로 위쪽도 피크로 보이는 것이 다수 존재하고 있는데 이들에 대한 분석은 유보하기로 한다.

혈의 평가

혈의 평가에서 가장 중요한 암반이 혈판으로서 자격을 가지고 있는가 하는 것이다. 암반이 혈판으로 인정되기 위해서는 무엇보다도 단일 암반위에 혈판이 조성되어야 하며, 그 다음으로 암반 내부에 구조적인 결함이 전혀 없어야 한다. 그러면 첫째 조건부터 확인해보자.

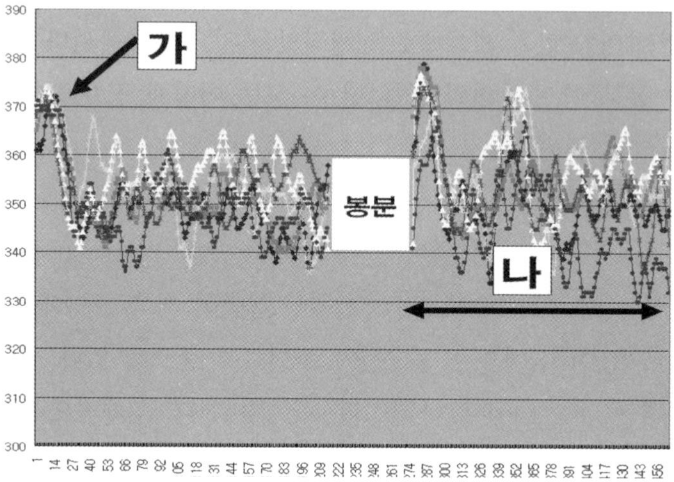

<그림 7-6> 봉분 상하에서 자력의 변화

[그림 7-8]은 측면분포를 나타낸 것이다. 이로부터 암반 표면의 기울기를 관찰할 수 있는데, 상하 방향으로 기운 정도를 확인할 수 있다. (A)로 표시된 (가) 지역은 입수부위로 (+)/(−)피크 쌍이 존재하는 곳이다. (나) 부분에서는 아래로 내려갈수록 (그림에서는 좌에서 우로 이동하는 경우이다) 자력이 증가한다. 이는 암반의 표면이 아래쪽으로 기울어진 것이 아니라, 아래쪽으로 치켜들어 있다는 것을 의미한다. 봉분을 지난 (다) 지역에서는 파쇄대가 발달해 있고, 지판이 거의 수평을 이루고 있음을 알 수 있다. 즉, 쌍방향 화살표로 나타낸 것처럼, 위에서 아래로 내려오면 (나) 지역에서 암반이 역경사를 이루고, (다) 지역에서 다시 수평을 이룬다. 암반의 경사가 (나)와 (다)의 경계에서 바뀌고 있다. 이것은 (나)와 (다)가 서로 다른 암반이라는 의미이다.

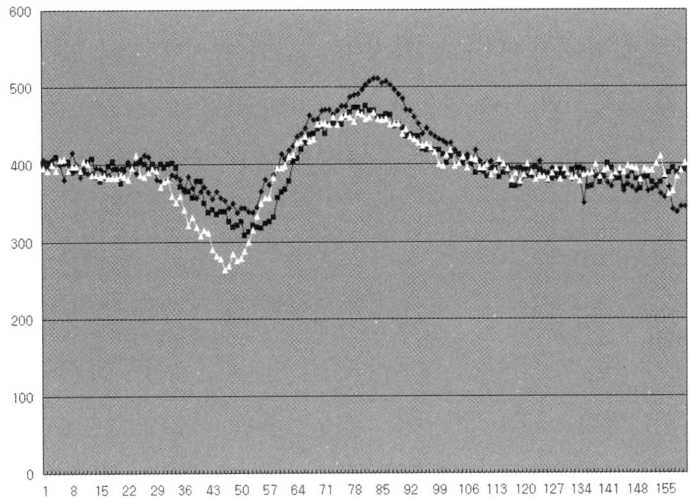

<그림 7-7> 그림 3-14의 파단면에서 자력의 변화

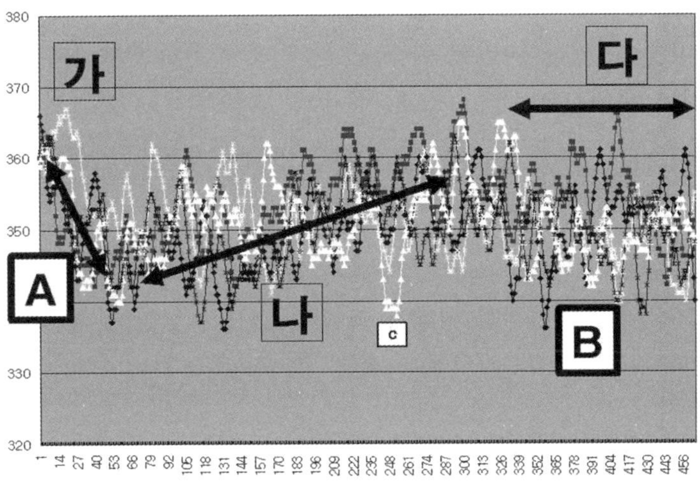

<그림 7-8> 그림 7-2의 혈판의 기울기 평가

암반의 경계는 어디인가? 바로 봉분이 위치한 곳이다. 봉분 안으로 파쇄대가 연장된 것인가? 봉분이 두 지판의 경계에 놓여 있다는 것인가? 그래서 봉분의 좌측 중앙에 (+)/(−)피크 쌍이 존재한 것인가? 이런 결과를 토대로 하면 이 묘는 단일 암반 위에 위치하지 않고 있다. 즉 가장 중요한 조건인 단일 암반 위에 혈판이 조성되어야 한다는 것을 위배한 것이다.

두 번째로 중요한 평가지침인 암반 내부에 구조적인 결함이 전혀 없어야 한다는 것에 대해 살펴보자. 봉분 바로 앞에서 관찰된 (+)피크의 대응 쌍인 (−)피크가 봉분 안에 존재할 수밖에 없다는 것과, 봉분 좌측 중앙에 있는 (−)피크의 대응 쌍인 (+)피크가 봉분 안에 존재해야 한다는 사실을 통해, 이 봉분이 위치한 암반에는 다수의 내부결함들이 존재할 것이라는 사실을 예견할 수 있다. 더욱이 파쇄대가 봉분 안쪽까지 연장될 수밖에 없다는 사실을 고려해 보면 이 암반 내부에 많은 결함들이 존재할 것이라는 사실은 추측이 아니라 확정으로 결론 지을 수 있다. 따라서 이 묘는 두 번째 조건도 만족하지 않는다.

이상의 분석결과로부터 이 묘가 있는 곳은 혈로서 자격을 갖추지 않은 것으로 판단할 수밖에 없다. 더욱 자세한 분석을 위해서는 다양한 물리탐사가 필요하겠지만 이 정도의 결과로도 평가에는 큰 무리가 따르지 않을 것으로 보인다. 사족으로 덧붙일 것은 지판이 위에서 아래로 기울어진 일반적인 형태가 아니라, 경사가 급한 산의 뒤쪽에서 관찰되는 역으로 기울어진 지판위에 묘가 위치한 점도 특이하다.

세 능선이 만나는 곳

영주시 안동 장씨 음택

안동을 본관으로 하는 세 성씨들 중에 안동 장씨 일족은 현재 영주에도 일부 주거하고 있다. 주거용 명당으로 안동에 하회가 있다면 영주에도 이와 유사한 곳이 있다. 약 수백 년 전부터 이곳으로 이주하여 독특한 문화를 향유하면서 살아가고 있는 안동 장씨 마을에서 좋은 혈을 많이 조사할 수 있었다. 역시 역사와 전통을 자랑하는 전통마을답다. 그렇지만 좋은 혈만 있는 것이 아니므로 비혈에 대한 조사도 많이 했다. 물론 당연히 혈보다는 비혈이 많으므로 비혈을 만날 기회가 더 많았다. 여기서는 비혈을 다루므로 그곳에서 찾아낸 비교적 흔한 형태의 비혈 하나를 소개한다.

[그림 7-9]는 이곳 뒷산 능선에 있는 음택에 대한 조사 결과이다. 이 음택은 [그림 7-10]에 표시된 것처럼, 주된 흐름에서 내려오는 능선이 꺾이는 지점에서 다른 줄기가 짧게 새로 형성되어 있는 곳에 조성되어 있다. 산(용)의 흐름이 꺾이거나 새로운 줄기를 형성하기 위해서는 반드시 기존의 암반에 새로운 암반이 합쳐져야 한다.

새로운 암반이 합쳐진다는 것은 기존의 암반과 또 다른 암반이 있다는 의미인데, 두 개의 암반이 있는 곳에는 반드시 접합부위가 있을 수밖에 없다. 성질이 완전히 같은 암반이 서로 붙어 있을 경우에도 그 경계지역은 암반 내부와 전혀 다른 성질을 가진다. 이것은 물리학(physics)나 재료과학(materials science)에서 말하는 결정(結晶, crystal)의 경계와 거의 유사하다. 한 개의 암반일 경우에 지각운동이나 다른 원

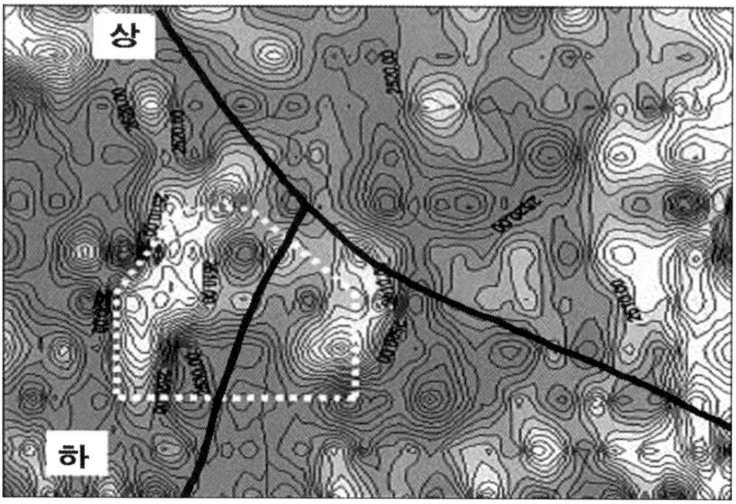

<그림 7-9> 세 능선이 만나는 곳에 대한 자력분포

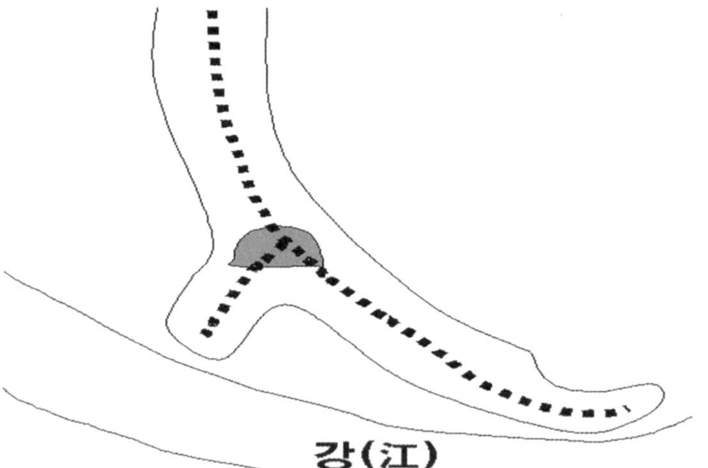

<그림 7-10> 산소의 위치

인에 의해 암반 내부에 균열이 생긴 경우를 생각해 보자. [그림 7-11]에서 보는 것처럼 균열이 존재하면 균열 내부는 비어있거나 흙으로 채워질 수 있어 암반 내부와는 그 성질이 전혀 다르게 된다.

단일암반이 깨진 것이 아닌 다른 암반과 서로 접촉해 있는 경우라면 수많은 균열들이 생겨났을 것이다. 이것이 믿어지지 않으면 이런 것을 한번 생각해 보자. 진흙을 뭉쳐서 두 개의 덩어리로 만들고 나서, 덩어리 하나의 양쪽을 잡고 휘어 부러트리자. 부러진 파단면은 매우 불규칙하다. 이것은 균열면과 같다. 이제 이 두 토막을 조심스레 갖다 붙이자. 그러면 어떻게 될까. 원래대로 붙을까? 천만에. 붙을 수가 없다. 완전히 별개의 개체로 된다. 완전히 따로따로 움직인다. 물론 자유롭게 움직이지는 않지만, 부러지기 전과 같이 한 개체로 움직이지는 않는다. 한 개의 개체처럼 움직이게 하려면 두 토막이 완전히

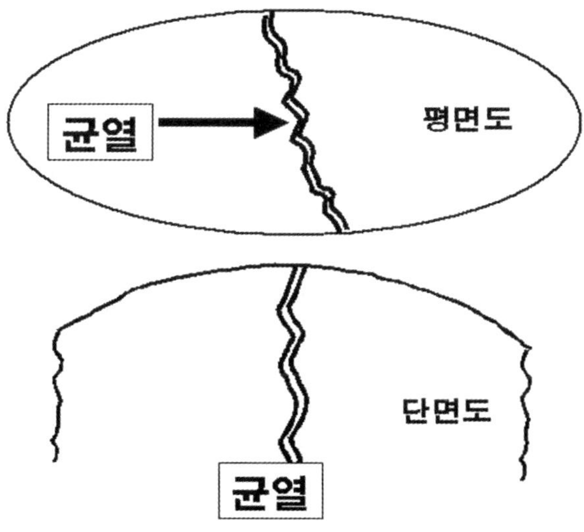

<그림 7-11> 암반 내부의 균열

붙어야 한다.

어떻게 하면 두 토막을 붙일 수 있을까?

첫째로는 힘을 주어 이들이 강제로라도 붙어 있도록 하는 방법을 생각할 수 있다. 물론 붙은 정도가 원래와 같은 정도로 만족스럽지는 못할 것이다. 조금만 힘을 줘도 두 개가 쉽게 서로 분리될 것이다. 그래도 붙긴 붙었다. 이때 붙은 부분을 자세히 보자. 붙은 자리가 흔적도 없이 사라졌을까? 아니면 그 자리가 뚜렷하게 표시가 날까? 거의 대부분은 뚜렷하게 흔적을 남긴다. 붙은 자리 주위에는 주름이 져 있는가 하면 많은 작은 금들이 생겨나 있다. 이렇게 주름지고 금이 많이 나 있는 곳은 원래의 진흙덩어리와는 전혀 다르다. 밖에만 주름지고 금이 난 것이 아니라 속까지 뭔가 다르다. 이 진흙덩어리를 말린 후에 그 속을 보면 두 경우간의 차이가 확연하게 드러난다. 원래 진흙 덩어리의 속은 그런대로 속이 꽉 차고 비교적 균일하고 치밀하게 되어 있는 반면에, 주름지고 작은 금이 있던 붙인 곳 부근은 속에 빈틈이 여기저기 널려 있다. 그래서 쉽게 부러진다. 붙인 부분은 손쉽게 서로 떨어진다. 이렇게 속에 문제가 있는 이런 곳을 파쇄대라 한다.

두 번째로 풀로 붙이면 될 것이다. 진흙을 붙이는 풀이 있다면 이걸 사용해서 붙이면 될 것이다. 파단면에 물을 약간 묻힌 후에 두 토막을 살짝 갖다 대고 힘을 조금 주면 감쪽같이 붙는다. 그런데 이렇게 붙여놓으면 진흙 덩어리를 말린 후에 탈이 난다. 쉽게 떨어진다. 암반을 붙이는 풀은 없을까? 가끔은 두 암반 사이에 다른 물질이 끼어 있는 것을 볼 수 있는데, 이것이 풀처럼 작용할까? 금속의 경우에는 같은 재질끼리, 혹은 서로 다른 재질끼리 붙이기 위해서 특수한 용접봉을 사용하여 붙이기도 한다. 그런데 이런 접합부위는 물리적 성질이 원래와는 다르기 때문에 주위환경에 약하여 부식이 잘되거나 여러 가지 성질들이 저하되는 단점을 가진다. 만약 암반을 붙이는 특수한 물질이 있다 하더라도 금속의 경우처럼 접합부위는 원래 암반보다는 여러 가지 성질이 저하될 것이 분명하다.

두 암반은 그냥 조용히 살짝 서로 붙은 것은 아니다. 지각 변동에 의해서 무시무시한 힘이 작용하여 서로 밀고 밀리며 겨우 자리를 잡은 것이다. 그래서 두 암반의 접촉면은 그냥 붙어 있는 정도가 아니다. 밀고 밀리는 도중에 접촉부위가 깨지고, 구멍이 나며, 때로는 미세하게 갈려서 암반은 일반적으로 말하는 파쇄대를 만들지 않을 수 없을 것이다. 결론적으로 세 능선이 만나는 곳에는 파쇄대만이 관찰될 수밖에 없다. 이런 관점에서 이 음택을 관찰해 보자.

3능선이 만든 파쇄대

등고선 형태로 나타낸 [그림 7-9]에서 능선의 흐름을 나타내었는데, 여기에서는 능선과 등고선 분포간의 관계를 알아내기 힘들다. 흰색 점선으로 나타낸 부분이 봉분이 있는 위치이다. 이 분포에서 흰 부분으로 보이는 부분은 자력이 낮은 곳이며 검은 부분은 자력이 높은 곳이다. 봉분이 있는 곳에 흰 부분과 검은 부분이 쌍으로 존재하는 곳으로 보아 봉분지역은 바로 파쇄대임을 알 수 있다. 입체적으로 나타낸 [그림 7-12]에서 파쇄대의 분포를 명확하게 알 수 있다. 봉분이 있는 곳이 가장 심하고, 봉분 좌우에도 파쇄대가 연장되어 있어 조사된 전 지역이 모두 파쇄대이며, 그 중심은 봉분이 있는 곳이다.

3능선이 서로 만나는 곳은 다른 모든 조건들 모두가 아무리 완벽하고 뛰어나더라도 절대로 혈이 될 수 없다는 것을 알 수 있다. 그 이유

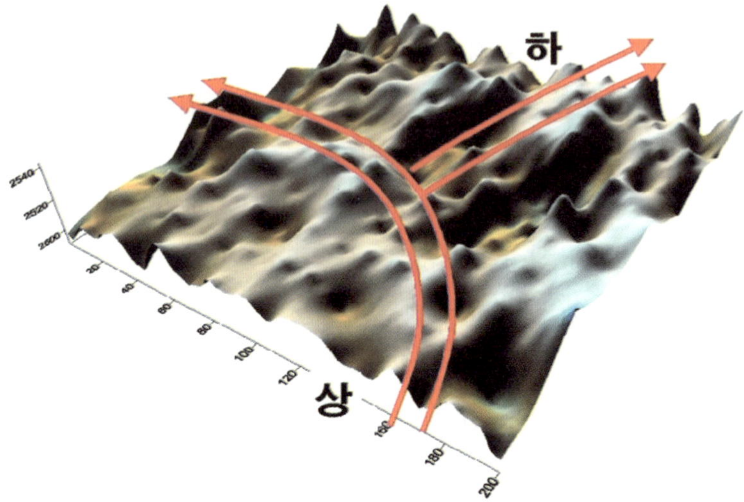

<그림 7-12> 그림 7-9의 입체형 분포

는 바로 서로 다른 암반이 만나는 곳이기 때문이다. 그런데 의외로 많은 음택들이 이런 곳에 위치하고 있다. 여기에서 우리가 간과해서는 안 될 중요한 결론은 '서로 다른 암반이 만나는 곳은 혈이 될 수 없다'는 것이다. 반드시 3능선이 만나지 않더라도 다른 암반들이 만나는 곳이 상당히 많은데, 이들 중에서 눈으로 쉽게 확인할 수 있는 곳도 많다. 눈으로 확인할 수 있는, 서로 다른 암반이 만나는 곳은 어떤 곳일까?

① 3능선이 만나는 곳

② 4능선 이상이 만나는 곳 (十 등)

③ 능선이나 판의 기울기가 갑자기 바뀌는 곳 (∨, ＼＿, ＿／ 등의 형태)

저자는 당시의 사람들이 다 그러하듯 시골에 있는 초등학교엘 5년 반가량 다녔다. 집은 산골이지만 학교는 면소재지에 있어 신작로(지금은 잘 포장된 국도가 되었다)로 학교까지는 6km가량이나 되었다. 신작로로 등교했는데 1시간 이내에 학교에 당도했다. 그렇지만 집으로 돌아올 때는 3시간 이상이 걸렸는데, 이유는 뻔했다. 다니지도 않는 산길로, 밭이랑 사이로, 논두렁으로 온 산천을 헤매었으니, 제때에 집에 도착한 적이 없다. 이런 유년의 추억이 풍부한 감성을 가지도록 했는지도 모른다. 어쩌다 고개를 넘어 다니기도 했는데, 일부러 고개 두개를 넘어서 집으로 가면 시간도 배로 걸렸다. 고개를 넘다보면 고개 마루에 위치한 음택을 만날 기회가 있다. 당시에는 햇살 가득한 음택이 무척 포근하게도 느껴졌다. 요즈음과 달리 온 산에는 음택들로 가득했는데, 양지바른 곳은 대체로 마치 공동묘지인양 음택들로 가득했다. 옹기종기 모여 있었는데 마치 인심 좋은 달동네 풍경 같았다. 따스한 햇살까지. 최근에 그곳에 가 볼 기회가 있었는데, 이제는 그 흔적조차 사라지고 없었다. 자연의 이치인가. 고갯마루는 능선에 위치해있고, 능선 중에서 제일 잘록한 부분이므로 이런 곳은 대체로 두 암반이 서로 만나는 곳이다. 그래서 이런 곳은 파쇄대일 확률이 높으며, 파쇄대는 암반이 부서진 곳이므로 풍화반응이 다른 곳에 비해서 빨리 진행되는 곳이다. 그래서 흥망성쇠가 쉽고 빨리 일어날 수 있는 지역이 될 수 있다. 꼭 그런 곳에 음택을 만들려면 제일 낮은 곳에서 적당히 떨어져야만 파쇄대만은 피할 수 있기 때문에 양쪽 능선으로 최소한 5m이상은 떨어져야 하지 않을까.

구조적 결함을 가진 단일암반

오판과 난무하는 이론들

많은 풍수사들이 오판을 하는 경우에 대해 알아보자. 물론 음택의 혈을 판정하는 방법은 여러 가지가 있다. 같은 음택을 두고 관점에 따라 목적이 다르고, 접근 방법이 다르며, 적용하는 여러 이론이 다르기 때문이다. 음택의 평가도 다르다. 이론에 충실한 것이 아니라 수요자가 강력하게 요청하는 발복론에 따라 후손들의 자취에 맞추어 해석하다보면 원리와 원칙이 무색해 버린다. 결국에는 같은 결론을 내리지만, 이것은 앞뒤가 바뀐 과정이다. 이런 식으로 한다면 이론, 원칙, 원리, 방법 등이 체계화될 수 없다. 물론 현상을 면밀히 관찰 한 후에 그것을 체계적으로 정리하여 이로부터 경험칙을 찾아내고, 이 경험칙과 지금까지 전해져온(?) 이론들과 비교・분석한 후에 어떤 이론들이 어떻게 수정되어야 하는지, 어떤 이론이 근간에 위치해야 하는지, 어떤 예외가 있는지를 정리해야만 제대로 된 체계를 이룰 것이고, 궁극적으로 학문이라고 하는 제도권에 진입할 수 있을 것이다. 이러한 방법론에 따라 제도권화의 노력을 저자를 비롯한 후학들이 여기에 헌신하기 시작하였으며, 이 책은 이런 과정의 중간 산물로서 처음으로 세상에 나온 음택풍수 이론서이다.

왜 오판을 하는가? 그것은 음택을 평가할 때 가장 중요한 암반(즉 지판)으로부터 이것이 혈이 될 수 있는지를 평가해야 하는데, 안타깝게도 혈판을 구성하는 암반은 우리 눈에 보이지 않는 땅 속에 있기 때문이다. 암반 위에 있는 흙(표토)이 없다면 쉽게 암반의 상태를 알아볼 수 있을 것이다. 그런데 암반을 덮고 있는 흙 때문에 정확하게 판단할 수 없다. 그래서 혈로 판단되는 지역의 지하는 제외하고 지상만을 총체적으로 분석해서 이로부터 암반의 상태를 유추하기 때문에 오판을 하게 된다. 만약 지반공학이나 지질학에 대한 지식을 가지고 있다면 오판의 확률을 획기적으로 줄일 수 있었을지도 모른다.

지금은 하루하루가 급변하는 첨단과학의 시대이다. 그리고 우리 인간의 지식습득과 인식 방법이 전 세계적으로 통일되었다. 그 민족의 고유성은 인정되지만, 현대적인 교육이라는 이름으로 인식방법이 통일되었으니, 이제는 모든 것이 이런 공통된 방법으로 출발해야만 한다. 그것은 바로 귀납법적인 논리전개이다. 오랜 시간 동안 우리 선조들의 인식체계에 자리 잡고 있던 연역법적인 논리체계는 이제 그 입지가 많이 위축되었다. 그래서 풍수에 대한 이론과 설득도 이런 식으로 바꾸어야만 한다. 귀납법적인 방법으로. 첨단과학의 시대에는 그것이 이루어 놓은 산물을 마음껏 향유해야 한다. 그 산물은 바로 과학기기나 장비이다. 이것들은 결과들을 객관화하고 귀납법적인 논리로 전개가 가능하도록 한다.

관념은 우리의 경험을 체계화한 것이다. 관념은 처음부터 상상속의 이야기가 아니었다. 경험을 그 당시의 지식으로 해석하기 위해서는 많은 가정들이 필요했다(이것은 현대과학도 똑같은 입장이다). 이런 가정들은 수많은 가정을 낳고, 새로운 논리를 낳았다. 현실과 유사하도록 관찰한 결과와 타협을 하였고, 결과적으로 가정에 사용된 이론들은 그 흔적조차 남기지 못하고 다른 이론으로 바뀌었다. 이런 방법으로 여러 번 바뀌다보니 이제는 설명조차 여의치 않게 되었고, 결과에 얽매여 현실에 타협해 버리고 만다. 신비스러운 결과를 남긴 채로.

모든 것이 신비스런 세계인양 우리의 경험과 경험칙들은 모두 그 옷을 갈아입었다. 그래서 현상을 잘못 판단할 수밖에 없다. 사실을 발견하면 그것에 맞게 이론을 바꿔버렸다. 이런 이론은 더 이상 이론이 아니다. 냉정하게 '왜 오판을 하는가?' 라는 의문에 답할 마음의 준비를 해야만 한다.

대구 교외의 유명 음택

풍수사들과 풍수에 관심을 가진 많은 사람들은 정치에 무관한 것 같아도 실제로는 항상 세상 돌아가는 것에 귀를 기울인다. 새로운 정치가가 등장하면 그의 이력과 조상들의 음택을 연관시켜 그의 과거를 분석하고 미래를 점친다. 특히 급변하는 세상으로 바뀐 오늘에는 그 정도가 더욱 심하다. 어떤 때는 언론이 이를 부추기는 느낌이 들 정도이다. 그건 아마도 풍수가에는 제자백가들이 활약하던 춘추전국시대와 같이 정립되지 않은 이론이 난무하고 있을 뿐만 아니라, 풍수를 단지 흥미로운 것으로만 생각하고 있기 때문일 것이다. 마치 신비스런 뭔가를 다루는 것처럼.

대표적인 경우가 새로운 대통령이 탄생하는 전후인데, 후보들이 거론되는 때부터 새로운 대통령이 탄생한 초기까지 이런 풍수 담론은 절정을 이룬다. 여기에 해당하는 음택들이 있다. 근대에서 현대로 넘어가는 전환기에 대통령을 지낸 분들의 선조 음택들이 많은 사람들의 입에 오르내린다. 아마도 이런 내용을 책에서 다루는 것은 처음일지 모른다. 그래서 여기서는 그것이 어느 것인가에 대한 출처는 밝히지 않고, 단순한 케이스 스타디로만 고려하여 저자가 직접 조사 분석한 것을 객관적으로 평가하고자 한다. 두 케이스를 다룰 예정인데, 먼저 대구 교외에 있는 것을 기술해보자.

[그림 7-13]은 대구 교외에 있는 유명한 음택에 대한 자력분포를 입체적으로 나타낸 것이다. 뭔가 범상치 않은 결과를 보여줄 것만 같다. 이를 좀 더 입체적으로 자세하게 관찰하기 위해서 그물망 분포를 만들었는데, 결과는 [그림 7-14]와 같다. 봉분 바로 앞과 우측 중앙에 커다란 규모의 (−)피크가 몇 개 존재한다. 우측 측면에 있는 그래프를 보면 뒤쪽에서 앞쪽으로 갈수록 자력이 점차로 감소하므로 암반의 경사는 뒤쪽이 높고 앞쪽이 낮은 정상적인 형태이다. 전면의 분포는 우측이 약간 높다. 그래서 암반의 전체적인 형태는 우측 후면이 높고 좌측 전면이 낮은 판 형태를 보이고 있다.

<그림 7-13> 대구 교외의 유명 음택에 대한 자력분포

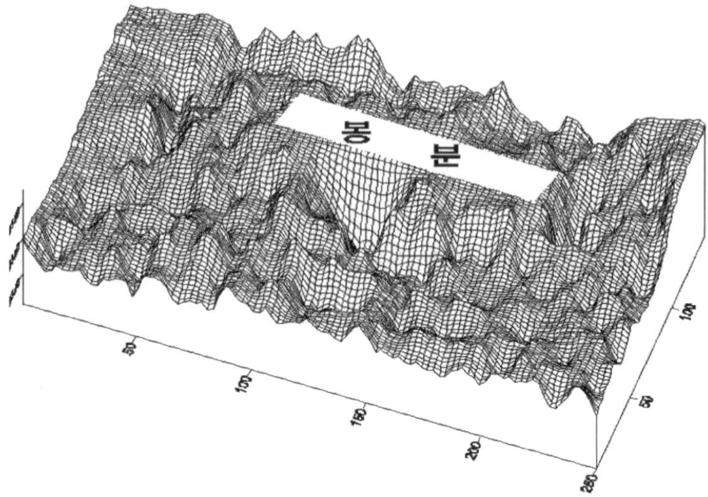

<그림 7-14> 그림 7-13의 그물망 분포

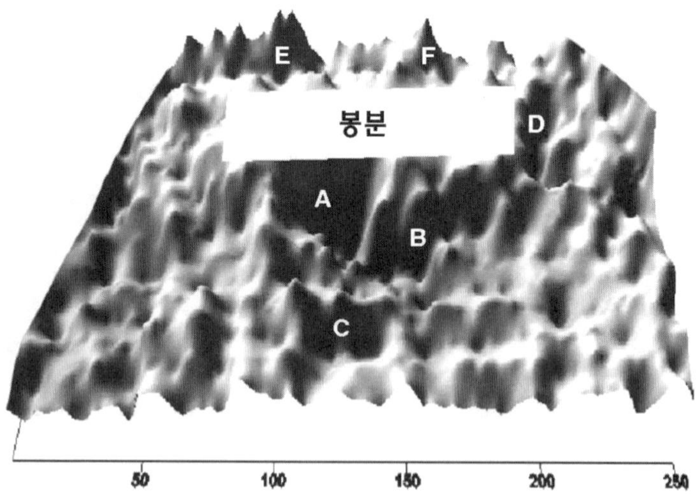

<그림 7-15> 그림 7-13을 다른 각도에서 본 분포

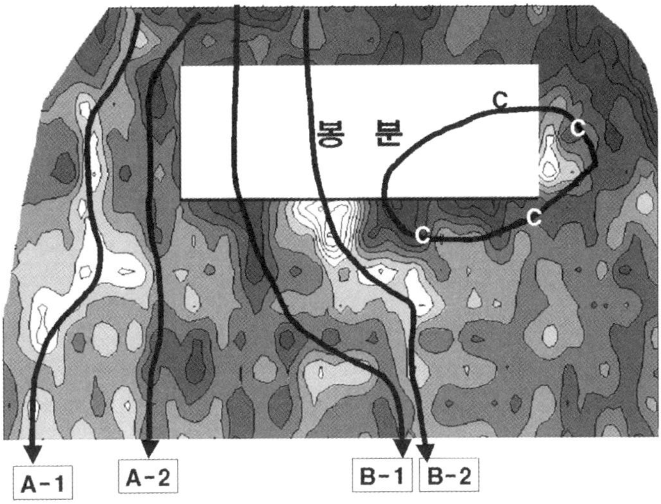

<그림 7-16> 그림 7-13의 등고선 분포

입체적인 분포를 좀 더 자세하게 나타내면 [그림 7-15]와 같이 나타나는데, 봉분의 전면과 우측 중앙에 (+)/(−)피크 쌍들이 분명하게 나타나 있다. 단순한 형태가 아니라 어떤 규칙성을 보이고 있다. (+)피크나 (−)피크들이 능선과 골짜기를 이루고 있으며, 특히 능선과 골짜기가 서로 쌍을 이루는 것으로 보인다. 이를 정확하게 확인하기 위해서 등고선 분포를 [그림 7-16]에 나타내었다. 이 그림에서 흰색으로 나타난 부분은 낮은 자력, 검은 색은 높은 자력을 나타낸다. 높은 부분과 낮은 부분을 연속적으로 연결하면 비슷한 형태끼리 (+)/(−)쌍을 이룬다. 즉 이들은 한 개의 구조적 결함에 의해서 생긴 것이며, 그 결함의 위치는 두 선의 중앙에 위치한다. A-1과 A-2는 쌍을 이루는 피크로 두 곡선의 중앙에 비교적 큰 균열이 있음을 나타낸다. 마찬가지로 B-1과 B-2도 쌍을 이루는데, 그 중앙으로 같은 균열을 보인다. 봉

분 우측에 있는 C로 표시된 부분은 파쇄대 형태이다. 이들을 정리하면 균열 A는 봉분 밖에 위치하며, 균열 B는 봉분의 좌측을 통과하고, 파쇄대 C는 봉분의 우측에 있다.

이 봉분은 하나가 아니고 쌍분으로 좌측에 1기, 우측에 1기가 자리하고 있다. 일반적으로 앞에서 볼 때 좌측은 고위(考位), 우측은 배위(配位)인데, 이 봉분도 일반적인 경우와 동일하다면 고위의 자리로는 큰 규모의 균열이 지나고, 배위의 자리에는 파쇄대가 위치한다. 그리고 봉분 앞에서는 균열 A와 균열 B 사이에 파쇄대가 자리 잡고 있다. 이러한 암반 내부 결함이 음택에 어떤 영향을 주는가 하는 의문은 아무런 의미가 없다.

이 음택이 혈로서 성립하는가를 평가해보자. 물론 이 책에서 이 부분이 비혈을 다루는 장이긴 하지만, 이곳이 비혈이라는 이유는 반드시 제시되어야 할 것이다. 혈이 되기 위한 기본 조건은 두 가지이다. 즉, ① 혈판은 단일 암반 위에 조성되어야 하며, ② 혈판이 위치한 암반 내부에는 구조적인 결함이 전혀 없어야 한다는 것이다. 이곳은 우선 단일 암반 위에 조성되어 있다. 그래서 첫 번째 조건은 확실히 만족한다. 두 번째로 좌측봉분에 커다란 균열이, 우측봉분에는 파쇄대가 위치하고 있으므로 두 봉분 모두 암반 내부에 구조적인 결함을 지니고 있다. 그래서 두 번째 조건은 안타깝게도 만족되지 않는다. 그래서 이 음택은 혈로서 인정되지 않음을 알 수 있다.

판이 휘어진 곳 – 습곡

우리나라에도 습곡이 관찰될까. 그리고 습곡 위의 음택은 혈로서 성립할까? 이에 대한 답을 구하기 위해서는 먼저 습곡이 무엇인지 알아야 한다. 습곡은 지층 중의 면 구조(층리·편리·쪼개짐 등)가 파곡(波曲)되어 있는 것을 말하는데, 가장 흔히 볼 수 있는 것은 퇴적암의 층리면이 구부러져 생긴 것이다. 구부러진 습곡의 파장은 1㎛~10㎞의 범위로 매우 다양한데, 그 모양은 일반적으로 [그림 7-17]의 (a)와 같지만 그 외에도 (b)와 (c)처럼 다양한 형태로 관찰되기도 한다.

경북 경주시 동해안 옆에서 관찰한 습곡지역에 있는 음택에서 자력 분포를 조사했는데, 그 결과는 지금까지의 분포와는 사뭇 달랐다. [그림 7-18]에 나타나 있는 입체적 형태에서는 경사진 암반의 경우와 별다른 차이를 발견하기 어렵다. 그물형 분포에서도 그 차이를 발견하기가 용이하지 않은데, [그림 7-19]에 나타나 있는 그림에서 평판에 가까운 휘어지지 않은 부분에 불규칙한 경계를 가진 암반이 주위에

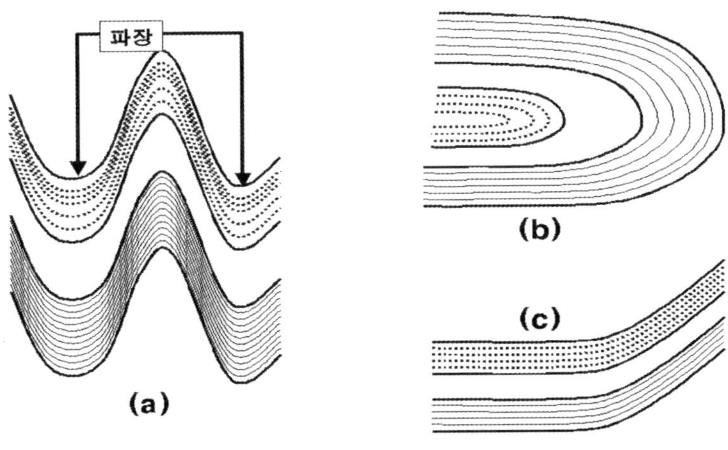

<그림 7-17> 습곡의 모양

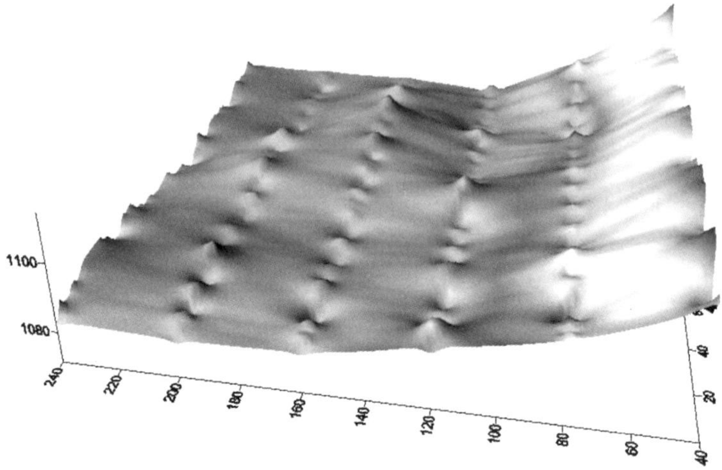

<그림 7-18> 경북 동해안 습곡에서의 자력분포

비해서 약간 위로 솟아 오른 것을 찾아낼 수 있다. 물론 휘어진 부분의 자력은 그 꺾인 정도가 증가함에 따라 증가한다. 이런 사실을 확인하기 위해서 분포를 등고선 형태로 다시 나타내었는데, 결과는 [그림 7-20]에 있다. 여기서 검은 실선을 경계로 한 회색지역은 주위에 비해 약간 솟아오른 것 같은 자력분포를 보인다. 이것에 대한 원인은 다른 종류의 물리탐사를 비롯한 시추조사를 통해서 명확하게 규명될 수 있을 것으로 보인다.

여기서 습곡을 소개하는 이유는 단일암반으로 착각할 수 있으며, 암반 내부에 구조적 결함을 찾아내기 힘들기 때문에, 어쩌면 이러한 경우를 간단하게 혈로 오판할 수 있기 때문이다.

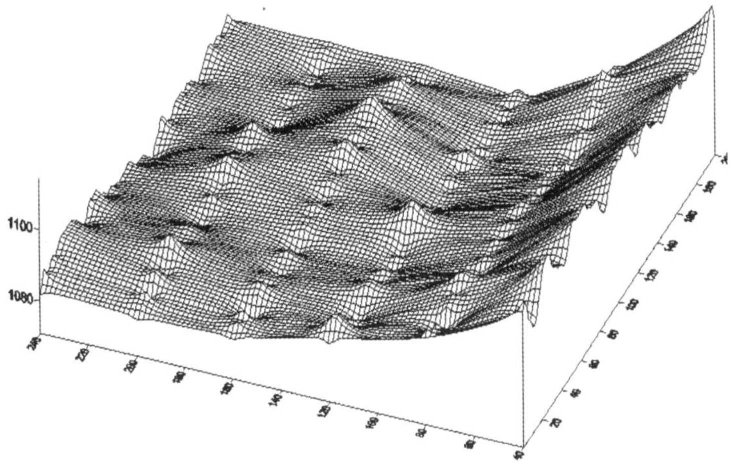

<그림 7-19> 그림 7-18의 그물망 분포

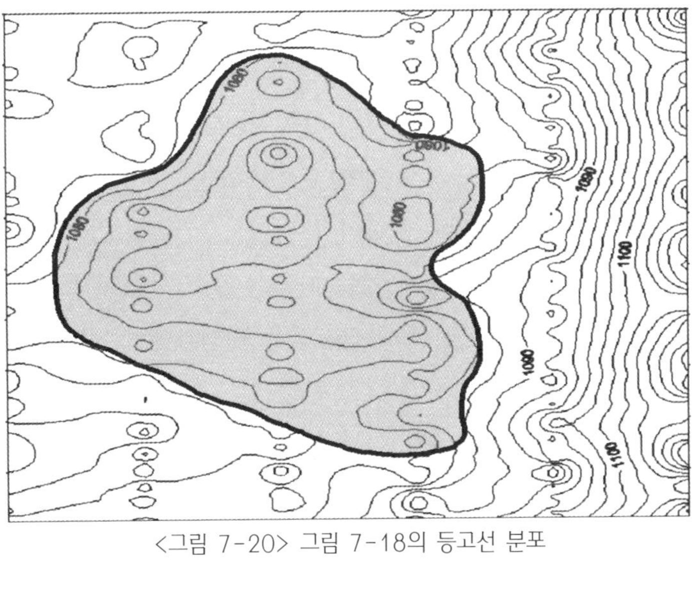

<그림 7-20> 그림 7-18의 등고선 분포

움직이는 봉분 - 경주시 불국사 옆

2005-2006년 답산 시즌을 개시한 첫째 날과 둘째 날, 탐사 팀은 너무도 새로운 경험을 하였다. 경험의 하나는 단층면에 위치한 음택이며, 다른 하나는 흘러내리는 봉분이다. 단층은 두 암반을 완전히 나누는 경우이지만, 흘러내리는 봉분은 단일 암반 위에 있는 봉분에서 일어나는 경우이다. 두 경우의 공통점은 봉분이 흘러내린다는 것이지만, 흘러내리는 방법이 서로 완전히 다르다. 단층의 경우에는 암반 구조 때문에 아래쪽 봉분이 아래로 꺼지는 형태이지만, 흘러내리는 봉분은 암반과는 전혀 무관하지만 그 위에 있는 토양의 성질 때문에 표토가 흘러내려 봉분이 통째로 아래쪽으로 이동하는 것이다. 어쨌든 두 경우 모두 봉분이 아래로 흘러내리면서 움직인다.

단층면에 있는 봉분

경주 토함산 지역은 비교적 높은 산과 깊은 계곡이 어우러져 있는 곳이다. 동해안에 가까운 경주 감포-포항간 국도 주변에 위치한 산의 능선 부근에 위치한 음택에 대하여 자력탐사를 행하였는데, 그 결과는 [그림 7-21]에 있다. 상부에 있는 단층면 표시는 능선과 거의 평행하게 놓여 있다. 실제로 봉분과 단층선을 나타내면 [그림 7-22]처럼 된다. 봉분은 단층선에 걸쳐있는데, 단층에 의한 지반의 불안으로 봉분은 아래쪽으로 밀려 내려와 봉분의 앞쪽이 아래로 내려앉았다. 아직도 활동하는 활성 단층이 아니므로 단층의 상반이 위로 움직이지는 않겠지만, 지반이 불안한 하반 위에 있는 흙이 꺼지거나 상반의 흙이

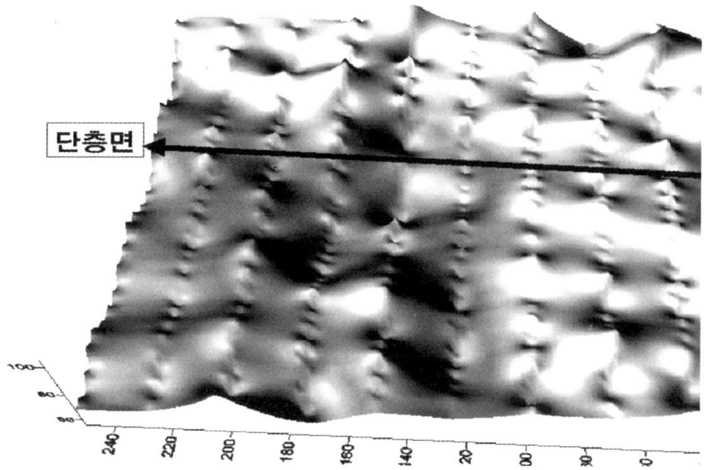

<그림 7-21> 단층면에 있는 봉분

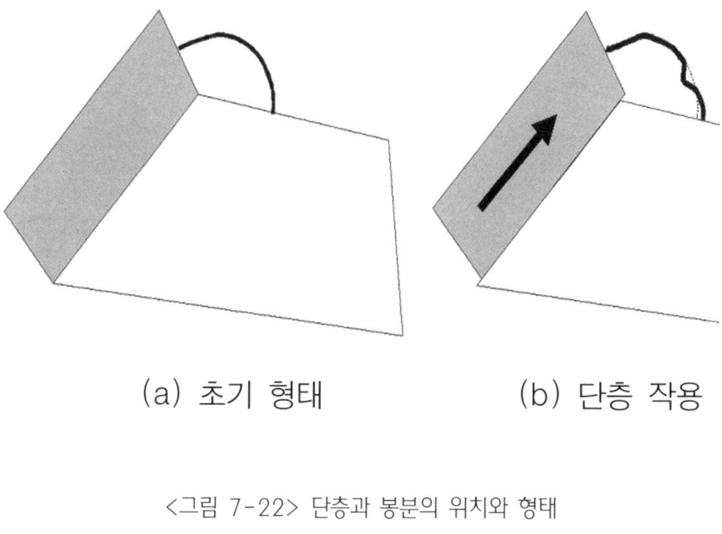

<그림 7-22> 단층과 봉분의 위치와 형태

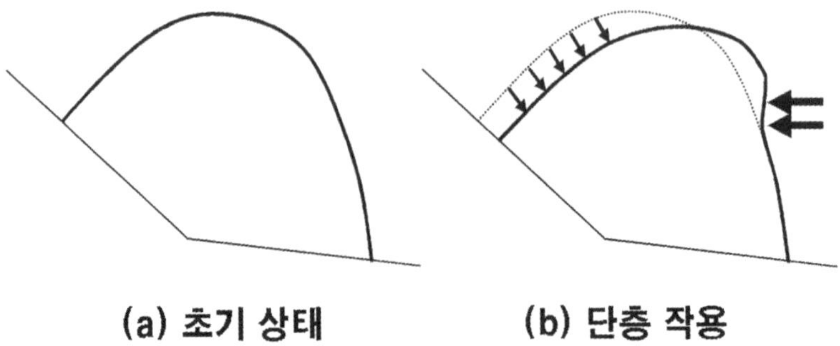

<그림 7-23> 봉분의 변형과정

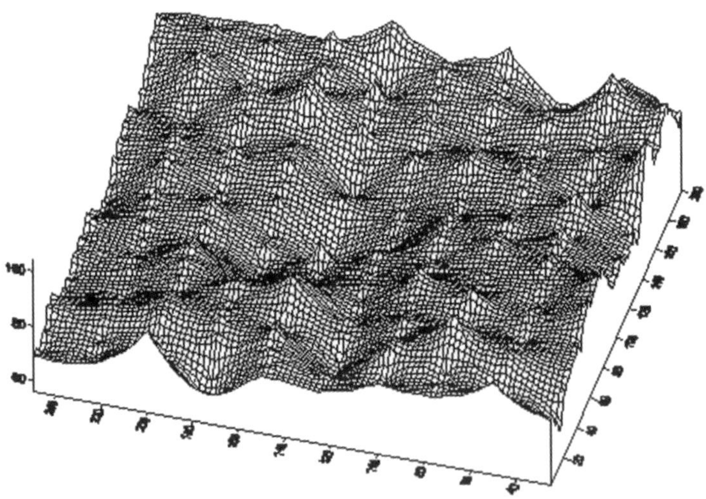

<그림 7-24> 그림 7-21의 그물망 분포

밀려 내려올 수가 있으므로 봉분의 앞쪽이 꺼지는 현상이 발생한다. 봉분의 변화를 자세히 나타내면 [그림 7-23]과 같다. 그물망형 분포인 [그림 7-24]와 등고선 분포인 [그림 7-25]에서 봉분이 있는 곳을 확인해 보면 재미있는 결과를 도출할 수 있다. 등고선 분포에서 가로방향의 점선은 단층선을 나타내지만, 세로방향은 새로운 지역이다. 자력이 낮은 세로방향의 점선지역은 파단면이다. 그래서 단층선과 파단면이 만나는 곳은 자력이 감소할 수밖에 없으며, 주위에는 파쇄대가 형성되어 있다. 봉분 앞쪽에는 파쇄대로 인한 (+)/(−)피크 쌍들이 존재한다. 이러한 파쇄대는 지반의 강도약화를 초래하고, 지반 침하와 봉분의 미끄러짐을 나타내는 것으로 추측된다.

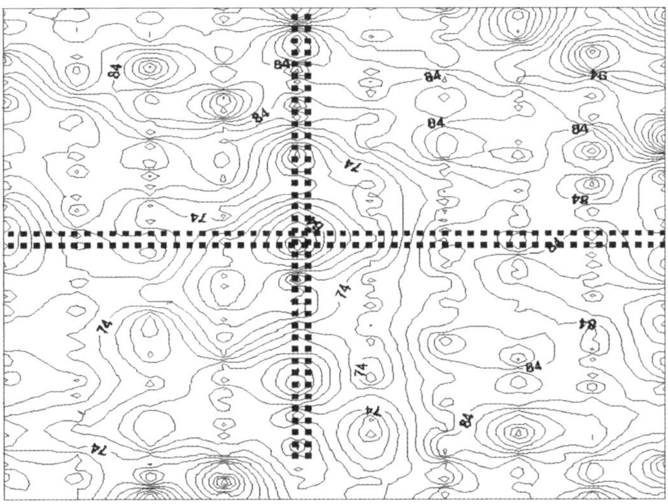

<그림 7-25> 그림 7-21의 등고선 분포

Sliding 면에 있는 봉분

불국사역 주변에 있는 어떤 봉분은 매년 조금씩 산 아래로 이동한다. 영원불변한 자연은 존재하지 않지만, 급격한 변화는 우리를 놀라게 한다. 그 대표적인 것이 불합리한 토목공사로 인해서 산이 미끄러져 내린다거나 산사태가 일어나는 경우이다. 그런가 하면 산 모양마저 바꿔 조성한 공원묘지가 태풍 때문에 발생한 산사태로 산 아래로 떠내려가 그 흔적조차 찾기 힘든 경우도 발생했다.

일본도 마찬가지였다. 2004년에는 유난히도 많은 태풍이 일본열도를 지나갔다. 그래서 2005년 초까지 많은 강력한 지진들이 일본에서 발생했다. 태풍이 육지를 지나갈 때 땅을 뒤흔들매 많은 에너지들이 땅(암반)속에 탄성에너지 형태로 저장되었다가, 조그만 변화에도 강력한 지진형태로 그 에너지를 방출하였다. 특히 자연환경이 변화된 곳에서 강력하게 나타났다. 고속도로 바로 위나 고속철도가 있는 부근 등에서 그 결과가 뚜렷하게 나타났다.

우리가 볼 수 있는 자연 상태는 자연이 만든 가장 안정한 형태이거나 준안정 상태이다. 인간에 의한 무자비한 자연 개발은 자연의 이런 준안정 상태를 불안한 상태로 바꾼다. 이것은 안정 상태로 회복하려는 본능에 의해 강력한 힘과 에너지를 보이며 변화한다. 이렇게 자연의 복원활동이 일어날 때마다 우리는 자연의 위력을 실감한다. 어느 날 갑자기 땅이 아래로 미끄러지는 랜드 슬라이딩(Land Sliding)은 인간의 무분별한 개발이 초래한 경우가 대부분이다. 연약지반에 구조물을 만들거나 슬라이딩 면 위에 구조를 만들면, 지반의 상태가 바뀔 때마다 낮은 곳으로 땅은 미끄러진다. 이처럼 자연에 대한 인간의 작은

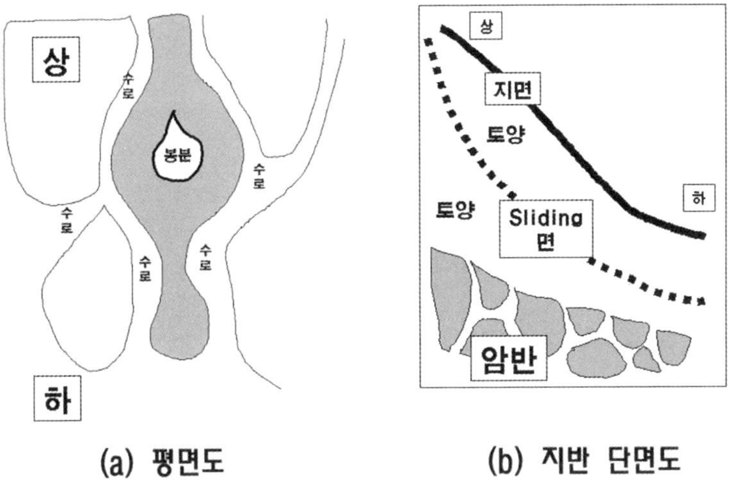

<그림 7-26> 슬라이딩면

폭거는 엄청난 자연의 경고로 돌아온다.

불국사역 부근에서 발견한 봉분은 슬라이딩면 위에 있었다. [그림 7-26]을 보자. 봉분 주위에 있는 계곡으로 분리된 독립된 판들이 나열된 것이 아주 특징적이었다. 경사도 만만치 않았지만, 독립된 판의 크기가 아주 작다는 것이 특이하다. 조금이라도 약한 토양은 순식간에 계곡으로 바뀐다. 그러다 이런 계곡들은 서로 합치기도 하고 새로운 독립된 판을 만드는 데 기여하기도 한다. 마치 부산부근의 낙동강 하구에서 발견되는 사행천의 삼각주인양 판들은 서로 합치기도 한다. [그림 7-26]에 회색으로 나타난 봉분이 있는 판의 전순 부근은 한 개의 판으로 이루어진 곳이 아니고 실제로는 두 개의 판이 서로 연결된 곳이다. 이런 슬라이딩면이 있는 곳에는 파쇄대가 가장 많이 발달해 있다. 지하 암반에 파쇄대가 발달해 있다는 것은 암반이 깨어져 그 속에 빈 공간이 많이 있다는 의미이므로, 지하수를 함유할 확률이 아주 높다. 깨어진 지반은 그렇지 않은 지반에 비해 구조적인 강도가 저하되고 수분 함유량이 높으므로, 그렇지 않은 곳에 비해 풍화가 훨씬 빨리 진행되어 연약지반을 형성할 수밖에 없다.

슬라이딩면 위의 흙은 잦은 비에 의해서 토양 속에 함유된 수분의 양이 한계치를 초과하면 슬라이딩면 위의 토양이 아래쪽으로 미끄러져 흘러내린다. 음택을 나타낸 사진인 [그림 7-27]에서 상석과 지지판 아래까지 이미 봉분의 끝이 내려간 것을 알 수 있다. 세월이 흐를수록 더욱 아래쪽으로 흘러내리겠지만, 어느 날 갑자기 판 전체가 통째로 아래로 흘러내려 봉분은 흔적마저 남기지 않을 수 있다. 원컨대 이런 사태가 일어나지 않길 바란다.

<그림 7-27> 슬라이딩면 위의 봉분

산의 뒷면

산의 앞과 뒤

산의 모양은 그것을 구성하는 바위의 구조에 의해 결정된다. 물론 우리가 관찰하는 외형은 바위 위에 덮힌 흙의 표면이지만, 엄밀하게 따지면 이 표토는 암반이 풍화된 것이므로 암반의 형태와 성질에 의해 산의 모양이 결정된다. 풍화반응이 일어나는 양상에 따라 조금씩 차이가 있긴 하지만, 산의 경사가 완만한 쪽의 암반은 위가 높고 아래가 낮은 일반적인 형태를 이룬다. 산의 경사가 급한 쪽의 암반경사는 거꾸로 나타나는 경우도 많다. 이를 이해하기 위해서는 [그림 7-28]을 자세히 들여다보아야 한다. 먼저 퇴적암으로 이루어진 산으로 가정해

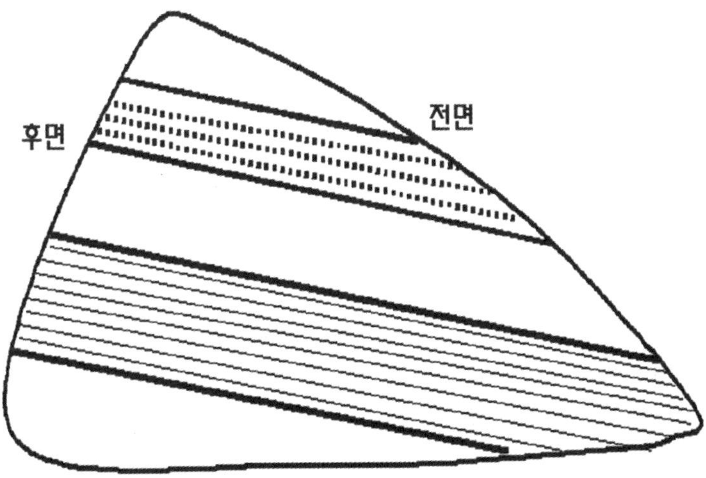

<그림 7-28> 지층의 배열과 산의 모양

보자. 거의 대부분의 지층들은 지면에 대해 수평으로 놓이지 않고 약간 혹은 심하게 경사져 있다. 지층이 기울어진 쪽으로는 대체로 산의 경사가 완만하지만, 그 반대쪽은 경사가 가파른데, 이것은 아마도 풍화반응과도 연관이 있는 듯하다. 그래서 편의상 경사가 완만한 쪽을 산의 앞면(전면)이라하고, 경사가 급한 쪽을 산의 뒷면(후면)이라 하자.

산 전면의 특징은 무엇인가. 우선 전면은 경사가 완만하여 산세가 험악하지 않고, 산의 모양도 대체로 부드럽다. 그림에서 보듯이 지층이나 지반 혹은 암반이 위쪽에서 앞으로 경사진 형태이므로, 자력도 위쪽이 높고 아래쪽이 낮은 분포를 가진다. 만약 강우가 발생하여 물이 땅 속으로 스며들어 지층을 만난다고 하자. 지층 중에는 물이 잘 흡수 또는 통과하는 기공율이 높은 층(통상 투수층이라 함)이 있는가 하면, 물이 투과하거나 흡수되기 어려운 기공율이 낮은 층(난투수층 또는 불투수층이라 함)이 있다. 지하로 스며든 물을 지하수라 하는데, 이 지하수가 불투수층을 만나면 이층의 표면을 따라 흘러간다. 그런데 산의 전면에서는 암반이나 지층이 앞으로 기울어져 있으므로 지하수는 땅 속으로 들어가지 못하고 지구 중력으로 인해서 불투수층의 표면을 타고 낮은 쪽으로 이동한다. 그래서 지하수는 지하에 머물지 못하고 암반 밖으로 배출되어 버린다. 그래서 산의 전면에서는 암반이나 지층의 경계 혹은 지층 속에 지하수가 저장되지 못하고 밖으로 배출되어 때로는 작은 샘을 형성하기도 하고, 때로는 작은 습지를 만들기도 한다. 밖으로 나온 지하수는 계곡을 따라 내려오면서 여러 계곡수와 만나 제법 큰 흐름을 형성하기도 한다. 그런데 만약 암반이나 지층 내부에 파단면, 단층, 흠, 깨어진 곳, 절리, 빈 공간, 파쇄대 등등과 같은 내부구조 결함이 존재하면 지하수는 이 빈 공간에 머물며, 항상 그 위에 있는 흙에 수분을 공급할 준비가 되어 있다. 그래서 산의 전면에서는 내부구조 결함이 없을 경우에만 지하수가 지하에 머물 수 없기 때문에 이로 인한 피해가 거의 없을 것이다.

산의 후면은 어떤 특징을 가지는가. 무엇보다 후면의 경사는 급하다. 그래서 때로는 풍화된 토양이 암반 표면에 붙어 있지 못하고 아래로 떨어져 나갈 수 있는데, 이로 인해서 암반 표면이 밖에 노출될 수 있다. 당연히 산의 전면에 비해서 표토의 두께가 얇을 수 있다. 퇴적암으로 이루어진 경우에는 지층이 산 아래로 기울지 않고 산 속으로 기울어지므로, 땅 속으로 스며든 지하수가 밖으로 배출될 확률은 산의 전면에 비해 낮다. 만약 암반이나 지층 속에 내부구조 결함이 존재할 경우에는 이곳에 모여 있는 지하수가 모세관 현상에 의해서 밖으로 스며 나올 수도 있다. 그래서 산의 전면에 비해서 후면의 경우에 표토에 지하수가 함유될 확률이 높을 수 있다.

후면에서 자력은 어떻게 분포할까. 당연히 위쪽이 낮고 아래쪽이 높은 역의 분포를 한다. 그리고 표면에서는 풍화반응이 느리게 진행되지만, 층간의 경계를 통해서 외부의 산화제(공기나 물과 같은 산화를 일으키는 물질들)의 유입이 용이하므로 국부적으로 풍화가 진행될 가능성이 높기 때문에 내부구조에 작은 규모의 결함이 발생할 확률이 높다. 그리고 전면에 비해서 지층이 많이 쌓여 있으므로, 단위면적당 받는 하중이 높을 것이기 때문에 큰 스트레스로 인해서 기계적인 파괴가 쉽게 일어나는 것도 배제할 수 없다. 따라서 암반이 풍화되어 흙으로 변하는 과정이 산의 전면과 상당히 다를 것으로 예상된다. 즉, 전면에서는 여러 물질에 의한 부식이 주를 이루므로 흙의 알갱이가 가늘고, 풍화도 대체로 균일하게 진행되지만, 산의 후면에서는 하중에 의해 암반 표면이 파괴되고, 국부적인 풍화에 의해 소규모 파괴가 일어나 풍화는 대체로 불균일하게 진행된다. 그래서 산의 후면에서는 표토가 축적되기 어렵기 때문에 대기에 노출된 암반에서 바로 파괴가 진행되고, 알갱이가 큰 흙이 표토의 주종을 이루며, 미세한 것은 발견되기 어려울 것으로 추측된다.

산의 후면

[그림 7-29]는 경북 경산시 와촌에서 조사한 것이다. 이곳은 앞에서 정의한 대로 소위 산의 후면에 위치한 음택이다. 비교적 가파른 경사면이지만 깔끔하게 정리된 것이 지금까지 어떻게 관리되어 온 것인지

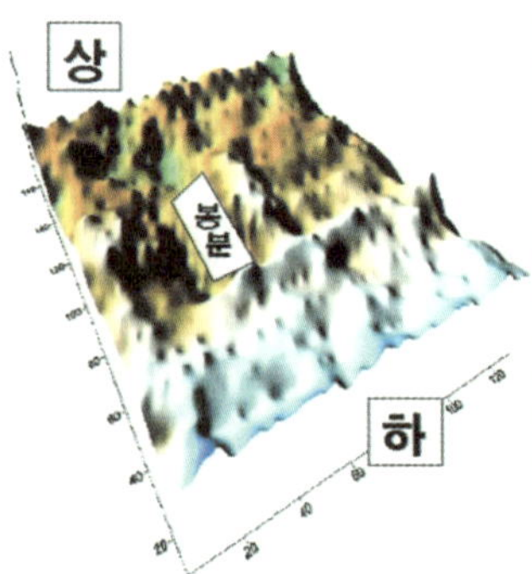

<그림 7-29> 산의 후면에 대한 자력분포

한눈에 들어온다. 이 그림은 등고선 분포인데, 봉분 앞과 뒤 그리고 봉분의 좌우에 동심원 등고선이 촘촘히 박혀있다. 그림에서 짙은 색은 높은 자력을, 밝은 색은 낮은 자력을 각각 나타낸다. 대체로 봉분 앞이 높고 봉분 뒤가 낮은 형태를 보인다.

봉분의 오른 쪽에 높은 (+)피크가 존재하지만 이에 대응되는 (−)피크가 보이지 않는다. 아마도 (−)피크는 봉분 안쪽에 위치할 것으로 추측된다. 봉분 왼쪽에는 (+)/(−)피크 쌍이 존재한다. 그리고 봉분과 그 좌우는 (+)/(−)피크 쌍들로 거의 채워져 있는데, 이는 이곳이 바로 파쇄대라는 뜻이다. 봉분은 파쇄대에 위치하고 있다. 자세히 보면 봉분의 뒤쪽도 규모는 작지만 거의 (+)/(−)피크 쌍들로 채워져 있음을 알 수 있다. 총체적으로 이 음택은 파쇄대 위에 있다.

[그림 7-30]은 봉분 상하간의 자력분포 변화를 확인하기 위한 측면

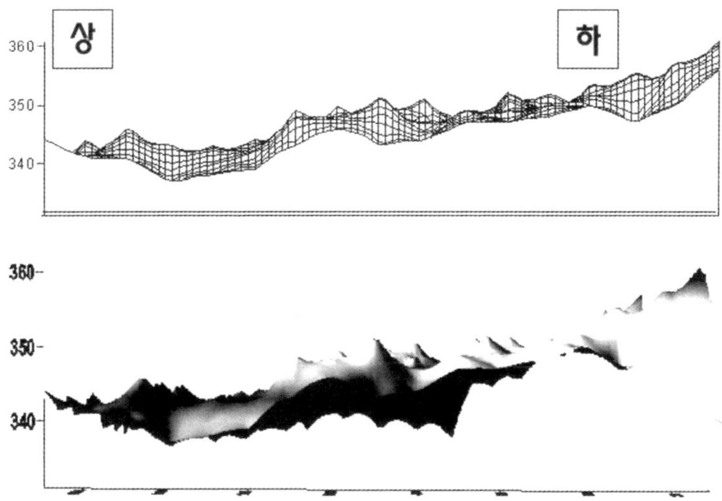

<그림 7-30> 봉분 상하간의 자력변화

분포도를 나타낸 것이다. [그림 7-29]에서 설명한 바와 같이 자력은 봉분의 뒤쪽 즉 위쪽이 낮고 봉분 앞쪽이 오히려 높다. 그 사이에는 파쇄대에 의한 (+)/(−)피크 쌍들이 중첩되어 있다.

이상의 결과들로부터 판단해 보면, 산의 후면은 내부구조의 결함이 없는 암반이 존재하기 어려우므로 혈이 있을 확률이 높지 않다.

연못가의 파쇄대

연못과 저수지

경북 경주시에 있는 보문단지에서 고개를 넘어 동해안의 신라 문무왕 수중릉이 있는 감포로 가다보면 재미있는 현상 하나를 발견한다. 보문단지에 있는 보문호를 지나서 조금만 올라가면 보문호에 물을 공급하는 덕동호가 있다. 이 호수를 지나면 토함산에서 내려오는 조그만 개울이 있는데, 계절에 관계없이 항상 맑은 물이 흘러내려 덕동호로 들어간다. 이곳을 지나 고개를 넘으면 양북면이 되는데, 이곳에는 신라의 고찰인 골굴사와 기림사가 있다. 고개를 넘자마자 시작되는 계곡에는 맑은 물이 조금씩 흘러내리는데 어느 순간에 이 물들은 흔적도 없이 사라지고 개울에는 바위와 자갈과 굵은 모래들만 남아 서로의 자태를 뽐내는 너무나 황당한 풍경이 10리 가까이 펼쳐진다. 고개 반대편과 너무나도 다른 상황에 조금이라도 개울에 관심 있는 사람은 황당한 마음을 추스르기 힘들다. 이 개울은 한참을 내려가 대왕암 바로 앞에서 바다와 만나는데, 다시 개울(점차로 폭이 넓어져서 시내나 천 정도의 규모를 가진다)물을 만나는 곳은 바다 가까이에 다 갈

때쯤이다. 그때쯤이면 물이 하도 맑아서 바다에서 은어들도 많이 올라온다. 저자도 은어에 관심을 가졌던 1980년대 말에는 여기에서 은어를 잡은 경험이 있다.

이렇게 장황하게 개울과 개울물에 대한 설명을 한 이유가 있다. 바로 암반과 암반의 결함에 관한 설명을 하기 위해서이다. 중간에 개울물이 사라진 이유는 무엇일까? 이것에 대한 답을 찾기 전에 먼저 연못이나 저수지를 자세히 관찰해 보자. 우리나라의 대표적인 화산인 백두산에는 항상 물이 철철 넘치는 천지가 있지만, 한라산에는 같은 화산 분화구이지만 비가 올 때는 물이 고였다가 비가 그치고 조금 지나면 물이 사라지는 백록담이 있다. 백록담은 동서 600m, 남북 500m의 타원형 화구인데, 화구벽의 서쪽 반은 초기에 분출한 조면암이고, 동쪽 반은 후기에 분출한 현무암으로 동서가 서로 다른 지질로 구성되어 있다. 백록담의 물은 무어無魚 · 무초無草이며, 호반은 맑은 모래로 되어있고, 물은 땅으로 스며들어 복류伏流한다. 백두산 천지는 둘레가 약 13㎞, 면적은 약 9.2㎢, 수면은 해발 2155m이며, 최심부의 깊이는 312m이다. 백두산의 화구가 함몰되어 칼데라가 되었는데, 여기에 눈 녹은 물과 빗물이 고여 호수가 되었다. 호수의 북쪽으로 물이 흘러나가 용암 벽에 걸려 높이 50m의 비룡폭포를 이루면서 떨어져 협곡을 만든다. 두 호수의 차이는 무엇인가. 바로 하나는 물이 땅 속으로 스며들어 물이 없는 호수이며, 다른 하나는 물이 스며들지 않고 넘치는 물이 밖으로 빠져나가는 것이므로 물 있는 호수이다. 물이 없는 호수가 어찌 호수이랴마는 단지 호수로 대접할 뿐이다. 앞에서 설명한 개울도 마찬가지다.

물이 흐르지 않는 개울은 개울이 아니라 건천(乾川, 마른 개울)이며,

사막에서나 볼 수 있는 것이 아닌가. 사막에서는 물이 증발하여 개울이 마른 경우이지만, 경주 양북면의 마른 개울은 증발로 인해서 마른 것이 아니다. 바로 땅 속으로 물이 스며들었기 때문이다. 가끔 개발을 위한 토목공사로 인해서 산 위에 있는 늪이 마른다, 개울이 마른다, 산중턱의 물이 마른다는 뉴스를 접할 때가 있다. 이는 모두 물이 땅 속으로 스며들었기 때문이다. 땅 속으로 스며든 물. 물이 땅 속으로 스며들어 그 많던 물이 사라지기 위해서는 커다란 통로가 있어야 한다. 그 통로는 빈 공간으로 이루어져야 된다. 땅 속에 있는 빈 공간. 처음에는 존재하지 않던 암반 속의 빈 공간. 그것은 바로 암반 속의 내부결함을 의미한다.

연못가의 파쇄대

간혹 산 정상이나 중턱에 늪이나 연못이 있다. 이 연못의 물은 늘지도 않고 줄지도 않는다. 물론 갈수기에는 물이 약간 줄어들고, 우수기에는 물이 약간 늘어난다. 이렇게 사계절 동안 물이 항상 있다. 이렇게 물이 항상 존재하려면 연못 아래의 지반은 어떤 구조를 이루어야 할까? 물론 투수성이 나쁜 점토질이 바닥을 덮어 물이 땅 속으로 잘 스며들지 않아야 하겠지만, 이외에도 암반의 표면이 기울지 않고 반반하며, 암반 내부에 구조적 결함이 없어야 할 것이다. 두개 이상의 암반으로 구성된다면 서로의 경계에 틈이 있어야 하므로, 당연히 암반은 단일 암반이어야 한다. 이렇게 그 조건을 나열해 보니 꼭 혈의 조건과 동일하다. 연못의 물을 퍼내고 그 자리를 흙으로 메우면 바로 혈이 된다. 전해오는 풍수 이야기 중에 도선이 그렇게도 나쁜 연못을

메워 집을 짓거나 혈로 삼았다는 것이 있는데, 이는 나쁜 곳에 자리를 잡아 이를 극복하는 곳으로 만들었다는 뜻으로 해석하는 이들이 많다. 그러나 실제로는 그런 의미가 아니다. 자연현상을 이해하지 못하기 때문에 이런 억측이 나온 것이다. 위에서 설명한 것처럼 연못이 있는 자리는 대체로 단일암반으로서 내부에 결함이 없는 좋은 곳이 될 확률이 높다.

경남 합천 어느 곳에는 산의 정상부근에 연못이 하나 있고, 연못가에 몇 기의 음택이 위치하고 있다. 이름하여 ○○○○형으로 명혈이라 한다. 저자도 고향 부근이라 조사에 나섰다. 연못이 있으려면 연못에 물을 공급해야 한다. 우리나라는 강수량이 그렇게 풍부하지 않기 때문에 연못에 물이 마르지 않기 위해서 주위에서 물을 공급해 주어야 한다. 그러기 위해서는 주위의 산에 있는 지하수가 연못으로 들어

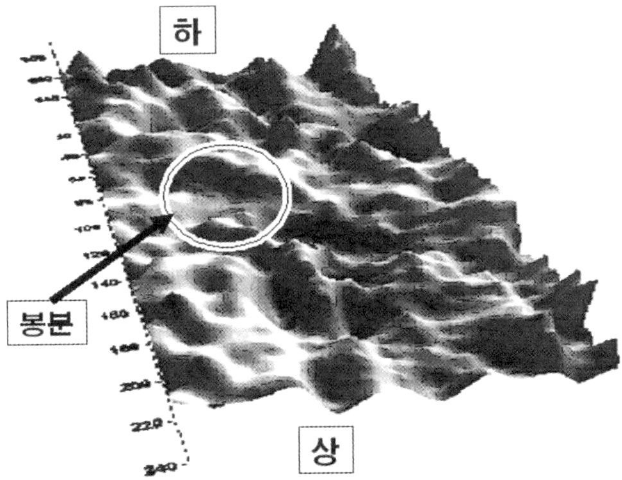

<그림 7-31> 경남 합천의 산 정상부근에 있는 연못가의 혈

올 수 있는 길이 있어야 한다. 그리고 연못은 물론이고 낮은 곳과 그 주위에는 고인 물이 땅 속으로 빠져나가지 않도록 암반 내부에 결함이 없어야 한다. 위에서는 물이 들어오고 주위에서는 물이 빠져 나가지 않으면 당연히 물은 연못 안에 남아 있을 것이다.

암반 속에서 지하수가 이동할 수 있기 위해서는 내부에 구조적 결함이 존재해야 한다. 그렇다면 연못 주위의 어느 부위에는 구조적 결함이 있는 암반이 존재해야 한다. 그것도 지하수가 유입될 수 있는 높은 쪽에서. [그림 7-31]은 탐사한 결과이다. 예상대로 그곳은 파쇄대였다. 즉 물이 흘러들어오는 곳이었는데, 입수入首가 아닌 입수구入水口였다.

찢어진 땅

충남의 가야산 지역은 노년기 지형이다. 노년기 지형에서는 지각운동이 수없이 많이, 다양하게 일어났을 것이라는 추측이 든다. 그 중에서 다른 곳에서는 좀처럼 관찰하기 힘든 형태를 찾을 수 있을 것이라는 막연한 기대감도 든다.

[그림 7-32]는 추사 김정희의 고택이 있는 예산 어느 곳의 구릉지에서 조사한 결과이다. 이런 결과를 처음 얻었을 때는 도무지 그 지반의 형상이 떠오르지 않았다. 측정한 지 3년이 지나서야 그 형태가 머릿속에 떠올랐다. 찢어진 땅. 바로 그것이었다. 그것도 갈기갈기 찢어진 곳이다. 노년기 지형에서는 풍화반응에 의해서 암반이 어떤 형태로 변할지 예측하기 어려웠는데, 이 경우는 취약한 표면에 커다란 균열을 여기저기 만든 형상이다. 이 균열들은 암반 속으로 깊게 파고들었

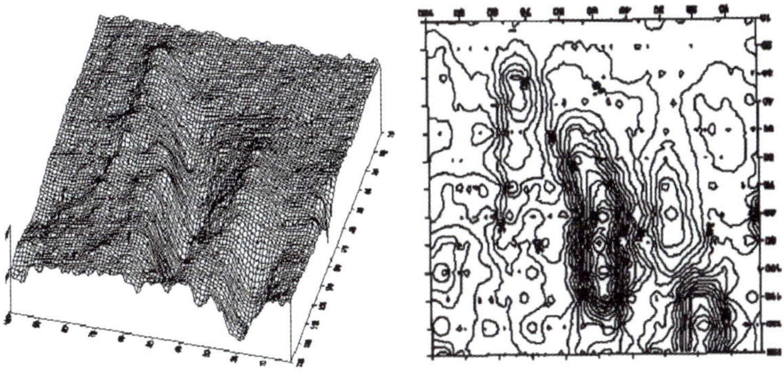

(a) 그물망 (b) 등고선

<그림 7-32> 찢어진 땅 : 충남 예산시

<그림 7-33> 그림 7-32의 입체형 분포

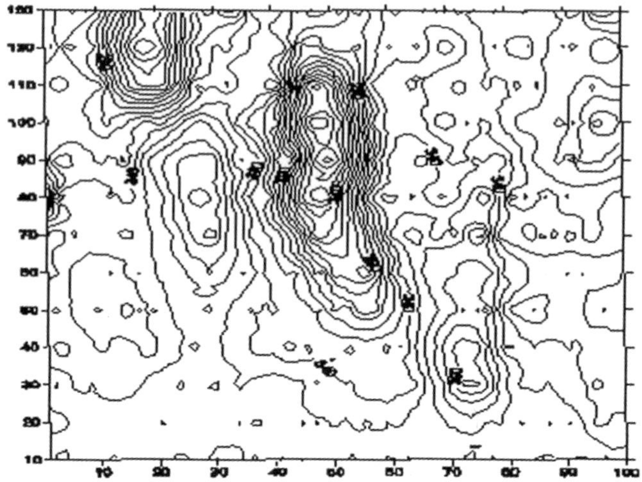

<그림 7-34> 그림 7-32의 등고선 분포

으며, 그 틈도 상당히 넓다. 그렇지만 균열끼리 아직 서로 만나지는 않았다. 현재 진행형이라는 표현은 이럴 때 사용하는 것인가. 이 말이 여기에서 제 빛을 발하는 것 같다.

에필로그

더 이상의 명당은 없는가?

명당은 있는가?

우리가 찾아낼 수 있는 명당은 과연 있는가?

99%이상의 비혈은 우리에게 희망을 주는가 절망을 주는가?

지금까지 음택 혈을 찾으려는 많은 우리의 선조들이 있었다. 아직도 있다. 그렇지만 생땅에서 명당은 고사하고 혈을 찾는 것도 더 이상 불가능하다. 오히려 매번 비혈을 찾아낼 것이 뻔하다. 혈을 찾는 노력은 이제 그만 두는 것이 오히려 현명하지 않을까.

때마침 화장에 대한 인식이 달라지고 있고, 새로운 장법인 수목장에 대한 관심과 기대가 증폭되고 있다. 무척 다행스런 일이다. 더 이상 자연을 훼손하지 말고 자연을 보전하고 자연과 더불어 살아가는 마음을 가질 때가 아닐까. 꼭 매장을 원하는 경우에는 제대로 된 혈을 찾아서 자연친화적인 방법으로 소박하게 음택을 마련하는 것이 좋겠다.

그런데 더 이상의 명당은 있는가?

명당이란 무엇인가? 가장 자연친화적인 장소가 바로 명당이다. 그동안 이 땅에 얼마나 많은 사람들이 왔다 갔는가. 그 많은 사람들의 손에 의해서 어디 제대로 남은 자연은 있는가. 늘상 우리의 자연이 우리 후손의 것인양 거짓말 하지 말자. 어찌 우리 후손들의 것인가. 우리의 것도 아니고, 우리 후손의 것도 아니다. 우리의 자연은 자연 자신의 것이다. 우리는 그저 자연의 일부분일 뿐이다. 아무 곳이나 마치 명당인양 파헤치지 말아야 한다. 그것은 오로지 자연을 훼손하는 일이다.

다시 한번 생각해 보자.

더 이상의 명당은 있는가?